王嗣敏

——

著

细说史记
三千年·汉初战略

华夏出版社
HUAXIA PUBLISHING HOUSE

图书在版编目（CIP）数据

细说史记三千年. 汉初战略 / 王嗣敏著 . -- 北京：华夏
出版社有限公司，2022.7

ISBN 978-7-5222-0209-9

Ⅰ．①细… Ⅱ．①王… Ⅲ．①中国历史－古代史－纪
传体 ②《史记》－通俗读物 Ⅳ．① K204.2-49

中国版本图书馆 CIP 数据核字（2021）第 238142 号

细说史记三千年·汉初战略

著　　者	王嗣敏	
责任编辑	张　平	
出版发行	华夏出版社有限公司	
经　　销	新华书店	
印　　刷	三河市少明印务有限公司	
装　　订	三河市少明印务有限公司	
版　　次	2022 年 7 月北京第 1 版	
	2022 年 7 月北京第 1 次印刷	
开　　本	890mm×1280mm　1/32	
印　　张	9.375	
字　　数	223 千字	
定　　价	62.00 元	

华夏出版社有限公司　地址：北京市东直门外香河园北里 4 号　邮编：100028
网址：www.hxph.com.cn　　电话：（010）64618981
若发现本版图书有印装质量问题，请与我社营销中心联系调换。

/

目

录

/

张良世家

萧曹世家

文武之道

张良世家

见沧海君，击秦始皇，灭楚霸王，成汉高祖；
师黄石公，保孝惠帝，避吕太后，寻赤松子。

嗣敏试对《张良世家》

第一章　汉书下酒徒为勇　圯桥进履始学谋

"豪杰今安在？看青山不老，紫柏长存，想那志士名臣，千载空余凭吊处；神仙古来稀，设黄石重逢，赤松再遇，得此洞天福地，一生愿作逍遥游。"这是冯玉祥将军为陕西留坝紫柏山下的张良庙题写的，作者并没有渲染张良的丰功伟绩，而是对其"身在红尘却自有一片清凉世界"的潇洒风姿赞羡不已。于右任题的对联是"送秦一椎（chuí），辞汉万户"，"送秦一椎"指韩国被秦始皇灭掉后，张良图谋报复，结交刺客，于博浪沙（今河南原阳）刺杀秦始皇一事；"万户"指优厚的封赏，此句是说张良辅佐刘邦成就帝业后，拒绝丰厚赏赐，淡泊名利。他被评为"初汉三杰"之首。

"留侯"是张良的封号，留地在今江苏沛县东南。张良的祖父张开地和父亲张平都在"战国七雄"中的韩国任丞相，两人辅佐了五位韩王，称"五世相韩"，可见张氏在韩之势力。食人之食，忠人之事，张家与韩国朝廷颇有感情。韩国被秦始皇灭掉时，张良还小，还没有为韩国政府服务，因为未到法定年龄，但受家族的影响，他还是积极为韩国的命运而奔走。张良家比较富有，仅家人就有三百多。但没有"国"哪有"家"？他立志要为韩国报仇。为了筹措资金，他节省开支，就连弟弟死了也只是草草安葬。他散尽家财招纳勇士，意欲谋杀秦始皇，由此可见张良办事的决心。

张良东见仓海君。这仓海君是谁呢？有人考证说，仓海君指秽貉（mò，我国古代居住在东北的少数民族）国的君长。秽貉国在今朝鲜中部地区，后来归汉，为"苍海郡"。皇天不负有心人，他找到了一个大力士，能拖动重达一百二十斤（合今制六十余斤）的大铁锤。此人被重金收买，并做了大量的准备工作。秦始皇那时挺爱巡游，有一次，他的巡行路线被张良他们刺探到，当秦始皇走到博浪沙时，遭到张良他们的伏击。可惜大铁锤误中副车，始皇帝才死里逃生。他震怒不已，向全国发出"A级"通缉令，军队、警察齐出动，大索天下。张良换名改姓，亡命江湖，最后隐藏在下邳（今江苏睢宁西北）。

中国有个典故叫"汉书下酒"，与这段历史背景有关。《中吴纪闻》中记载，北宋诗人苏舜钦嗜酒如命、豪放不羁，他在岳父杜衍（yǎn）家做客时，每晚饮酒一斗，却不用下酒菜。他的岳父很纳闷，就派人暗中观察，发现他正读《汉书》。读到张良博浪沙行刺失败时，他拍案痛惜，满饮一杯；读到张良得遇明主，与刘邦相得益彰时，他叹道："君臣相遇，何其难也！"又饮一杯。他的岳父听说后，哈哈大笑，说："有此等下酒菜，喝一斗酒不算多。"这个典故告诉我们读书人丰富的精神生活，以及苏舜钦狂放豪爽、自得其乐的一面。

有人问了，这个故事不是出现在《史记》上吗？为什么不叫"史记下酒"，而是叫"汉书下酒"呢？张良的故事到底出自哪里呢？有这个疑问是很正常的，这确实是让普通读者感到困惑的问题。"博浪沙刺杀秦始皇"是《史记》上的故事。大家可能知道这么个概念，叫"前四史"，指《史记》《汉书》《后汉书》和《三国志》。《史记》记载了从传说中的黄帝到汉武帝这段历史，跨度两千多年，是纪传体通史。《汉书》记载了从汉王元年（公元前206年）到王莽地黄四年（公元23年）这段西汉史，是中国第一部纪传体断代史。《史记》基本分成三大部分："三皇五帝夏商周部分""春秋战国部分"和"秦汉部分"。秦汉部分主要记述从秦始皇统一六国到汉武帝当政时中华大地的一系列重大社会变

◎秦始皇人生中经历的几次重大事变

序号	时间	策划人	执行人	攻击武器	危害星级	结果
1	秦王政八年（前239）	成蟜（秦王政之弟）	成蟜及手下	兵变	☆☆☆☆	一说成蟜死于屯留，一说成蟜降赵
2	秦王政九年（前238）	嫪毐	嫪毐门客、党徒及不明真相的士兵	叛乱	☆☆☆☆☆	嫪毐势力被铲除
3	秦王政二十年（前227）	燕太子丹	荆轲	匕首	☆☆☆☆☆	行动失败
4	约秦始皇二十六年（前221）后	高渐离	高渐离	灌铅的筑（乐器）	☆☆☆	行动失败。此后秦始皇不再接近六国之人
5	秦始皇二十九年（前218）	张良	大力士	大铁锤	☆☆☆☆☆	行动失败，击中副车
6	秦始皇三十一年（前216）	无	秦始皇微服出行，在咸阳遇盗	应为匕首、长剑	☆☆☆	身边四名武士击杀盗贼
7	秦始皇三十七年（前210）	阎罗王	牛头马面	应为铁索类器具	☆☆☆☆☆☆☆☆	行动成功

革。汉武帝于公元前 140 年到公元前 87 年在位，在位五十四年左右，而司马迁的生卒年与汉武帝差不多。从刘邦建汉到汉武帝后期大概有一百多年，所以说，司马迁《史记》的汉史部分记述了西汉前一百年左右的历史。

班固和司马迁的着眼点不同，司马迁是创作通史，而班固是创作断代史。要创作西汉史，必须从刘邦写起，这样肯定要与《史记》的汉史部分重合。班固对《史记》的评价是"不虚美，不隐恶"，他可能认为自己不必多此一举，重写这一百年的历史。因此，他只做了一些辨析、补充和修订。他补充的资料对后世的学术研究有很大的参考价值。尽管班固不能与"史学之父"司马迁比翼齐飞，但是尺有所短、寸有所长，从他独立创作的篇章来看，《汉书》文采斐然，班固才华横溢。

而宋朝的司马光编写《资治通鉴》，是从战国时代即公元前 403 年，写到宋朝建立前的五代即公元 959 年，共 1362 年的历史，是一部编年体通史。他同样参考了"前四史"等史书，因为他不能凭空编造呀。他只是把"鉴于往事，有资于治道"的部分精益求精，其中"前四史"部分占了四分之一。所以说，读完《史记》，相当于读完二分之一的《汉书》、八分之一的《资治通鉴》、五分之一的《古文观止》、几百个成语典故和诸子百家等典籍的历史背景。当然，我这种说法只是形象化说法，几分之几未必完全正确。由此可见《史记》之地位。要不怎么说《史记》和《汉书》是中国文化的基础之一呢？要不怎么说《史记》是一部百科全书式的通史呢？要不怎么说司马迁功高盖世呢？不是我故意拔高，一切由读者自行判断。

据说，自从秦始皇的副车遭攻击之后，副车的位置就成了"危险地带"的代名词。但是副车又紧靠皇帝专车，还必须由亲近人来乘坐。皇帝不想让自己的儿子涉险，就把相当于半个儿子的外姓人——姑爷放在副车的位置上。据说，后来称公主的丈夫为"驸马"，也是这样演变来的。由此可见《史记》中的典故与中国文化的联系多紧密。

风声不像以前那么紧了，张良就与朋友出来散心。他们来到下邳的一座桥上（《史记》上称之为"圯桥"，圯，yí，也是"桥"的意思），极目望远，远山如黛，舒云漫卷，令人心旷神怡。他正陶醉在这诗情画意中，来了一位不速之客：一个衣衫褴褛却偏偏又气宇轩昂的老年人。他走到张良面前，故意把鞋子扔到桥下，回头对张良说："小子，去把鞋给我捡回来。"张良惊愕不已，以为他犯什么病了，想要揍他，可是转念一想，他毕竟是老年人，自己怎么能和他斗气呀。他强忍住心中怒火，下桥替他把鞋捡了回来。

谁知事情还没有完，只听老者说："把鞋给我穿上。"张良心中这个气呀，心想："你真是得寸进尺，连秦始皇我都说揍就揍，还惯着你这种脾气！"可又一合计，自己把鞋都捡上来了，就好事做到底，再忍耐一下吧，他就跪下身把鞋给他穿上了。老者站起身来哈哈大笑而去，声若洪钟，眼睛里闪耀着智慧的光芒。张良这才真正惊讶起来，感觉此人深不可测，他瞧着老者的背影出起神来。

老者没走多远，就又折回来，说："孺子可教啊！五天后的黎明，我们在此地不见不散。"张良虽感事情太过蹊跷，但还是答应了下来，因为他的好奇心已被勾起来了。五天后当他到达时，老者已等候在那儿。老者大怒道："和长者约会，你都能迟到，这么没有时间观念你还会成事吗？五天后再见。"他也不给张良辩解的机会，起身就走。这回张良吸取了上次的教训，刚刚鸡鸣，就动身前往。谁知"莫道君行早，更有早行人"，那位老者又早到了，又是大怒而去，并说五日后再见。

张良也有点急了，心想："小样儿，我就不信这个邪，还早不过你了，我不睡觉不行吗？"他头天晚上十一点多就去桥上等候。这回老者喜笑颜开，说正该如此。他拿出一本书交给张良，让他好生研习，并说："读通此书可为帝王师，十年之后你可发迹（指诸侯反秦），十三年之后你到济水之北来，谷城山（也称黄山）下的黄石就是我。"老者说完转身就走了，再不多说什么，也没有再和张良见面，真可谓来无影去无踪的老神仙。张良天明时一看封皮，是《太公兵法》，一读此书，如久旱逢甘露，爱不释手。他日夜研读，终于参透精义。

这基本上是一个传说，但也有人推断，这恐怕是一个对天下事洞若观火的隐士高人要假手于人拯民于水火，看张良独具慧根，就想培养他成为谋略大师。那时张良年轻气盛，勇气可嘉而谋略不足，所以此人就从两方面下手，一是要让张良知道人世间的事不能仅凭一时意气就办成，要成就大业，首先要雅量高致，能忍辱负重，不逞一时之愤；二是要改造张良的思想和灵魂，使其成为一个站得高望得远的谋略大师。将张良定位为"帝王师"可真是恰如其分。刘邦外表大度其实猜忌之心特别重，而且不十分尊重别人的内心感受，经常侮辱人，却对他的老师张良敬爱有加，这固然有张良的谦退恭让，但也不难看出他在刘邦心目中的位置。可以说张良是汉朝的"设计师"，刘邦的成功与他的谋略密不可分，你中有我，我中有你。后人称那位老者为"黄石公"，也有人假托他的名字写过兵书，叫《三略》。他交给张良的那本书《太公兵法》，传说是姜子牙所著，但也有人考证说，这本已失传的书也是后人冒名。还有人说，黄石公给张良的那本书不是什么《太公兵法》，而应该是《道德经》一类的道家书籍。从张良做事的套路和他能够摆脱荣华富贵乡的名缰利锁，超然物外来看，他信奉的应该是道家的哲学。汉朝初年的"休养生息""萧规曹随""无为而治"等大政方针的制定是否受张良的影响也未可知，我没做过专门的研究，有感兴趣的可以深入一些，看看有没有什么必然的联系。

《古文观止》上有一篇苏轼写的文章叫《留侯论》，在开篇他说道，古往今来的所谓豪杰之士，必有过人之处，能忍常人所不能忍。平常人受到侮辱，必然是挺身而起，拔剑而斗。路见不平拔刀相助也是"勇敢"的表现，但还不是大智大勇。天下有大勇者，猝然遇到危险也面不改色（猝然临之而不惊），无故受到挑衅也能忍住（无故加之而不怒），因为他有极大的目标，绝不会为小事冲动，以致因小失大，也就是"小不忍则乱大谋"的意思。苏轼说黄石公看张良当时仅有血气之勇，深为担心。有报仇之心，而又不肯在无条件时忍一时之辱，这仅是匹夫之刚。君子报仇十年不晚嘛。黄石公认为张良才有余，却担心他度量不足，所以要折他少年刚锐之气，使他能忍辱而就大谋，这才是想治国平天下的人应有的气度和韬略！这段评论相当精彩，也适合为韩信做评，甚至适合一切身处困境却不屈不挠，想奋发有为的社会底层的小人物。这种忍不是当缩头乌龟，而是积极进取的"忍"，包括对痛苦的忍耐，对蝇头小利引诱的忍耐。

这个故事就是有名的"圯桥三进履"，其寓意在于尊师重教，不怕磨难，积极进取。也就是说，要想学到真本领，先要有涵养，有克己功夫，对自己的恩师要敬重有加，能听得进教诲才能学业有成，不致半途而废。《西游记》中也出现过这个场景。孙悟空归顺唐僧以后，因为打死了强盗而受到唐僧絮絮叨叨的埋怨，他一气之下就要回花果山。当他路过东海，与龙王喝酒时，看到了"圯桥三进履"这幅画，就让龙王讲解。听完故事后，他决定还是保唐僧，就回到了唐僧那里，被戴上了紧箍咒，可见这个故事影响多么久远。

从尊师重道的角度理解，与之齐名的有一个成语叫"程门立雪"，出自《宋史·杨时传》，说杨时四十多岁时到洛阳拜见宋代理学家程颐，程颐坐着睡着了，而杨时仍在旁边侍立。当程先生醒来时，门外雪深有一尺了。这个典故体现了对师道的恭谨之心，这是题外话。

第二章　知沛公殆天所授　攻灭秦张良为师

张良在下邳这段时间，也常打抱不平，但已非那个鲁莽的毛头小伙子了。这时，在"鸿门宴"之前给张良与刘邦通风报信的项羽叔父项伯杀了人，被张良所救，两人一同隐藏了起来。这个人后来派上了大用场。正如黄石公所言，十年以后陈胜、吴广起义，天下大乱。陈胜是借用秦始皇大儿子扶苏和楚国名将项燕的名义起事的，他的政权号称"张楚政权"。在他死后，秦嘉立了一个叫景驹的楚国后裔为代理楚王，而这个秦嘉与景驹最后都被项羽叔父项梁杀死，项梁立了心（芈姓，熊氏，名心，被秦始皇灭掉的那个楚国的后代，谥号"后楚怀王"）为楚王，最后这个楚王被尊为义帝，又为项羽所杀。刘邦讨伐项羽不是就有"愿从诸侯王击楚之弑义帝者"吗？而项羽最后又自立为"西楚霸王"，这就是"楚王"这一称号的变迁：陈胜—景驹（秦嘉立）—心（项梁立）—项羽（西楚霸王）。

我为什么要讲这个问题呢？因为"楚王"是当时的正宗门派，得到他的承认才是正大光明的荣耀，否则就是旁门左道。这就是刘邦投奔项氏集团的原因。张良也不例外，他在那时聚集了一支百十人的队伍，准备投靠景驹，但是半路上遇到了刘邦，二人相谈甚欢，他就把队伍交给了刘邦，他也被任命为军中掌管马匹的官（厩将，或为亲近之官）。张良试着把《太公兵法》讲给刘邦听，刘邦立即醒悟，常用他的计策，而他给别人讲时，那些人都不明白。张良说："沛公殆天授。"意思是刘邦简直就是上天派到人世的使臣，聪明睿智非凡人可及。他就断了去投靠景驹的想法，一心一意跟随刘邦。

这里略过张良随刘邦西进咸阳之前的活动。刘邦向咸阳进军时张良随队出发，他劝刘邦先把宛城平定，再向西进发，不能因一时的心急而留后患。在挺进到峣关时，刘邦准备强攻，张良不同意，他说："秦兵依然人多势众，不可轻敌，只能智取，不可强攻。我听说峣关守将是屠夫的儿子，这种见利忘义的商人最容易用钱收买。我们还是扎下大营，停止前进，派出先头部队到山上多竖旗帜，虚张声势，然后令郦食其（yì jī，还有一个叫审食其的人，"食其"同音）用金钱珠宝收买秦将。"秦将在糖衣炮弹的进攻下果然举手投降，想与刘邦合兵一处西进咸阳。沛公一听这是好事呀，不动刀兵又能扩大队伍，就想答应秦将的要求，但张良不同意。刘邦就纳闷了，这条计策是你想出来的呀，怎么现在又变了？张良解释道："他们的话不能全信，这可能只是这些将领的一厢情愿，如果士卒不服军令怎么办？士卒不从，这事就危险了。我们莫不如趁他们军心懈怠之时攻他个措手不及。"按照常理，出尔反尔是被人瞧不起的，但在"兵不厌诈"的军争中它就像家常便饭。刘邦率兵大破秦军，秦军一败涂地，刘邦进了咸阳。

刘邦到了秦宫一看，慨叹此生没有白活，各种奇珍异宝让他眼花缭乱，女人也是个个如花似玉。刘邦眼珠子差点掉下来，涎（xián）水流了满地，他就不想走了。他说：我别的想法没有，就是想在秦宫享受一下"总统套房"的豪华，我保证，真不会做别的事。他的那点毛病"地球人都知道"，骗谁呀！樊哙劝道："您是想拥有天下呢，还是当一个富家翁就足矣？"刘邦说："我当然要拥有天下。"樊哙说："我跟您进了秦宫，看到宫室、帷帐、珠玉、重宝、钟鼓，琳琅满目，奇物不可胜数。在后宫，美女成千上万，我见犹怜。但所有这一切都是秦朝皇帝穷奢极欲的明证，也是秦朝失去天下民心的原因之一啊！愿您赶紧回霸上军营，勿留宫中。"人的见识并不与学识成正比。樊哙本是屠狗之辈，能有如此识见，让人叹服不已。这么透彻的分析却没有让刘邦回头，他不走，看来"利令智昏"这一说法果然不假。在诱惑面前，一个知道自己使命的人都无招架之力，普通人就更不用说了。一个苦久了的人一定要有思想准备。

张良一看樊哙失望地摇着头出来，就赶紧进去，对刘邦说："沛公您这事还得再思量一下。就是因为秦朝无道，您才得以率仁义之师攻进咸阳，为天下人铲除残虐生灵的独夫民贼。您应以俭朴为主，仁民爱物。如今我们刚入咸阳，您就想安享快乐，此所谓'助桀为虐'（现在多说"助纣为虐"，成语出于此），让人心寒哪。'忠言逆耳利于行，良药苦口利于病'，希望您听从樊哙的建议，快快退出秦宫。"刘邦果然听张良的，连夜还军霸上。

接着就发生了"鸿门宴"那一幕。范增根据刘邦的表现认定刘邦有图谋天下之志。以前他贪财好色，如今分毫不取，前后判若两人，若没有更大的目标支撑，他不会有如此克制自己的功夫的。因此范增劝项羽趁刘邦未成气候打垮他，免除后患。前文提到，项伯曾被张良救过命，他因私废公，先到刘邦那里泄露了重大军事秘密，结果刘、项讲和，项羽出于私心封了刘邦做汉王。刘邦赏给张良大量金银珠宝，张良丝毫不取，都给了项伯，作为其提供信息的劳务费。刘邦当时的辖区是巴蜀之地（巴是今重庆嘉陵江北岸，蜀是今成都附近），他又令张良再给项伯一些贿赂，想兼有汉中郡之地。在项伯的活动下，刘邦如愿以偿。我不知项伯对项羽说了什么，让这个糊涂鬼又给自己的敌人开了绿灯，增强了刘邦的实力，自掘坟墓。刘邦去就任汉王时，张良劝他烧毁栈道，既为防身又为迷惑项羽，刘邦就让张良做好这项工作。

第三章　韩王成惨遭杀害　张子房决胜千里

　　张良这一次并没有跟随刘邦入蜀，他还有别的事。什么事呢？要知详情，我们先来了解一下刘邦西进咸阳之前发生的事情。

　　我在前面说了，张良准备去投奔那个不被人认可的代理楚王景驹，后来遇到了刘邦，他认为自己得遇明主，就跟了刘邦，随刘邦投奔项梁（此时他还没死），共保名义上的元首楚怀王。张良这时还没有忘记旧情，他对项梁说："您已立楚国人的后裔为王，但声势还不够浩大。我听说韩国贵族中有一个叫公子成的贤能无比，可立为王，这样我们多树党羽，可以建立更广泛的同盟阵线，我们这里的压力也要小得多，这是能够在最短时间内灭掉'嬴家王朝'的最好办法。"张良说这话有私心，但于公来说，这种广树党羽的策略对打击秦朝势力相当有益，张良的计策是"公私兼顾"。项梁让张良找到公子成，立为韩王，张良被任命为韩丞相，辅助韩王成在颍川（战国时代韩国的旧地，政治中心在阳翟，今河南禹州）打起了游击战。这样张良身兼二职，为刘邦与韩王成的未来积极努力。

张良这一次没有随刘邦进蜀地，不是他变心了，而是他放心不下韩王成，他要把韩王成的事情安排好再说。张良烧完栈道，就到韩王成那里了。

大家应该还记得项羽分封诸侯那件事，这个韩成也被封为韩王，治所在阳翟，属于颍川郡。因为项羽憎恶刘邦，而张良辅佐刘邦，他也就讨厌张良，而张良又是韩王成的丞相，所以韩王成又成了项羽打击的对象。这种分不清事理的人总是把不相干的事情放到一起搅和，表现形式是"迁怒于人"，其结果就是越怒敌人越多，越怒事情越糟。

韩王成有功劳，项羽已经给了封地，却又不让他上任，而是带他一起回自己的老窝彭城。这种行为真是如同一个孩子，任性得不可理喻。张良也一同随行，他对项羽说，刘邦已经烧毁栈道，无东进之心了。他又说了其他许多甜言蜜语，项羽对此深信不疑。

项羽把齐地分成三块，而有一个叫田荣的不服，把这三个齐王都解决了，自立为齐王。还有一个叫彭越的也捣乱。张良把他们写的"反项文告"给项羽看，项羽大怒。由于张良说汉王自绝退路无意东侵，项羽就放心地去打齐王田荣，不再顾念刘邦，这就给了刘邦绝好的喘息机会。刘邦利用"老虎"打盹的时间，把自己的手伸向了章邯等人的关中之地，一举平定"三秦"，等项羽回过神来，一切都成现实了。然后刘邦就举兵东侵，攻占了项羽的老巢，项羽赶忙从山东抽身回来，致使刘邦遭受"彭城之败"（大家若能参照其他章节，应该能理顺这些人物之间的关系及事件。也正是因为张良的努力，刘邦才能进一步扩展实力）。这时张良和韩王成被项羽扣留在彭城，项羽就是不放韩王成回到领地。过了一段时间，他把韩王成降为侯爵，最后韩王成惨遭杀害，张良却逃脱了，从小道跑回刘邦那里。项羽的行为激起了张良无限的愤慨，这个谋略大师真要出手了。

　　张良被封为成信侯，随军出征，刘邦对张良说："我看现在的情况不妙，我准备豁出函谷关以东的地区作为封赏之资，你看谁有资格和我们共建大业呢？"张良说："九江王英布（黥布。黥，qíng）是楚国猛将，与项羽不和，彭越与齐王田荣共同反抗项羽，这些力量可以联合。而您的众多将领中唯独韩信可任大事，挡一面（成语"独当一面"之来源）。如果您要出赏资，不如赏给英布、彭越和韩信三人，如此项羽可破。"英布和彭越也是当时的知名人物，英布原是一个刑徒，值逢乱世，聚众造反，后来归顺项羽，屡建战功，被封为九江王，但在项羽征讨田荣，向他征兵时，他只派了一员偏将敷衍了事。这引起项羽的不满，二人心里产生了距离。而彭越原先是个盗贼，也拉起了队伍，但在刘、项进军咸阳时没有随队前往，项羽认为他没功劳就没给他赏赐，彭越心怀不满。这时田荣抗击项羽，就赐将军印联络彭越。新仇旧恨让两人一拍即合，组成"同盟军"，在梁地（即魏地。战国时，魏国建都大梁，所以也被称为梁国，大致区域在今河南东北部与山东西部一带）与项羽战斗。这三个人为刘邦的霸业立下了汗马功劳，发挥了决定性的作用，可惜都没有好下场：韩信被祸灭三族，彭越被煮成肉汤，英布也惨遭杀害。但在当时，重赏三人是正确的决策，张良再建奇功。因为张良体弱多病，所以他不能单独带兵，独当一面，他只能为刘邦制定战略与战术计划，是个不折不扣的谋略大师。

第四章　郦食其生搬硬套　帝王师借箸代筹

在"荥阳大战"相持阶段，刘邦困顿不已，就与郦食其商量阻挠楚军势力扩展的方法。郦生说："商汤伐夏桀，推翻夏朝后，封了夏桀的后代于杞（"白日不照吾精诚，杞国无事忧天倾"，今河南杞县应是典故"杞人忧天"的发生地）；周武王讨伐商纣，灭掉商朝后，封了商纣王的后裔于宋（建都商丘，就是宋襄公那一支）。而秦朝曾经失德弃义，在灭掉六国之后，却让六国贵族后裔无立锥之地（即成语"立锥之地"之来源），生活凄惨。大王您若能主持公道，复立齐、楚、燕、韩、赵、魏六国的后代，则君臣百姓必然对大王您感恩戴德，无不向风慕义，愿意听从您的指挥。把德义这篇文章做好以后，大王南向称霸，项羽必然不战而降。"刘邦听后大加赞赏，赶快刻制印章，说："你走的时候就带着印信吧，办这件事我看非你莫属。"

郦食其还没有走，张良来拜见。刘邦正吃饭呢，他对张良说："子房你来，我和你说件好事，有人给我出了一个削弱项羽势力的好办法。"他把郦生的话向张良复述一遍，然后得意地说："你看此计是不是相当妙？"张良听后大惊，问谁出了这么个馊主意，如果实行的话，大势去矣。刘邦也吓了一跳，说为什么呀。

张良说："我拿筷子来指画天下形势，代为筹划（即成语"借箸代筹"）。以前商汤伐夏桀、周武王伐商纣而立其后，是因为他们有绝对的操控权，能致其死命，所以才敢如此，而您现在能致项羽死命吗？显然不能，这是其一；周武王灭掉商纣以后能够彰显德义，崇圣敬贤，实行德治，而如今天下纷争，江湖不静，大王您还势力弱小，显然不能有此作为，这是其二；周武王在胜利以后能够开仓济民，拯民于水火，收尽天下民心，而大王您现在显然无此财力，这是其三；那时天下已定，兵归武库，马放南山，以示天下不再用兵，而如今与项羽战争方酣，您能偃武修文，不再舞刀弄枪了吗？还是不能，这是其四（原文七条，今压缩）。这些条件大王都不具备，怎能死板套用？再说这些抛家弃子跟您奔走天下的人，不都是为了建功立业以待他日称王称侯吗？如今复立齐楚燕韩赵魏六国，这些人各归其主，照样能获取荣华富贵，而且还能各归故乡得从所愿，免除了思乡之苦，这可真是大快人心，但又有谁还愿跟着您这个无亲无故的人打拼天下呢？只是现在除了跟您，他们没有太多其他的指望。如果之后把六国立起来，那就是自断生路，军心一散，大势已去。真要实行这一政策，我们也未必会讨到什么便宜。您想想，现在属项羽最强，谁不是嫌贫爱富、欺弱怕强啊。他们有了个人势力，必然会从现实出发，寻找自己的发展之道，可能是拥楚反刘，您有什么办法让他们臣服？反而是一波未平一波又起，自树强敌呀！所以我以为，如果用这条计策，必是前功尽弃。大王三思啊！"

刘邦根本没有三思，他吐出口中咀嚼的食物，马上传令把刻好的印信全部销毁，骂道："这个儒家呆小子，差点坏了你老子的大事。"这就是刘邦，标准的实践家，做事从不拖拉。郦食其死板套用周武王的故事，没有考虑到现实条件，这是他迂腐的地方，也是我们经常犯的错误。我们往往不注重现实，只记住几款几条。张良的这一次劝谏把差点铸成大错的刘邦从悬崖边拉了回来，否则刘邦就完了。

后来韩信自立为齐王，刘邦大骂，多亏张良的提醒，他才转过弯来，没有和韩信造成正面冲突，最终化险为夷。张良为了调动韩信、彭越和英布的积极性，劝刘邦让他们各自为政，把相对应的势力范围划给三人，果然垓下一役大获全胜。刘邦称帝后，封赏功臣，张良没有战功，但刘邦说他"运筹策帷幄中，决胜千里外"，这是张良的大功绩。他让张良自选，可在齐地（今山东）领三万户的封地。张良说："我在下邳起兵，本来是准备投奔景驹的，却与陛下不期而遇，进而情投意合，这是上天的安排呀！陛下使用我的计策，幸运的是时常成功，这也是陛下洪福齐天呀！怎么能把功劳都划到我的头上？我只愿保有'留'的封地足矣，齐地三万户坚决不受，希望陛下成全。"他的话把刘邦乐得屁颠儿屁颠儿的。刘邦从心里佩服张良，就封他为"留侯"，这也是《史记》中关于张良的传记叫《留侯世家》的原因。

刘邦封了大功臣二十多人，其余的日夜争功不休，因此对他们的封赏悬而未决。刘邦看见这些人常常席地而坐说着什么，就问："他们大概说什么呢？"张良说，陛下还不知道吧，他们商量谋反呢！刘邦倒吸了一口凉气，皱着眉头说，如今天下刚刚安定，他们为什么要反呢？张良说："陛下以前也是平民百姓，依靠这些人取得了天下，陛下现在贵为天子，与以前不可同日而语了。现在您所封的都是萧何、曹参这些老部下，而所杀的都是平生仇恨怨怼的，泾渭分明（只知私交不知公义这种状态两千年以后仍存在，只根据交情深浅考量人事）。这会让人有想法的。他们现在猜测，即使把天下的地盘统统分掉，也不可能人人尽封。他们怕陛下不能尽封，就翻查出过去的错误、陈年旧事，然后借题发挥，大做文章。不能封赏又怕人心里埋怨、制造风波，怎么办？只有诛杀干净。这就是他们相互串通、意图谋反的原因。"刘邦故作愁苦状问张良，怎么办呢？张良反问他，陛下平生最憎恨的是谁？刘邦说："有一个叫雍齿的，是我的老部下，反复无常而且曾经多次侮辱我，我想杀他，又因为他功劳大，下不了手。"张良说："我的方法就是树立典型，榜样的力量是无穷的，这个典型就是一面旗帜，告诉人们方向，现在雍齿就有这个作用。您赶快把雍齿封赏了，这样别人看到连您最憎恨的人都有封赏，他们自然心里安定了。"于是刘邦请客大宴群臣，封雍齿为什方侯，并且督促丞相、御史等人快快把功劳簿总结整理好，他要大封群臣。散会之后，果然人人面带喜色，说："雍齿都能为侯，我们还有什么可担心的呢。"张良这一着又是个高着儿，人心稳定才能巩固政权。

◎张良主要的人生轨迹

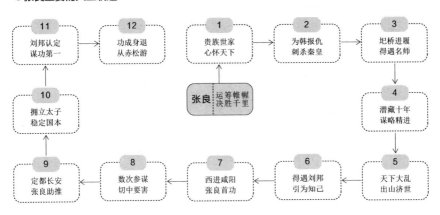

第五章　定都城一言九鼎　安国本太子无虞

　　有个叫娄敬的人，以戍卒的身份劝刘邦到长安建都，刘邦迟疑不决，因为左右大臣都是崤山以东的人，尤其以刘邦为核心的"丰沛集团"中的人，都是沛县人，他们不愿背井离乡去长安，大多数人劝刘邦在洛阳定都。张良说："洛阳倒是也可以，但是地方狭小，方圆不过百里，田地贫瘠，属四面受敌之地，而关中就不同了，地势险要，沃野千里，只在函谷关一面驻守军队就可以稳定天下。若是诸侯安定，则可通过黄河、渭水为京师输入天下粮食；若是诸侯有变，我们也可以顺流而下，保证粮道的通畅，不怕他们掀起大浪。此所谓金城千里（极言其固）、天府之国（极言其富）也，娄敬说得对。"娄敬进言有功，被赐姓刘，称刘敬（有《史记·刘敬叔孙通列传》，此人也是汉初"和亲政策"的倡导者）。于是刘邦决定迁都关中。那时，定都是一件关系国家命运的大事，张良劝刘邦定都长安是占尽地利的明智之举。

　　张良也被刘邦带到了关中，体现了刘邦对他的优待，而他平常多病，就深居简出，有一年多的时间都差不多待在府里，只做一些深呼吸类的健身运动，以道家养生之术为指导，清心寡欲，尽量避免俗事的羁绊。然而，将要发生的一件大事惊扰了他的清静。原来，刘邦想废了太子刘盈。刘盈是他与吕后所生的儿子，他现在喜欢戚夫人生的赵王刘如意，认为刘如意特别像他的禀性，而嫌太子刘盈孱弱无能。那个时候的传统观念是立嫡（正夫人生的）不立庶（小妾生的），立长不立幼。刘盈既是嫡子又比刘如意大，刘邦的想法接连坏了两条规矩。虽然刘邦是皇帝，然而，他的想法仍然遭到了传统习惯势力的阻挠，大臣全反对，认为这是在动摇国家的根本，但是没有谁能从根本上改变刘邦的想法（"嫡长子继承制"是传统社会重要的政治制度，这项制度十分不合理，如果这个嫡长子昏庸无能，国家就遭灾了。可除此之外，也没别的好办法了。如果废除此项制度，皇帝有几十个儿子，到底立谁？实行这个制度是不得已而为之。李世民就是被"嫡长子继承制"压得喘不过气，才发动"玄武门之变"，射死了其兄太子李建成，因为天下是他打下来的。由此可见这项制度的厉害）。

　　吕后吓坏了，不知所措。有人给她出主意，说留侯张良善于谋划，而且皇上对他信任有加，何不找他想想办法。真是一语点醒梦中人呀！吕后赶忙让她的哥哥建成侯吕释之去找张良，不想出办法就赖着不走。吕释之说："您常为皇上出谋划策，如今他要废掉太子，您怎能不管不问呢？"张良说："那个时候陛下征讨四方，常常困顿无助，这才用我的计策。如今天下大定，因为个人的爱恨想要变易太子，这是父子骨肉之间的家事，疏不间亲，我们这些做臣子的只能看在眼里急在心头，可又爱莫能助呀！"吕释之说："那我不管，反正您不给我想个好办法我就不走，没日没夜地对您絮叨。"张良被逼不过，只好投降。他说："这件事难用口舌辩白，一味强谏也不是办法，还可能适得其反，使事情变得更糟。我想出一个'旁敲侧击'之计,不知管不管用。我记得有四位隐士,叫'商山四皓',陛下屡请不至。他们都是长者,嫌陛下傲慢侮下,所以就逃匿到山中,不肯为政府服务。然而陛下非常高看这几人,他也常为自己不能尽举天下贤士而懊恼不已。如果你们能舍得金玉璧帛,让太子亲自写信,语气谦恭得体一些,再找一个口才出众的辩士一同前往,应该能请出他们。他们来了以后呢,别把他们当臣下,而是以客礼相待,让这些人经常随太子入朝,令陛下看到,他必惊奇不已,要问事由。只要他知道这四个人的真实身份,这件事就会出现转机了,至于成败就看天数了。"吕释之大喜,一个劲儿地向张良鞠躬。他一路小跑到了吕后那里,把张良的话一五一十地告诉她。于是吕后令吕释之带着太子的亲笔信,卑辞厚礼,把这四人请了回来,客居于吕释之家里。王守仁说,若真是隐者,必不会出山;若已出山,必不是真正的隐者。按照当时的价值标准衡量,能用钱币召来的人,也未必真是坚守道义的人士。

后来英布造反,刘邦当时正病着,此时距他去世还有约九个月,他想让太子亲自带兵去征讨。"商山四皓"合计,我们到来是为了保全太子的,如果太子带兵,这事就危险万分了。他们对吕释之说:"太子带兵,若有功则容易受到猜忌,若失败也给自己留下祸根,正好证明了自己的无能(晋文公的兄弟太子申生被派出带兵,就是一个例子。见本系列丛书之《霸主之路》)。此外,与太子同行的这些将领全是当年跟随陛下东征西讨的枭将,今天让太子率领他们,无异于使羊将狼啊!太子能有那么大的威信去统率这些人吗?他们必然不肯全力以赴,必定无功而返。而且'母爱者子抱',母亲受宠,爱屋及乌,孩子也必然多被其父所抱持。如今戚夫人日夜守在陛下身旁,形影不离,而赵王如意常常被抱持抚爱,陛下说'终不使不肖子居爱子之上'，就是说终究不能让没出息的儿子忝居大位。这话说得相当直白了，太子之位将不保矣。你何不让吕后找机会向陛下哭诉说：'英布是天下少有的猛将，善于用兵，而众将都是陛下的老部下，令太子这个晚辈来统领他们，必然不能令行禁止，终是不肯为用。若让英布知道这种情况，他必然肆无忌惮，大张旗鼓地杀奔京师，那就危险了。陛下您虽然有病，只要能强打精神随军出征，诸将就不肯不尽力。我知道您辛苦，但为了父母妻子和江山社稷，还请勉强自己一下。'这样说必然能打动陛下。事不宜迟，你快去吧。"

于是建成侯吕释之连夜见吕后并说明情况，吕后去找刘邦哭诉，根据四人密授的机宜超常发挥。刘邦说："我也在考虑这小子没这本事。好吧，我亲自去吧。"刘邦亲自带兵征讨英布，群臣在京师坐守，他们送刘邦到霸上。张良生病了，但也强撑病体去见刘邦，说："我本来应该跟从的，但我有病，实在无法成行，万望陛下海涵。楚人果敢勇猛，愿陛下先避其锐气，寻机破敌。可令太子为将军，统帅关中兵马，您也可在前线放心杀敌了。"刘邦同意张良的建议，说："你虽然有病，但还是支撑一下，替我好好辅佐太子吧。京师的事有你维持，我也就无后顾之忧了。"那时有一个叫叔孙通的大儒做太子太傅，张良承担太子少傅的工作，都是太子的人生导师。

刘邦击败英布后，病得更重了。他更想尽快变易太子，张良的劝谏也不听。这可能是他第一回不听张良的话。太子太傅叔孙通引古论今，苦苦劝说，刘邦感其意诚，假装答应了他，实际上还是想废掉太子，立赵王如意。

一次宴会上，刘邦发现有四人跟随太子，年皆八十有余，须眉皆白，衣冠甚伟，有苍松古柏之姿。刘邦感觉很奇怪，就问这是何方神圣。四人上前各报名姓，是东园公、角里（角，Lù。角里为姓）先生、绮里季、夏黄公。刘邦大惊，说："我找你们很多年了，你们避而不见，为何都跟我儿子混了呢？"四人说："陛下轻士善骂，我等义不受辱，因此逃匿。后来我等听说当今太子为人仁爱有德，恭敬爱士，天下人莫不以为太子驱驰奔命为荣，所以我们愿从太子。"刘邦说："若是公等能一直护持太子，是我莫大的荣幸。"四人祝酒完毕，小步快速走出宫殿。刘邦在后呆呆地望着，招呼戚夫人过来，指着四人说："我想更易太子，然而太子有这四人辅佐，羽翼已成，我也无能为力了。吕后是你的主人啊！"戚夫人痛哭不止，刘邦也悲从中来，说："你跳楚舞，我为你唱楚歌吧。"歌词大意是：鸿鹄高飞，一举千里；羽翼已成，横绝四海；横绝四海，当可奈何！我该怎么办呀？我能怎么办呀？刘邦一连唱了几遍，戚夫人嘘唏流涕。刘邦最终没有动摇太子，是张良之计谋，任用四人之力啊！

但司马光不太同意司马迁的观点，他认为刘邦意志坚强，不会为一时的讥议改变初衷。他是怕大臣不肯听命，自己死后赵王如意还是会成为真正的孤家寡人，这才作罢，而并非因为听了"商山四皓"的只言片语改变了主意。司马光说司马迁只是爱好奇闻逸事才把此事夸大的。但此事肯定不会是空穴来风、无中生有的。司马迁生活在汉代，这件事发生的时间离他不远，此外，以他的严谨态度，应该能多方考证。不管怎么说，张良肯定是为太子刘盈巩固权位出过大力的。

这个故事告诉我们，做事情不能认死理。有时我们遇到问题解决不了，不妨暂停一下，换一种思路，也许能收到事半功倍的效果。这也是以迂为直，以退为进。人生的事不像数学原理那么简单，两点间的距离并不一定是直线最短。想起自己以前种种可笑的行径，只从一个方向进攻，跌倒了就爬起来，再战，自己的理论基础是"从哪跌倒从哪爬起来才是真正的男子汉"，这个男子汉毅力倒有增强，可是付出了几年的青春。不是说锻炼毅力不好，而是说完全可以避开的困难我们就没必要硬着头皮上。转换一下思维，就可以避开这种"拼命主义"的盲动，也避免画地为牢、自缚手脚、费力不讨好的尴尬，效果也会更好些。有好办法不用又何苦呢？

李商隐的诗《马嵬》写道："海外徒闻更九州，他生未卜此生休（"海外九州"指海外仙山，这种提法出现在《史记·孟子荀卿列传》中，这里指唐玄宗派道士寻找杨贵妃之魂魄）。空闻虎旅鸣宵柝（tuò），无复鸡人（皇宫中没有鸡，由卫士报晓）报晓筹。此日六军同驻马，当时七夕笑牵牛（士兵抵达马嵬时逼宫，要求处死杨贵妃，唐玄宗无奈，只能照办。遥想当时七夕夜，唐玄宗与杨贵妃嘲笑牛郎不能保护妻子，而他们却发誓要生死相守）。如何四纪（指四十八年，其实唐玄宗在位四十五年）为天子，不及卢家有莫愁（"卢家莫愁"指普通妇人，此句是说唐玄宗贵为天子，却不能像普通人家那样，保护好自己心爱的人）。"李商隐讽刺唐玄宗因为女人差点亡了国，也对他的无奈寄予一定的同情。人生在世，总会有很多无奈。不管是贩夫走卒，还是达官贵人，就连刘邦这种千古一帝，也和唐玄宗同病相怜，只是他从国家大业出发考虑问题，而唐玄宗更像是一个多情种罢了。

陈豨（韩信被牵扯进去）反叛后，张良随同刘邦一起出征，《史记》上说张良"出奇计"，但没有指明具体的实施步骤，应该是陈豨手下的将领以前曾是商人，张良劝刘邦用金钱收买、分化敌人一类的事，这对张良来说不过是雕虫小技，不值一提。后来他劝刘邦立萧何为相国，又与刘邦纵论古今天下大事。因为这些并非关系天下存亡的大事，可能只是一些战术性的实施细节，所以不做记录。张良对刘邦说："我家世代在韩国为官，后来韩国被秦始皇所灭，我为了替韩国报仇，不惜万金之资，收买刺客刺杀秦始皇于博浪沙，致使天下震动。如今我以三寸不烂之舌辅佐陛下，而成帝王师，封万户侯，此布衣之极，我已得遂平生所愿，死而无憾了。我愿抛弃人间俗事，跟从赤松子（传说中的仙人）游历名山大川，访仙问道，寻奇探幽，此生无恨矣！"于是他基本上不食人间烟火，以参禅悟道、修身养性为乐。刘邦死后，吕后感念张良在关键时刻出手相救，因此对他关爱有加，不让他过这种清苦的生活。吕后说："人生在世如白驹过隙，倏忽而至，何必自苦如此。"张良不得已，又稍稍恢复俗世生活，但基本上不再过问人世纷争了。

关于张良去世的时间，有两种说法，《资治通鉴》上记载为汉惠帝六年（公元前189年），《史记辞典》上记载为高后三年（公元前185年），谥号为"文终"。而根据《史记·高祖功臣侯者年表》的记载，高后三年为留侯张不疑元年，不知是当年改元，还是次年改元。如果是次年改元，似乎应该为高后二年张良去世。暂且不管这些"疑难杂症"。最后，儿子张不疑继承"留侯"的爵位。

大家应该还记得在下邳传给张良《太公兵法》的圯上老人黄石公，他当时说十三年后他们俩还能见面，他就是谷城山（华山）脚下的黄石。后来张良与刘邦经过那里，果然看到了一块黄石，他拿回来郑重其事地供着它。张良死后，这块黄石也被安葬在张良墓旁，每年两次祭祀张良时，那块黄石也并受香火。虽然这个故事可能只是传说，但在当时人看来，这块黄石关系到刘家王朝的兴衰。这也是人们对开国元勋的一种敬仰之情吧。

关于张不疑的结局，有三种说法，《史记·留侯世家》中说，"孝文帝五年坐不敬，国除"，《汉书·张陈王周传》中说，孝文帝"三年坐不敬，国除"，两者时间有差异，罪名相同，都是"不敬"罪，不敬皇帝是大罪，封国被取消。《史记·高祖功臣侯者年表》则记载，孝文帝五年，张不疑因为谋杀楚内史，"当死，赎为城旦，国除"。也就是说，张不疑因为谋杀罪，被判处死刑。他花了大钱，死罪饶过，被罚为"城旦"（这是筑城一类的苦役犯）；废侯，封国取消。从汉高祖六年（公元前201年）到汉文帝五年（公元前175年），张良的封国存在约27年。张良的人生很精彩，充满传奇色彩，但是子孙不昌。

第六章　懂方法为大于细　知策略图难于易

　　司马迁评论道："许多有大见识的人说没有鬼神，但却相信有一种灵异的物质能够造就人类无法解释的奇异现象。像留侯张良所见的黄石公，就相当奇怪。高祖刘邦多次遭遇困顿和失败，而在使用张良计策后总能转败为胜，这难道不是冥冥之中的天意吗？高祖刘邦说：'运筹帷幄之中，决胜千里之外，我不如子房。'我以为其人大概是身材魁梧，容貌奇伟，谁知我看到张良的画像后才发现，他长得像个美女，与我当初想象的无异于天渊之别。孔子说：'以貌取人，失之子羽。'这句话也同样适合我对张良的评价。"

　　那时的人和现在一样都以身材魁梧高大为美，而仅看张良的外表，人们会以为他是"手无缚鸡之力的白面书生"，谁知他却有大才，所以不能仅看外貌就轻易给人定评。平常人往往根据对方的容貌举止来决定个人的好恶，戴着这种有色眼镜来看人，无论如何也不会有真实、客观的评价。没有个人好恶谁也做不到，能做到的是少一点。人世间的事并不是完全以个人为中心的。

张良的一生是传奇的一生，他知道用望远镜与显微镜观察问题。如果说中国历史是一幅画卷，那么张良在秦末汉初这段历史中扮演了一个指导画师的角色，他对这幅画的立意构思、布局谋划、色彩搭配做了精心设计，由刘邦带队把他的构想具体实现。张良是当之无愧的"帝王师"，用现在的话说叫"总设计师""智囊团首席代表"，可与姜太公媲美。他应该是那个时代站得最高、看得最远的人，就是说人要用"望远镜"看事物。张良的"望远镜"就是《太公兵法》或《道德经》，不管是哪部书，都包含着深刻的哲学思想。哲学让人冷静，哲学让人理性，哲学让人变得有条理，哲学让人的思维延长、心胸博大，哲学是科学中的科学，哲学是至关重要的看问题和办事情的方法，没有哲学思想的人根本成不了战略家，因为他不能从纷繁复杂的世事中抓住中心问题，也就找不到解决的方法。如果找不到病根，只根据发烧症状就给病人吃感冒药，是要死人的，因为"非典"也发烧，"禽流感"也发烧。只有找到问题所在，才能找到办法，而且还必须是可操作的办法，也就是说要有现实性。很多自认为看得远却无具体、明确的实施步骤的人往往是"空想型"战略家，是"笑柄型"战略家，而张良是一个"实践型"的战略高手。

司马迁那个时代的人认为张良每计必中，如有神助，就捕风捉影地构想了许多传奇故事。张良为什么能把事情看得那么透彻呢？刘邦因为心急，想舍弃宛城，西进咸阳，张良深知"欲速则不达"的道理，不是不要"速"，而是不能因为单纯追求速度而忽视根基，不能留后顾之忧。刘邦一进咸阳就按捺不住，想纵情声色，张良力谏，而且"约法三章"的实施，他也应该参与其中。他深知民心的重要，得民心者得天下。刘邦在"鸿门宴"前危急万分，项伯来送信，张良让刘邦做好项伯的工作。刘邦卑辞甘言，又与项伯结成亲家，后来项羽果然受项伯的影响放走刘邦。张良深知做好身边人的思想工作的重要性。刘邦去做汉王时，他劝刘邦烧毁栈道以麻痹项羽，又用田荣、彭越的"反项文告"激怒项羽，从而为刘邦的反扑争取了宝贵的时间。刘邦想找同盟者共同反项，在张良的指导下，他联合彭越、英布与韩信组成"战略同盟"，给项羽以致命的打击。张良深知，要想解决主要矛盾，推翻项羽的势力，必须团结一切可以团结的人，动员所有力量朝向一个战略目标。刘邦听从郦食其的建议，要效仿周武王搞分封，立六国之后共同抗楚，张良及时让刘邦收回成命。他深知，同样一种方法不可能套用在两种不同情况上，事情总有其特殊性，死板套用只会归于失败。汉朝建立以后，刘邦在封赏功臣上犹豫不决，在对待仇敌上手段残忍，张良故意危言耸听，说众将将要谋乱。其实像谋反这种大事是不会在外宣扬的，他只是趁机劝刘邦尽量保持公平，尽快解决问题，不要让人心思乱，这对王朝的稳定很有作用。刘邦拿不定主意是否要定都关中，张良深刻剖析，让刘邦心服口服，决定定都长安。这定都之事也是影响深远的，说明张良眼光独到。在废立太子的问题上，张良知道，要想改变个人的好恶十分困难，一味强迫适得其反，只有采用迂回战术，方可事半功倍，结果事情确实按照既定目标推进。这些都体现了张良的大智慧。

同时他也能用显微镜看问题。用显微镜看问题主要表现在体察人心与人性上，也就是通过细小问题看出本质。他遇到刘邦就能看出刘邦的潜质，当真不易。那时刘邦纯属一个小人物，没地位，没家世，没文化，甚至还有许多不堪入耳的寒碜事，但张良看出刘邦非凡人。这也确实是一种本事，他确实是"得遇其主"，刘邦对他言听计从。看事情就是这样，都已成事实，我们再来评价，就根本不算什么，只有在尚未成为显而易见的事实时，能够预测其发展趋势，才能算本事。韩信要自立为王，刘邦大骂。张良深知，在无法掌控局势时不要树敌过多，而且韩信既然敢打这个报告，就说明他心中已有定见，这时若打击他，就是自损臂膀，莫不如做个顺水推舟的人情。

张良为刘邦的帝业立下汗马功劳，但他却深知刘邦与吕后为人自私残忍（吕后更狠，后文还有介绍），所以他谦虚退让，坚辞厚赏。比如刘邦让他在齐地自选三万户的封赏，他坚决不要。这固然与他的学识和性格有关，更重要的是他深知刘邦外表豁达、内心忌刻的本性，这恐怕也是帝王的通病。他的智慧让自己进退自如于荣华富贵之中，所以才长久。从这一点来看，他有范蠡的明智。正所谓：宠辱不惊，看庭前花开花落；去留无意，望碧空云卷云舒。

司马迁说张良"无智名，无勇功，图难于易，为大于细"，这是什么意思呢？张良应是深得道家之精髓。《道德经》虽然只有五千字左右，却无所不包，被后人尊奉为治国、齐家、修身、为学的宝典。它强调大智若愚，要不显山不露水，所以说"无智名，无勇功"。也就是说，表面上没有轰轰烈烈，暗中却积蓄力量，在要紧时刻迸发出来，实现自己的抱负。这种修为不是谁都能做到的。说张良"图难于易，为大于细"，我的理解是把一个比较难于实现的大目标分解成许多可以操作的具体行动，这样事情就显得容易多了，然后把这些事一件一件、一步一步地解决掉。细节决定成败，这些问题得到了逐步的解决，目标也就容易实现了。所以我认为，张良的足智多谋表明他是那个时代能够用好辩证法的实践家。

当然，对张良的评价也并不都是赞美之辞，有人说他的行为属于明哲保身，许多功臣被冤杀时也没见他有解救行动。这也不能完全怪他，有些是传统政治制度惹的祸，他也未必能找到解决之道。对君主和功臣来说，要想化解他们的矛盾，只有改变人性。让皇帝放弃巩固皇权的努力和让功臣放弃经过千辛万苦才得来的荣华富贵，都无异于与虎谋皮，怎么可能呢？江山易改，本性难移！

张良是中国历史上少见的战略家，无愧于"初汉三杰"的称号。

萧曹世家

沛公诸将入关初，萧何谋深总不如。
秦府尽收图籍去，不知博士有遗书。

（元）蒋民瞻《萧何》

百战皆收第一功，几回旁叹泣良弓。
白头始识人间事，归向东州问盖公。

（宋）李复《曹参庙》

第一章　收图籍天下在手　追韩信无愧贤相

"诸葛大名垂宇宙，宗臣遗像肃清高。三分割据纡筹策，万古云霄一羽毛。伯仲之间见伊吕，指挥若定失萧曹。运移汉祚终难复，志决身歼军务劳。"这是杜甫《咏怀古迹》之一，描写诸葛亮的诗，诗中提到的"伊吕"，指辅佐商汤建立商朝的伊尹和辅佐周文王创立八百年周朝江山的姜子牙，"萧曹"则指本文的主人公——西汉开国元勋萧何与曹参。"伊吕"和"萧曹"后来成了特定称谓。

◎诸葛亮那么累的原因

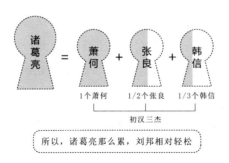

诸葛亮 ＝ 萧何 ＋ 张良 ＋ 韩信

1个萧何　　1/2个张良　　1/3个韩信

初汉三杰

所以，诸葛亮那么累，刘邦相对轻松

萧何是刘邦地地道道的老乡，沛县丰邑人。刚开始他是秦政府的笔杆子，一字之差让人可荣可辱。俗语说："公门里面好修行。"萧何倒是一个公正贤良的人，没利用职务之便做出伤天害理的事来，在当地颇有人气。刘邦还是平民百姓时，萧何多次为他排忧解难，二人还是友情深厚的。等到刘邦当了泗水亭长，他还尽力帮助刘邦处理好公事。刘邦被派到咸阳带领百姓服徭役，临行前，别人送他三百钱，唯独萧何送了五百钱，可见交情不一般。但那时萧何并不一定认为刘邦日后会有大的成就。刘邦老丈人吕公来时，刘邦大言不惭，萧何还是比较反感的，可见当时的刘邦并没有"受命于天"的神奇。

萧何当时在为秦政府服务。秦朝负责监督、检查郡县工作的监郡御史，有时需要到地方巡视，他与萧何辩论天下大事，萧何的战略眼光让他惊叹不已，御史就想向上推举，可萧何坚决不受。有可能萧何已看出了秦朝统治的岌岌可危，预留退步。

萧何在沛县有较好的口碑，沛县豪杰响应陈胜起义杀掉沛县县令后准备推举萧何为首脑，可萧何考虑到身家性命，就没敢安坐此位，而是推举了刘邦。由此可见，有的人只能做"相"而不能做"主"，这事还别不服气。萧何辅佐刘邦时任劳任怨，许多繁杂琐细的工作都是由萧何完成的，他成了刘邦的左右手，一个不可或缺的人物。

刘邦到达咸阳后，众将全都掳掠金银珠宝，唯独萧何直奔秦丞相、御史府的办公室，把秦朝的法律文本、政府条令原件和关于天下大势的各种图书典籍尽收囊中。这是宝贵的战略资源，当时项羽的谋士范增就没有这种眼光。刘邦当了汉王后，任命萧何为丞相。刘邦之所以知道天下山川河脉、交通要道、户口多少、强弱之处、民间疾苦等事，都归功于萧何的战略头脑，而这时的项羽只会做杀人放火这些强盗事业。刘邦能够打败项羽，不是偶然的，原因之一是他有社会经验，知道民间疾苦。除了有刘邦自身的生活经验外，不能不说萧何的工作使他对全国各方面有了系统和透彻的了解，这为他制定政策提供了充足的信息，他的成功真是指日可待，而萧何只此一项举动就无愧于"名相"的称号。

"萧何月下追韩信"是他最大的闪光点。他能在韩信萎靡困顿之际看出韩信"非池中物"，力排众议，劝谏刘邦大胆起用曾经是"胯下辱夫"的人当大将军，这是非凡的眼光与胆略。所谓"城门失火，殃及池鱼"，如果韩信兵败名辱，萧何也是要为自己有眼无珠付出代价的，幸亏他"慧眼识风流"。有人会说"成也萧何，败也萧何"，他最后还不是帮助刘邦把韩信杀了，他担当了刘邦的帮凶。这不假，但这不能全怨萧何，也要怨韩信自己没有做好，从而给自己留下了祸根。那时刘邦已动了杀机，萧何就是不当帮凶，韩信也必死无疑。而且若没有萧何，韩信想让刘邦杀都不可能了，因为他可能一直默默无闻，这应该是韩信最不能忍受的。大家都知道，韩信曾受过胯下之辱，对那时的他来说，长命百岁已经毫无意义了。不能张扬个人意志、纵横四海，可能生不如死。

第二章 奖隐劳功狗第二 守关中功人第一

    刘邦引兵平定三秦时，萧何留守，主抓后勤，颁布政令，安抚百姓，组织生产，保证军粮供应。后方的巩固让刘邦吃了一颗定心丸，使他能在前方大展手脚。平定关中以后，刘邦联合诸侯打击项羽，萧何侍奉太子刘盈坐镇栎阳，稳定后方。他制定了大量的法令和政令，建立关于宗庙社稷、宫室县邑的管理制度，然后上报刘邦，刘邦签字认可了的，就抓紧落实；若是因为军事紧张来不及上奏或刘邦无暇顾及，他就便宜行事，等见到刘邦后再综合汇报。他把关中治理得井井有条。那时刘邦与萧何的关系像一对夫妻，刘邦主外，萧何主内。我记得"安"字的含义指"房子里有女人，就是家了，有了家也就安定了"，那时萧何就起到这种作用，他源源不断地向前线输送军粮和战士。刘邦经常被项羽打得落花流水，溃不成军，但萧何总能及时地为他注入新鲜血液。在萧何的管理下，关中变成了五脏六腑，既能造血、吸收养分，又有强劲的心脏把这些养料输送到全身。刘邦为什么能打败项羽？没有这种经济基础和兵力供应，是根本不可想象的。项羽那里就缺少这样一个给他管理内务的人。虽然他表面上常打胜仗，但这些都是非关全局的战术性胜利，用哲学的话说，就是简单的量变叠加，没有形成质变。挖了十口浅井没有用啊，一口深井就足够了。所以他后来疲惫不堪，被刘邦玩得团团转，最后垓下一役全军覆没，这也导致项羽心理上的崩溃。打败项羽，萧何功不可没。

　　但萧何与刘邦真好到穿一条裤子了吗？也不可能。政治上的人际关系，我们不能用普通的道德标准来衡量。在"荥阳大战""成皋之战"期间，刘邦在军事上正吃紧，却屡次派使者回到关中慰问萧何。那时候没有电话，只能通过人来传话，但大老远的总派人来慰问，如此关心，好像有什么目的。有一个叫鲍生的劝萧何，说："汉王在外披荆斩棘，出生入死，却多次派使者来慰问，他是怀疑您呀。这么多年来，一直是您安抚百姓，甚有名望，他是怕您看他如此困顿而生出反心，您若断了他的后路，汉王可就凄惨了。我为您想了个办法，不如把您叔叔、大爷、七大姑、八大姨这些亲属中能当兵打仗的都送到前线，他看您如此全力以赴，必然心中踏实，更加信赖您。"果然被鲍生言中。刘邦一看萧何如此尽心，龙颜大悦，这时他才放心地让他全权代理关中之事。从这里也能看出刘邦的疑忌心相当重。

　　刘邦平定天下后论功行赏，群臣争功，一年有余还没评出结果，最后刘邦以萧何功劳最大，封其为鄼（cuó）侯，封赏最多。不料此言一出，顿时鸡飞狗跳，大家一致反对。将军们说："我等披坚执锐，冲锋陷阵，多者百余战，少者数十合，攻城略地，都有收获，而他萧何未尝有汗马功劳，只是舞文弄墨，从来没有斩将杀敌，而今反倒居我等之上，我们弄不明白。"廉颇当年也有此等困惑。刘邦给他们打了一个比

◎萧何的十大功与二大过

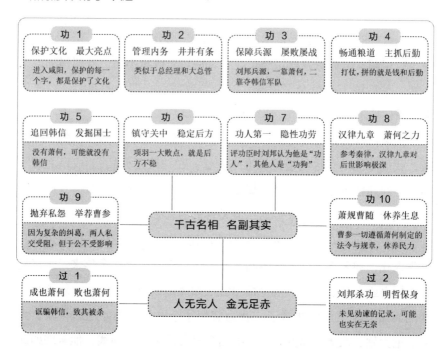

方,指明了问题所在。他问群臣:"你们都打过猎吧?"这些人答道,打过。刘邦又问:"你们知道猎狗吧?"在得到肯定的答复以后,他就说了一个很形象的比喻:"打猎时追杀野兔走兽的是猎狗不假,但发现踪迹、指示方向的是人呀。你们只能捕捉飞禽走兽,所以都是'功狗',可人家萧何发现踪迹、指示方向,是个'功人'(典故"功人功狗"源于此)。并且你们只是单身跟我,多的也就一家两三人罢了,而萧何家族中数十人皆跟我出生入死,功不可忘呀!"群臣都哑口无言了,他们确实无法反驳这种事实。

有人说刘邦之所以抬高萧何,就是为了打击军功集团,因为这些军中实权人物太让人不放心了。这也有道理。另外，此时已经打下了天下，刘邦需要治天下的相国，抬高萧何，当是为此做准备。

刘邦的话可能有点强词夺理，但他肯定萧何劳苦功高，把他评为"初汉三杰"是相当正确的。刘邦天生就是当领袖的料，能够发现人的"隐性功劳"，这是最难能可贵的。任何一个团队都需要默默无闻、任劳任怨干脏活和累活的人。球队的前锋进球了可喜可贺，但若没有队友的组织进攻、密切配合、积极跑动，以牵制对方的力量，进球是不可能的。特别是后卫，得到的光环最少。如果没有他们守好球门，前方进一球后面失两球，那么前锋的进球毫无意义。这些后卫就是球队里的"萧何"。载人航天飞船上天，航天员不顾自身安危进入太空执行航天任务，是当之无愧的民族英雄，但人们也不能忘记数以万计的基层工作者，他们也是完成这航天壮举的"萧何们"。通常，这些"隐性萧何"往往被人忽视，而能肯定这些"隐性萧何"的团队大多是无敌团队，因为隐性的价值得到了肯定。

中国有一个成语叫"曲突徙薪"，来自《汉书·霍光传》，说是有一人到别人家中做客，他看见主人家的烟囱是直道并且锅灶旁边堆着柴火，就提醒说最好把烟囱改为弯道并把柴火挪走，否则容易发生火灾，可主人不以为然，满不在乎。后来果然失火，在邻里的帮助下才把火扑灭。主人杀猪宰羊以谢芳邻，以烧伤大小排位次。这时有人对主人说，你若听那位客人的，不费牛酒就排除了隐患，根本不用破费。今天论功请宾，曲突徙薪无恩泽，焦头烂额为上客，这不是太不公平了吗？主人这才醒悟，赶忙把那位客人让到首席。现在这个成语多用来说明事先采取措施就可"防患于未然"，但也有另一层意思，就是人总是被视觉和听觉局限在一个小范围内，完全被表面现象所迷惑，只停留在肤浅的认识上，不能发掘深层的东西，这就是人的认识的局限性。从这一点来说，刘邦是个英雄。

三国时的曹操打败袁绍后，其子袁尚、袁熙逃到了乌桓（应该是今内蒙古、辽宁一带），曹操听从郭嘉的建议，斩草必除根，于是千里奔袭打败乌桓的"拥袁反曹势力"，铲除了袁氏最后的残余势力。他回来后，却把当初劝他不要发兵的人赏赐一番，他的理由是，这次军事行动纯属冒险行为，成功是侥幸的，而他们的劝谏是万安之计，所以我要赏，而且他还加了一句：以后也要积极进言。大家看，这种团队能不兴旺吗？刘邦对萧何的态度表明了他是赏罚分明、让人心服口服的，这表明他拥有一双慧眼。办公室人员的功劳容易被忽视，业务人员的功劳容易被夸大，只以创造直接价值作为唯一评价标准，是最伤人心的，这样不会产生真正的企业文化和团队力量。

封赏完了就要排定位次，这些人说，应该以平阳侯曹参（曹参和萧何一样也是刘邦的老乡，而且萧、曹二人当时还是同事。曹参也是萧何丞相位的继任者，成语"萧规曹随"的主人公）为第一，他身披七十创，攻城略地，功劳最大。刘邦在论功行赏时，为了萧何已挫了群臣，他心里想把萧何排第一，又怕再挫伤众人颜面不太好，有点犹豫。这时，一个叫鄂千秋的摸准了刘邦的脉，他说："群臣的结论错了。为什么这么讲？曹参虽有野战略地之功，但这只是一时之事。陛下与项羽战斗了四五年，常常溃不成军，光算孤身逃遁，就有好几次。然而萧何经常从关中派兵补缺，不包括正常的征兵，额外部分就有数万人，这才让陛下有本钱东山再起。并且楚汉相持荥阳的几年中，军粮匮乏，萧何利用水路把关中的粮食源源不断地输送到军营，才使军心稳定，这才有屡败屡战的可能。这种充足的供应使陛下的韧性发挥到极致，这才能最后击垮项氏。

再说，函谷关外的土地得而复失数次，但萧何总能保全关中以待陛下，深根固本，基础扎实。是萧何保证了这场持久战的胜利，以致开创帝业，这是万世之功啊！而今曹参等虽身经百战，可难道这真是不可替代的功绩吗？为何以'一旦之功'反居于'万世之功'之上？我有点弄不明白。以臣愚见，萧何第一，曹参次之。"这种评价方式类似于本系列丛书之《霸主之路》中晋文公对先轸和狐偃（yǎn）的评价。刘邦大喜，终于找到了代言人，于是令萧何排第一位，赐剑履上殿，入朝不趋，这是古代帝王对功臣的特殊优待。刘邦又说："我听说保举贤能受上赏，能为了公事推选比自己贤能的人，这是要有博大胸怀的，而萧何在这方面做得最好，我今得到鄂千秋更说明了他有明见万里之能。"于是封鄂千秋为安平侯，把萧何父子兄弟十余人都加封了，为萧何增加二千户，以报答萧何在为刘邦去咸阳送行时唯独比别人多拿二百钱的路费。刘邦在封赏萧何问题上显示了自己的英明睿智。荀彧也曾劝曹操"深根固本以制天下"，他举的就是萧何的例子。

第三章　功盖世诚惶诚恐　得善终如履薄冰

陈豨谋反，刘邦亲自征讨，抵达邯郸时，听说韩信谋反，吕后用萧何计，诛杀了淮阴侯韩信。刘邦派使者封萧何为相国，增加封地五千户，又命令一都尉率五百士卒做他的警卫。这份恩宠太大了，大臣都来道贺，唯独召平（召，Shào。召平在秦时被封为"东陵侯"，秦朝灭亡后，成为平民百姓，一贫如洗，在长安城东种瓜为生，瓜甜美无比，民间以召平曾经的封号称之为"东陵瓜"。后来召平投了刘邦，见识非凡，与萧何交好）来吊丧。他为什么来给萧相国吊丧呢？他的理由是："萧相国你不要得意忘形，福兮祸之所伏，你的祸患自此产生了。皇上暴露于外，征讨四方，而你守卫后方，镇守国都，没有些许功劳却增封地、加守卫。这是因为韩信的反叛让他心疑，所以他安排警卫。这不是恩宠你而是监视你，如果你安然而受，他的疑心会更重。我为君计，莫不如以私财充作军饷，则皇上必然内心喜悦，而疑虑自逝，你可确保无虞了。"萧何听从召平的劝告，刘邦果然大喜。这个召平真是一个厉害人物，深知帝王心。人

046

在这个时候一定要分清轻重缓急，"留得青山在，不怕没柴烧"。不能因小利而失大义，那点私财算什么。要舍车保帅，留得有用身。只要有人在，身外之物还会失而复得。若是被杀了，一切珠宝奇珍还有什么意义？萧何能够纳谏，与刘邦算是天生一对。

又过了一年，英布谋反，刘邦还是亲临前线。他多次派使者回来，打探萧何所为。萧何因为刘邦在外而在后方尽心尽责，安抚百姓，而且还像陈豨谋反时那样倾其所有以佐军资。但这次这么做又不行了，有门客对萧何说："你要被灭族了。你位列相国，功劳第一，一人之下万人之上，对你的赏赐恩宠无以复加了。而你在关中十多年，政通人和，深得百姓之心，百姓对你信赖不已。民心所向，势不可挡，这不是靠威权能压服的。陛下多次派使者回来，这是怕你有个人野心，倾动关中，一旦认为你对他构成威胁，相国你可就有祸灭三族的大罪。依我愚见，莫不如多买民田，低价收购，再赊账不还，自毁爱民形象，陛下必然心安。"萧何从其计，刘邦大悦。世界上的事就是这样，同样的做法在不同时期可能产生不同的效果。倾尽家财的做法上一次有用，这一次不一定完全奏效。萧何加紧安抚百姓是最让刘邦担心的，萧何却不自知，还想以此讨好刘邦，谁知却适得其反、南辕北辙。萧相国需要自污以求自保，想做点工作何其难也！

刘邦从前线回来，百姓拦驾喊冤，说萧相国低价强买民田民宅，无法无天，请陛下为民做主，刘邦笑着答应了。萧何进来拜见时，刘邦把百姓的状纸扔给萧何，笑着说："这就是你所做的利民好事吧。解铃还需系铃人，你自己去处理这件事吧。"这件事也没什么不好处理的，本来就是萧何自导自演的一出戏，只不过他自己扮演了一个反面角色罢了，通过自毁清白来谋求安全，他把田宅再退回去就完了。萧何趁机对刘邦说："长安地方狭小，上林苑有许多空地，如今弃置不用诚为可惜，还不如让老百姓耕种，这也有利于国计民生。"这个上林苑是皇家园林，狩猎的地方，刘邦听后大怒道："你倒是知道为自己谋私呀，以前玩忽职守强买民田，如今肯定收受了商人的贿赂，才替人谋求上林苑，我要你二罪归一。"于是把萧何打入监牢，上好枷锁，准备治罪。其实刘邦也并非想惩罚他，只是认为他为民请命以收买民心，虎口夺食以讨好百姓，好像故意和自己过不去，一时气愤不过，否则也不会押了数日不采取行动。

一天，一个姓王的警卫员问刘邦："相国犯了什么大罪，陛下突然把他关了起来？"看来这个人和刘邦关系还不错，不然不敢插嘴。刘邦说："我听说李斯给秦始皇做丞相，有好事归功于秦始皇，有错处揽到自己身上，可如今萧何倒好，自己收受贿赂中饱私囊，而又打出为民请命的旗号，自媚于民，所以我把他收监了。"警卫员说："这是相国职责所在，因为有利于百姓和社会稳定，才向您请命，陛下为何怀疑萧相国收受钱财呢？而且陛下与项羽争战五年，加上陈豨反、英布反，陛下都是领兵在外，在这些时候，若萧相国有二志，把守函谷关，则关中非陛下所有了。相国不以彼时为利，现在还能在乎别人那点小钱吗？再说秦朝是因'不闻己过'而失掉天下的，就算李斯把过错都揽在自己头上，也一样于事无补。事先没有尽到丞相职责，使人主'兼听而明'，只在铸成大错，成为无法挽回的事实后进行无实质意义的自我批判，这又有什么用呢？这没有什么值得效法的，陛下请三思。"

这话说得相当有分量。他说的这种情况与韩信有点相似，韩信不在有兵有权时反叛，偏在无力无势时作乱，确实于理不合，让人无法信服。刘邦听后不太高兴，但他仔细思考后认为在理。他想起多年来自己颠沛流离，而萧何给予了太多的默默支持，因此他当天就派使者持皇帝节杖赦免萧何。这时的萧何已老了，加上他素来恭谨，所以越发小心翼翼。他本来可以剑履上殿，但这次他光着脚来向刘邦谢罪（那时上正殿是要脱鞋的，只有得到恩赐才能穿鞋，否则就有违礼法，大不敬。萧何这次是来请罪的，所以脱掉了鞋）。刘邦说："相国快起来吧，你为民请命，是难得的贤相，我拘禁你，不过是想让百姓能知道我的过错，因此反衬出相国的贤良方正罢了。"刘邦反应可够快的，自己不分青红皂白，诬陷好人，反而成了欲成就萧何清名的良苦用心。这虽然是一种狡辩，但在"朕即天下，唯我独尊"的传统政治里，这已是相当难能可贵了。

萧何与曹参两人的关系不太好，这是评功论德时产生的副作用。萧何弥留之际（那时汉高祖刘邦已死），汉惠帝亲自探病，但问病是表面文章，征询他对继任者的意见才是真。汉惠帝问："您百岁（讳称"死"）之后谁可以继任？"萧何答，知臣莫如主，陛下心中应该有合适人选。汉惠帝问，曹参怎么样。萧何顿首说，陛下已得其人，若是任用曹参，老臣死而无憾，可以含笑九泉了。萧何在最后时刻同样体现了自己的高风亮节和博大心胸，做到这一点的秘诀就在于：天下为公。

萧何置办田宅只取贫瘠之地，而且不造高楼大屋。他的观点是，后代若是贤能有德，就学习他的勤俭之道；若是无德无能，这些私财也不抢眼，不会被权势人家强夺，尚能持久，反而是好事。儿孙自有儿孙福，莫为儿孙做马牛。授之以鱼莫如授之以渔，若是后代没有持家之道，任你家财万贯，都不过是一时挥霍的资本，更可怕的是，有时还会成为祸患。萧何的个人生活也处置得体，真是来时清白去时明智。他在汉惠帝二年去世，谥为"文终侯"。他的后代子孙有四代因为犯罪被削去侯爵封号，但每次丢爵之后，皇帝总是再寻找一个萧何后代，续封为鄜侯。和其他功臣后代大多不得善终相比，天子对他真是格外恩宠，无人能及。

司马迁评论道：萧相国在秦朝时只是一个刀笔吏（政府文员，那时是在竹简上写东西，如果写错了，就要用刀把错字削去，所以叫"刀笔吏"），庸庸碌碌未有奇节。汉高祖刘邦起事后，他辅佐刘邦，深根固本，以制天下，顺应民意，以图王事，位冠群臣，声播后世。相比韩信、英布等辈，他真是功高盖世且能善始善终之人。

第四章　随韩信战功赫赫　访名师学富五车

　　曹参原是秦政府的官吏，任沛县主管刑狱的官长，当时萧何任主管行政的秘书长之类，两人在沛县都是很有权势的人物，而刘邦此时是亭长，不入流的"弼马温"。后来陈胜起义，天下大乱，沛县也成了革命摇篮。本来沛县百姓要推举萧、曹为首领，但是二人考虑到，如果革命失败，这可是掉脑袋的事，就把这个烫手的山芋让给吃了熊心豹胆的刘邦。刘先生魄力惊人，在"三辞五让"之后，当上了义军的首脑，响应全国的反抗运动。

　　在起兵时，曹参是以"中涓"的身份跟随刘邦的。这"中涓"属于勤务员，负责待客、洒扫、传递公文之类的事，后来这个职务大多由宦官担任，曹参应该不会做这样的事，这只表明他是首领的身边人。曹参文武双全，他在汉朝建立之前主要是东征西讨，虽然担任过代理左丞相，也只是地位的尊贵吧。后来他以右丞相的身份跟随韩信，辅佐韩信击败项羽大将龙且，荡平由田氏家族控制的齐国（就是此时韩信私心膨胀，向刘邦邀功，要代理齐王，为自己埋下了祸根）。后来韩信带兵参加垓下会战，击破项羽，而曹参继续留在齐国稳定局势。天下大定，刘邦称帝，把韩信迁徙到江苏一带当楚王，齐国被收归中央，曹参也就归还相印。

刘邦基于秦朝失败的教训，采取了双轨制，既要保持秦朝的郡县制，又要保留部分分封制，以便国家危急之时有为中央出力的诸侯王。在这种情况下，他封自己的长子刘肥（此子是刘邦与吕后结婚之前，与曹氏生的，吕后之子汉惠帝排老二）为齐王，让曹参做齐国丞相，封其为"平阳侯"。在做齐国丞相期间，曹参还随刘邦继续平定在统治者眼中"反叛"的异姓诸侯王，并立战功。刘邦死后，吕后的儿子汉惠帝继位，第二年，萧何也去世了。曹参听说后，让自己的手下赶快收拾行装，说："我就要进京城当丞相了。"没过多久，朝廷果然下正式命令了。曹参临走前对继任者说："不要干扰齐国狱市，让它正常存在。"

关于"狱市"的解释现在争论颇多，一说是把"狱市"当作一个词来理解。有人说，它指在城市当中划出特别区域，用来拘禁、管理犯人；有人说，它指具有司法权的市场管理机构；还有人说，它指鱼龙混杂的闹市区。二说是把"狱市"分成"诉讼"和"市场"两部分来理解，就是说政府的行政之手不要过长，不要过多地干扰诉讼和市场行为，让百姓自己调解。《汉书音义》上说"狱市"是一个善恶并存的所在，如果取缔这种场所，穷追猛打，让奸人无处藏身，他们就要危害社会了。按照这种说法，这个"狱市"应该像红灯区之类的场所。其后任不解地问道："您只告诉我这个，难道国家大事没有比这个更重要的了吗？"曹参说："你不要小看这个问题，狱市是兼容并包的地方，如果你非要干涉，让奸人流荡民间，祸害更大，不如对他们集中管理、积极引导，这样才对社会和百姓有利。你们眼里不要容不得一粒沙子，其实政府工作中有许多关系国计民生的根本问题，那才是你们应该关注的重点。对狱市过于较真，反而会干扰全局，在防范引导的同时让它自生自灭吧。所以我才特意提到这点。"

曹参的思路就是"我无为而民自化，我好静而民自正"，他是想用"道"解决根本矛盾，对细枝末节的问题不想太较真儿。其实，要想理解曹参的执政理念，我们还要看看他的老师是谁。当初，打天下的时候，大家都没想太多，一心只想推翻秦政府，打倒和自己争权的军阀，等到天下大定的时候，人们才发现自己所做的只不过刚刚起步。打天下不易，守天下更难。曹参就遇到了这样的困惑。他在担任齐国丞相后辅佐齐王治理七十余座城池，不知道用什么样的统治思路较好，于是把当地的鸿学大儒找来商量。这一百多人信奉的学说不同，治理理念及方法论各不相同，这让曹参无所适从。

后来，有人向曹参推荐盖（Gě）公，说此人精通黄老道家学问，于是他就用重金厚礼把盖公请来了。盖公认为治理天下应该清静无为，尊重规律，引导老百姓自我安定，并且举出一些例子讲明了其中的道理。曹参如醍醐灌顶，茅塞顿开，他把正堂腾了出来让盖公居住，以之为师。他采用道家学说治理齐国，九年后齐国社会安定，他被称为"贤相"。曹参的老师是盖公，盖公的老师是乐（Yuè）臣公，乐臣公的老师是乐瑕公（这两人与乐毅是同宗），乐瑕公的老师是毛翕（xī）公，毛翕公的老师是安期生（此人后来被美化为神仙，说他吃的枣有西瓜那么大，典故"安期枣"就指此事），安期生的老师是一个神秘的智者河上丈人。

第五章　我无为而民自化　不折腾萧规曹随

曹参在微贱时和萧何关系很好。前面提到，在论功行赏时，两人产生了一点过节。一方面，刘邦明察秋毫，看到了萧何无人能及的隐性功劳；另一方面，刘邦想抬高萧何，打击军功集团，而军功集团以曹参为代表，他历经七十余战，出生入死。最后的结果是萧何当上了中央的相国，曹参只当了诸侯国的相国，这不应该是个人的恩怨，但还是引起了不快。萧何在刘邦死后第二年去世，他病危前汉惠帝去问继任者的人选，萧何力推曹参，显示了自己的大公无私，曹参也当仁不让地做起了汉朝政府的第二任相国。

曹参完全遵守萧何定下的规章制度，不做任何变更。他在挑选自己的政府班底时，只选择不善言辞的忠厚长者，如果有喜欢咬文嚼字、沽名钓誉、过于苛求细枝末节的，就把他们赶走。曹参这个相国做得可是比较潇洒，日夜喝美酒，朝廷上比较正统的大臣看他不太治理相国事，就上相府劝谏，刚客套几句想要转入正题，就被曹参生拉硬拽地请去喝酒。来客刚想进言，他就劝酒，直到来客酩酊（mǐng dǐng）大醉，他们终究没有机会说出口，后来就习以为常了。当时相府的后园外是"吏舍"，一说为官吏的宿舍或住处，应是高级官员集中居住和办公之地。"吏舍"的官吏也是"白日放歌须纵酒"，喝醉了大呼小叫，相府中的官员非常反感，但是他们也管不了。于是"聪明"的人就怂恿曹参到后园游玩，其实是想让他管管。曹参竟然命人在后园摆酒，痛饮之后与"吏舍"的醉鬼高歌呼应，真是欢喜冤家，让相府的官员无可奈何。

曹参看见人有小过错，不但不追究，反而为其隐瞒，一时相府也无事。可是外人无法理解曹参的所作所为，在别人眼里，他是一个嗜酒如命、不干正事的相国。这个疑问首先在汉惠帝的心中产生，他以为曹参是轻视自己，因为他此时才二十岁左右。当时曹参的儿子曹窋（zhú）是中大夫，汉惠帝就对曹窋说："你回家后，私下里试着问你父亲：'高皇帝刚刚去世，当今皇帝还年轻，您身为相国，整日饮酒，无所事事，也不向皇帝请示汇报，相国依据什么治理天下呢？'但是不要说是我问的。"曹窋在大礼拜时就回家了，趁机以自己的名义把汉惠帝的意思说了。这让曹参十分恼怒，他打了曹窋二百鞭子，说："赶快进宫侍奉皇上吧，国家大事不是你该过问的。"

等到上朝时，惠帝责备曹参："为什么惩治曹窋呢？是我让他劝谏您的。"曹参摘掉帽子谢罪说："陛下自认为在英明神武方面和高皇帝相比怎样呢？"惠帝道："我怎敢和高皇帝相提并论。"曹参又问："您看我和萧何比谁更贤能呢？"惠帝道："您好像赶不上萧何。"曹参说："您这是实事求是。正是因为高皇帝和萧何的出类拔萃，才建立了国家，这种杰出人物制定的典章制度没什么不合适的，陛下只要垂拱而治，我们众人忠于职守，依据法律把既定的政策落实下去，不亦乐乎？"惠帝说："好的，您不用说了。"三年之后，曹参在相国职位上去世，儿子曹窋接任平阳侯。老百姓歌颂曹参说："萧何制法，整齐划一；曹参继任，谨守勿失；清静无为，百姓安宁。"这就是成语"萧规曹随"的来历。当时，这个词有积极意义，现在成了"墨守成规，不知变通"的代名词。

有时，我们一提道家就和放任自流、神秘主义联系在一起，一提法家就和苛刻严峻、残忍好杀联系在一起，一提儒家就和思想僵化、呆头呆脑联系在一起，一提中庸就和明哲保身、好好先生联系在一起，我们要学会否定之否定，打破思维定式。中庸讲究"度"，我认为就很合理，"矫枉过正"只能发生在非常时期，否则，不是又走向另外一个极端了吗？物极必反，得不偿失。我们应该有兼容性，汲取百家之长。

其实孔孟之道中很多是可以变通的。孟夫子一方面说"男女授受不亲"，要避嫌；另一方面又说"嫂溺施以援手"，就是说嫂子掉进河里了，就不要想什么"男女大防"了，要赶快救人。他怕他的徒子徒孙一根筋，所以他把原则性和灵活性进行了极好的结合。我们之所以有问题，不是学经典学错了，而是我们自己没有掌握精髓，只是削足适履、邯郸学步罢了。道家思想在汉初占统治地位有五十年左右（最起码名义上是这样。其实，即使在这段时期，也有法家的精髓。有人说，即使汉初也是"外道内法"，这是合理的），这在当时是有积极意义的，对于修复百姓因长期战争造成的心理创伤和发展社会经济是很重要的。但是清静无为的思想后来也有纵容的意味。"七国之乱"的产生有其复杂的原因，但不能不说姑息养奸也是原因之一。如果在汉文帝时能够妥善解决各类社会问题，形势也未必真就发展到后来的样子。这只能说施行的人没有把理论运用好，而不能说理论和统治思想是错的。

　　司马迁评论道：曹参在打天下时之所以能有那么多的攻城野战之功，是因为和韩信并肩战斗。后来韩信被杀，曹参的功劳显得更加突出，而且拥有美名。曹参当相国时，主张清静无为，遵守规律，让刚刚摆脱秦朝严刑苛法的百姓得到了宝贵的休养生息的机会，因此天下都称赞他的贤明。

张陈列传

君未成名我忧贫，吴越同舟可托心。

一旦富贵功名至，世上即添嫌隙人。

刎颈之交遥相望，巨鹿内外尽哀鸣。

若无霸王一声吼，心怀此恨赴幽冥。

嗣敏戏作咏史诗《刎颈交》

第一章 天下乱二士出山 献良策倜傥不凡

"相与刎颈易，善始善终难。"笔者的这句话是说明朋友相处之难，也适用于任何一种人际关系。本文中的两位主人公是当时的名人，本来是"刎颈交"，然而，一旦杂以利害之后，二人反目成仇，甚至要置对方于死地。锦上添花易，雪中送炭难。"刎颈交"不是说出来的，而是要放在实践中检验。患难的朋友才是真正的朋友，能善始善终的患难朋友才是一生的朋友。真正的知己，有一人足矣。

张耳是大梁（战国时魏都城，今开封西北）人，年轻时曾在"战国四君子"中的魏国信陵君那里当门客，后来沦落江湖，亡命天涯，到了外黄。外黄有一富人的女儿，俊美异常，倾国倾城，可遗憾的是"美女常伴拙夫眠"，她嫁了一个不解风情、粗鲁无知的庸夫。她为自己初恋时的盲目懊悔不已，为了寻找真正的爱情，她跑回了娘家，想在父亲的宾客当中再寻佳婿。这回她可不想当睁眼的瞎子了，准备找一个满意的。她的父亲知道张耳贤能，也知道女儿的眼光不怎么样，就当起了红娘，给女儿推荐说，若想求贤夫，非张耳莫属。女儿听从了父亲的建议，她请求父亲出面把前夫那边的事解决好。她父亲找人软硬兼施把她的前夫搞定，一切准备停当就把她嫁给了张耳。张耳有什么不情愿的？他现在光棍一条，浪迹天涯，如此好事当然来者不拒。他岳父还给了一大笔钱作为嫁妆，张耳用这笔钱广交朋友，通过运作又当了外黄县县令，由此名声大噪。

陈馀也是大梁人，好儒术，喜欢读书，好言兵事，人不错，但从后面的失败中可以看出，他属于纯理论型人才，实际才干可能还差些，不过仍不失为一杰出人物。赵国有个富人知道陈馀有纵横之志，就捷足先登，把女儿嫁给了他。陈馀与张耳相交，陈馀年少，以弟子礼侍奉张耳。两人誓为刎颈之交，就是说不求同年同月同日生，但求同年同月同日死，断颈无悔，一时传为佳话。

刘邦为布衣时也曾经和张耳交游，过了几个月有吃有喝的日子（所以后来张耳投奔刘邦，并且二人结为儿女亲家是顺理成章的）。秦始皇灭掉魏国几年之后，听闻张耳、陈馀是魏国名士，有一定的社会基础和个人魅力，为了防止他们作乱，就派兵捉拿。二人变更名姓一起逃到了陈郡（就是后来陈胜建立"张楚政权"的地方），当了看守里门的保安，自食其力。里为基层行政单位，设门房。秦政府开出的赏格是张耳一千金，陈馀五百金，二人伪装得好，一时倒也无事。有一次，里吏鞭打陈馀，陈馀忍无可忍想反击，张耳偷偷地踩了他一脚，使了个眼色，陈馀顿时醒悟，忍气吞声地受了一顿打。里吏走后，张耳把陈馀拉到桑树下并数落他："我们当初立下的誓言你难道忘了吗？今天受点小的侮辱你就想和一小吏拼命，你还做什么大事？"陈馀后悔不迭，说下不为例。就这样，他们隐忍苟活了一段时间，等待大机遇的到来。

　　久旱逢甘露，陈胜攻占陈郡的消息让他们倍感振奋，张耳、陈馀主动拜见陈胜。陈胜及其左右素知二人贤能，久闻大名，如雷贯耳，可惜不能见面，正引为恨事，谁知他俩近在眼前，一见面，相与甚欢。两人终于盼到了出人头地这一天。

　　当时当地豪杰父老劝陈胜："将军首倡义举，率士卒以诛暴秦，复立楚国社稷，功德齐天，宜称王，而且要监督统帅天下诸将。不称王没有威权，愿将军自立为楚王。"陈胜就把这事和张耳、陈馀说了。二人说："秦朝无道，破人国家，灭人社稷，绝人后嗣，疲百姓之力，尽百姓之财，这些事损死了。将军瞋目张胆，出万死不顾一生之计，为天下扫除残暴，这是将军的勇略，也是将军的使命。如今刚攻占陈地就称王，向天下显示了自己的私心，于后期进取不利。愿将军先别急于称王，赶紧引兵向西，打秦一个措手不及。实至名归之时自然瓜熟蒂落、水到渠成，一切都是自然而然的。同时派人立韩、赵、魏、楚、燕、齐六国之后，自己树党，为秦树敌。敌多则秦朝兵力必然分散，彼此相顾不暇，而我方党羽众多，各自发展势力，必然声威大震。如此，则利于我等各个击破秦军，让他们首尾不相呼应，无法形成集团合力。如此，我们必能尽快推倒暴秦，占据咸阳以令诸侯。六国诸侯本来没有指望了，如今社稷得以复兴，必大喜过望。将军以德服之，则帝业可成。如今急于称王，恐怕失去公信力，别人懈怠不相从了。"

　　张耳、陈馀的这番话在当时是相当有远见的，然而陈胜急于称王，就没有听从张耳的话。后来局势急转直下，一发不可收拾。

第二章　辅武臣平定赵地　势力争燕赵结怨

陈馀一看陈胜不听他们的话，知道陈胜私心太重，心想那对不起了，我们也要另想办法了。他对陈胜说："大王举兵向西，想要攻占咸阳，恐怕无暇顾及赵地（原赵国统治区域），而我曾经在赵地游历，老婆也是在那里娶的，知其豪杰人物及山川地形，愿请奇兵为大王向北扩充赵地。"陈胜一听这个主意还不错，就命自己的一个旧交叫武臣的为将军，邵骚为护军，以张耳、陈馀为左、右校尉，领兵三千，向北进军，策动谋反。

武臣到了赵地，展开宣传攻势，游说各地豪杰："秦朝用严刑峻法统治天下数十年之久，南征北讨致使内外骚动，百姓疲敝，财匮力尽，民不聊生，使天下父子不安，朝不保夕，痛不欲生。如今不同了，陈王振臂一呼为天下首倡义旗，在楚称王，方圆两千里，声势浩大，天下人莫不响应，纷纷主动出击，各报其怨而攻其仇，反抗斗争此起彼伏，如火如荼。如今陈王已建'张楚'政权，使吴广、周文率卒百万向西击秦，于此时而不成封侯之业者，非人也。你们好好合计一下，不堪忍受秦朝暴政而试图推翻它是全天下人共同的心愿，我们借天下之力而攻无道之君，报父兄之怨而有霸王之业，这是一举两得之事，千载难逢之时也，愿诸君熟思之。"这又遇到一个口才好的。所谓"口才好"并非指辞藻华丽，而是能够说到点子上，说到人心里去。这番话果然引起一片喝彩声，豪杰名流准备随他们干一场。于是一路招兵买马，得数万人，武臣自封为"武信君"，不费吹灰之力攻下赵地十余座城池，但其他地方坚守，一时也一筹莫展。

就在武臣等人引兵东北攻击范阳时，事情峰回路转、柳暗花明了。范阳人蒯通（蒯，Kuǎi。就是鼓动韩信谋反的那个人）去见范阳令说："听说你要死了，我特来吊丧，但幸运的是你遇到我蒯通又能死而复生了。"范阳令糊涂了，问："你为何要给我吊丧呢？"蒯通说："秦朝法令严酷，足下做范阳县令有十年了吧，'杀人之父，孤人之子，断人之足，黥人之首'（司马迁的排比句气势磅礴），不可胜数。慈父孝子一直隐忍，只是怕秦朝的苛法而已。如今形势陡转直下，天下大乱，秦朝名存实亡，这时慈父孝子最想做的事就是手刃足下以成名，这是我要向你吊丧的原因。今诸侯相继反秦，武臣兵临城下，而你妄图坚守范阳，少年豪杰之士争先恐后想要杀了你，以响应武臣。如果你派我去见武臣，就可转祸为福，转败为功。切莫迟疑，不然要大祸临头了。"范阳令于是赶忙派蒯通去游说武臣。

蒯通对武臣说："足下只想使用武力攻城略地，我认为这是错误的想法。若能听我之计，可不战而屈人之兵。"武臣说："若真有兵不血刃而达到战略意图的办法，请讲。"

蒯通一看吊起了对方的胃口，知道自己的话说到他的心坎里了，就接着说道:"如今范阳县令之所以严阵以待,是不知您的目的,他并非真的忠于秦政府,而是怕投降了你们,会像其他县令一样暴尸街头。与其这样,莫不如拼死一战,鹿死谁手还不好说呢。再说现在城里的豪杰也想杀掉范阳令,夺取兵权以抗击贵军,这样你们的阻力何其大呀(去见范阳令时,蒯通说豪杰要杀死他响应起义军;见了武臣,他又说豪杰要杀范阳令,以抵抗起义军。针对不同的对象,同一件事有不同的表述方式)!以我的想法,莫不如让我带着印信招降范阳令,让他仍然保持富贵荣华。这样,他一看,响应起义不但免死还能官复原职,必然再无战心,举手投降。如此,城中少年豪杰也不敢轻举妄动、滥杀无辜。然后让范阳令乘坐豪华马车全力驱驰于燕、赵之间,别人看到了,会说这就是那个范阳令,早早投降反而生命保全,富贵依旧,他们必然纷纷效法,剩余城池可不战而降。这就是我的计策,不知您看妥否?"

武臣二话没说,让他赶快实行,赐范阳令印信。这样不战而降的有三十多座城池。

所以,我们说要提倡"老黄牛精神",但不能模仿"老黄牛"的做法。不能只顾脚下,还要抬头看路。"务实"不是蛮干,要讲方法,只有方法正确才可能提高工作效率,否则累死自己也照样功败垂成。蛮干瞎干是不可取的,这可不能同"务实精神"混淆在一起。

武臣等人开进原赵国首都邯郸后,听说周文西进时被章邯打败,还听说诸将为陈胜征讨四方不但没有封赏,反而因小人诋毁而被以"莫须有"的罪名诛杀。张耳、陈馀怨恨陈胜没有采纳自己的计策才遭受此败,也抱怨他忽视他们的身价,没有拜为大将,仅仅封了个芝麻绿豆大的校尉。怨恨之心一生必引发旁门左道心思,他们俩鼓动武臣道:"陈胜起兵后急于称王,并非想与天下同利。今将军以三千兵马攻下赵地数十城，此不世之功啊，不称王没有威严，愿将军慎思此言。而且陈胜听信谗言，有功不赏，有过必诛，如果我们回去，必被嫉贤妒能之辈陷害，恐怕难逃劫数。此时此刻，将军切勿犹豫不决，举事不可失时。"武臣听从了，自立为赵王，以陈馀为大将军，张耳为右丞相，邵骚为左丞相，他们把生米煮成了熟饭后再报告给陈胜。

　　陈胜对他们先斩后奏的行为恼恨不已，想把武臣等人的家人诛杀，他那个相国蔡赐劝道，秦朝未灭而诛杀武臣等人的家人，是自树强敌，事已至此，莫不如借花献佛，因此而善待他们，引为盟友，然后劝他们引兵向西攻击秦朝，这也是一件好事。陈胜想想也的确如此，已成既定事实，撕破脸皮对谁都不好。他把这些人的家属软禁在他的王宫里，并封张耳的儿子张敖为"成都君"以示恩宠。

　　然而，事情就是这样，特别是感情，事先没有处理好，出现裂痕后，很难用补救的措施恢复原状。陈胜这时向张耳递出橄榄枝，但张耳永远不会再回来了。说"亡羊补牢犹未晚也"，只是说在已铸成大错、蒙受损失之后，这是唯一有效并能鉴往知来的手段，并非指事先不必思考，蛮干一番，以为没什么了不起的，大不了重来，寄希望于后期的弥补，走一步算一步。

　　陈胜派使者为赵王贺喜，属于正式承认了他们，又令他们赶快出兵西进，张耳、陈馀商量道："陈王承认我们赵国政权的合法性是被逼无奈，并非出于本心，不如不向西进兵，而是向北扩充地盘。我们赵国若站稳脚跟，即使楚已胜秦，也不能奈何我等；若楚不胜秦，以赵为强援，更会重视我们，这样我们就可以利用秦朝对陈王的牵制而得志于天下了。"大家应该知道陈胜为何失败了吧。他用人失误，处事不当，个人欲望膨胀过快导致众叛亲离，"推翻暴秦统治，拯救人民于水火"变成了空洞华丽的口号。陈胜陷入孤军奋战的境地，而他的名声又最大，因此他已难逃追杀了。

赵王武臣派韩广略燕地（今河北北部、北京一带，原燕国领土），李良略常山，张黡（yǎn）略上党（常山、上党的位置应在今河北西北部、山西东南部一带）。韩广到了燕地以后自立为燕王。

花开两朵，各表一枝，我们先说燕、赵恩怨。赵王武臣与张耳、陈馀向北进发来到燕国的地界，赵王空闲时私自外出，被燕国军士抓住，并献给了负责一方的燕将。本来燕、赵应是一家，可是利益这东西最让人六亲不认。燕将把赵王囚禁起来，对张耳、陈馀说，除非把赵地分一半给他，否则别想让他放人。按照推理，像这种大事燕王韩广应该不会不知道，是他授权的也说不定。当初，韩广能成为燕王也有赵王武臣的授权和支持。由此可见动乱时代人的善变都到什么程度了。赵国派出的使者还没来得及解释什么，就被燕国士兵杀掉。不先割地一切免谈。张耳、陈馀整天愁容满面，无计可施。

军中炊事班有一个干杂活的小子对同宿舍的人说，我若是出使燕国，必能把赵王平安带回来。这些人笑道，使者去了十多个，没有活着回来的，你有什么本事能把赵王带回来呢？大家都认为他在说大话，但张耳听到后认为他在这种情况下还敢自告奋勇，在别人避之唯恐不及的情况下敢于毛遂自荐，必然有点本事，否则不会请死（担任出使燕国的使者等于被判了死刑），就派他去了。燕将接见了他，他问燕将："您知道我为什么来吗？"燕将答道："无非想让我们放了赵王。"他又问："您知道张耳、陈馀是什么样的人吗？"燕将答道："贤人。我知道他们有本事，不过现在赵王在我手里，我也不怕他们。"他又问："那您知道他们想干什么吗？"燕将答："无非要得赵王而已。"他说："君知其一，不知其二，您根本不知道他们的真实意图。武臣、张耳、陈馀三人基本未动刀兵，只使用计策就平定了赵地，可以说三人的功劳基本相当，都想南面称王，张耳、陈馀岂能心甘情愿只做下属呢？臣与主是两个不同的概念，岂可相提并论？只是他俩顾及赵国刚刚平定，不敢骤然三分赵地，这是从大局考虑的权宜之计，并非他们不想，于是仅按年龄大小排序拥立武臣为赵王，以安定百姓之心。可如今情况大不相同了，赵地已服，二人威信已立，想瓜分赵国各自称王，只恨时机未到。如今您囚禁赵王，可真是天赐良机呀！二人名义上是为了救赵王，其实他俩迟迟不答应割地的条件是想激怒你们杀了赵王，他俩正好平分赵地，得遂生平所愿。你们丝毫未得，倒落一个杀害赵王的名声，给了赵国进攻的最好借口。二人登高一招，列数燕国罪恶，必然群情激奋，那时燕国想有安枕之日也难了，以赵国的强大消灭燕国容易着呢，请君熟思。"

这个人的劝说方法是一流的，用"崩溃疗法"治疗燕将贪婪之病，一番话入情入理，让他毫无指望，这才有可能成功。若是只用利益和贪得无厌的人交涉，无异于以群羊投饿虎，只会刺激得他更加欲壑难填。这个方法是最好的了，燕将果然把赵王放了。他心想，既然得不到什么东西，莫不如趁早卖个人情。这个人胜利完成任务，可惜《史记》上没有记录他的名字，引为憾事！

再说另一路，李良平定常山，遣使向赵王报捷，赵王让他继续推进到太原。因秦军把守住关隘，李良不能攻破隘口，只好屯兵相持。秦将诈称秦二世派人给他下书，书信没有封口，也就是想把这消息泄露出去，令赵国君臣相疑，他们好从中得利。书信大概意思是："足下曾经在秦为官，君臣二人相交甚欢，至今引为幸事。你若能反赵为秦，我一定不计前嫌，再行重用。"李良看完书信后，不十分相信，然而心里已有波澜，但他还是决定置之不理。

　　事情到这儿本来也没什么，可世间的事总是变幻莫测。李良要亲自回邯郸见赵王请求支援，在半道上，他看到一个由百余骑兵组成的仪仗队远远而来，气势不凡，他认为赵王武臣来了，就跪在路旁等候。谁知这是赵王的姐姐刚喝完酒往回走，她喝醉了，也分不清张三李四了，对李良的态度十分傲慢。李良一向自视甚高，此时心里感觉很不是滋味，跟随的将领更是愤愤不平。有一人说："天下叛秦，能者先立。赵王武臣以前位居将军之下时，也未见他有特殊才能，一旦称王，颐指气使，殊为可恨。而今一人得道，鸡犬升天，他的姐姐见到将军竟然不下车施礼。我真为将军惭愧，请下令追杀她。"李良得到秦军的招降书，心里已经有额外想法，只是不能下定决心，如今此事发生，正是怒从心头起，恶向胆边生，于是他下令杀掉赵王武臣的姐姐，让这个羞辱自己的人见阎王。再一想事已至此，拉弓没有回头箭，一不做二不休，连赵王一起杀掉算了，就带兵偷袭邯郸。

　　因为事发突然，谁也没想到这件事刺激了李良的歹心，邯郸根本没有启动"应急遇警机制"，结果被打了一个措手不及，赵王武臣、左丞相邵骚被杀，张耳、陈馀因为耳目众多，得信及时才幸免于难，跑出邯郸后收拾残兵又得数万人马。

　　有人劝张耳："您现在失去根据地，孤军弱旅难以成功，唯有拥立原赵国之后为王，高举义旗方可成功。"于是张耳找到了被秦始皇灭掉的赵国之苗裔赵歇为赵王，史称"赵王歇"。

　　李良进兵击陈馀，被打败后投降了秦将章邯。

　　这一次兵变对张耳、陈馀影响不大，但原来那个赵王武臣却丢了性命。虽然李良也非良善之辈，但导火索不能不说是被武臣姐姐点燃的，女人喝酒也一样误事，这就是明证。而且历史上许多人的失败都是因为太过得意不能约束好家人，使他们变得骄奢淫逸，不知收敛，从而引发祸端。世界上的事都不是孤立存在的，"牵一发而动全身"是最能说明这一问题的俗语，在人际关系上更是千丝万缕。一丝一缕出现问题都能引发连锁反应，造成无可挽回的损失，难道不应该谨慎吗？

第三章　巨鹿战千钧一发　刎颈交反目成仇

　　大家若是看了关于项羽的传记，就知道这时项羽的叔父项梁已被章邯杀死。章邯认为楚国集团已不足为忧了，他没有斩草除根，而是挥师北上，进攻赵王歇与张耳、陈馀组成的"新"赵国。他攻破邯郸，夷灭内城和外城，张耳与赵王歇走入巨鹿城，被章邯派部将王离（秦始皇时代大将王翦的孙子）围住。陈馀当时在外，把李良的常山兵收归己有，得数万人驻扎在巨鹿以北，而章邯的主力部队屯于巨鹿南面，粮饷充足，围攻巨鹿甚紧。巨鹿城中粮尽兵少，张耳数次派人去求陈馀火速进兵，可陈馀自认兵少不敌秦军，原地不动有数月之久。

　　张耳大怒，怨恨陈馀，派陈泽、张黡（曾被派往上党的那个人）出城责备陈馀："以前你我二人为'刎颈交'，对天发誓要同生共死，难道你都忘了吗？今赵王与我危在旦夕，而你拥兵数万驻扎观望，见死不救，'不求同年同月同日生，但求同年同月同日死'的誓言还有效吗？若你真讲信义，为何不拼死一搏，我们玉石俱焚又何妨？而且总还有几分把握，不至于真无生路。"陈馀也振振有词："我考虑即使我全力以赴也未必是秦军的对手，救不了赵国还白白浪费兵力。况且我之所以保全自身是为了有朝一日能为赵王和张耳报仇，如今若是强攻，好比用肉投饿虎，有什么用？"真是：结交多少好朋友，酒肉茶；自己跌倒自己爬，无人拉。这就是"刎颈交"的"朋友"。

张黡、陈泽急了，说："大哥，我们服了你了，你考虑得真远啊！可现在情势危急，你的深谋远虑派不上用场，现在只想求你不违背当初与张耳的誓言，别的事以后再说吧。"陈馀还是坚持己见，说："要不是我看徒死无益，早就出兵了，哪能拖到现在。"在张黡、陈泽的苦苦哀求下，陈馀只给了五千兵马，让他俩带走。这如同杯水车薪，最终全军覆没。张耳、陈馀这两个曾经的所谓"铁哥们儿"自此结怨。这也就是蒯通劝韩信三足鼎立时引用的"当代"故事，连张耳、陈馀这样的关系在利益面前都反目成仇，韩信和刘邦的关系更是不堪一击。

赵王歇与张耳真急了，求救告急文书雪片般飞向各地，燕王韩广、齐王田市（fú）、楚王心都派兵来救，张耳的儿子张敖也带了一万多人赶到，但他们都惧怕秦军，作壁上观（此成语来源）。人是来了，但都是捧场的，谁都不敢出手相救。那时楚王心派来的是"卿子冠军"宋义为领队、项羽为副将的军马。项羽杀了宋义自任上将军，打败了章邯。最后巨鹿得以保全全赖项羽领导的楚军，项羽在这次战斗中英勇无敌，值得肯定。

赵王歇与张耳几个月未出巨鹿城半步，憋坏了，一出来才发现"原来姹紫嫣红开遍，似这般都付与断井颓垣"，真是两世为人哪，赶忙准备酒席答谢各位诸侯，那些当时不敢伸手、犹豫观望的也都大萝卜脸不红不白地坐到了席上。张耳知道他们的难处，而且他和人家本来就一不沾亲二不带故的，他们帮自己是人情，不帮是本分，也说不出别的来，但他绝对不能原谅自己那个结义兄弟陈馀。两人见面后张耳就责备陈馀见死不救、违背信义，又问张黡、陈泽哪儿去了。陈馀看他这么怀疑自己，也非常恼怒，说："他俩苦苦哀求我，我没办法，就让他们带五千兵回去了，谁知全部战死。"张耳不信，认为是陈馀把他们杀了，多次追问二将的下落。陈馀大怒道："没想到你这么责备我、怨恨我、怀疑我，这太不够哥们儿义气了。难道你认为我这么看重这劳什子将印吗？我这么待下去也毫无意义，让人看扁了，我辞职。"说完把将印解下来推到张耳面前。张耳没想到陈馀理亏可又气性这么大，竟玩起了这着儿，一时愣在那里，不知怎么办好。

两个人一个低头鼓气，一个错愕愣神，谁也不说话，场面相当尴尬。这时陈馀的一个举动引起了戏剧性的变化。怎么呢？他早不急晚不急偏偏这时候急着想上厕所。他前脚刚走，就有人向张耳进言："古语说得好，'天与弗取，反受其咎'。今陈将军让给您印信，您若不接受是逆天而行，老天都不高兴，赶快收起来。"张耳想想也对，你不仁休怪我不义，就急急忙忙地把将印收到自己的公文包里。陈馀从洗手间回来一看，张耳真不客气呀！他本来一时使气，没想到假戏真唱了，于是对张耳心怀怨恨。他没什么说的了，就掉头而去，几万兵马被张耳收入麾下。陈馀一气之下就与几百个亲信跑到河泽中捕鱼去了。就这样，两位"知心朋友"彼此摊了底牌，彻底翻脸了。

项羽向西挺进咸阳，张耳随军前往，到了项羽分封诸侯王时，张耳的许多旧交都为他说好话。项羽听说他尊贤爱士，一直为人所赞誉，就把赵国分出一部分，封张耳为常山王，建都信都（今河北邢台西南），信都更名为襄国，而把赵王歇改封为代王，实际上把他降了职，减少了封

◎楚汉战争前后赵王或在赵地称王者的情况

姓 名	排 行	都 城	获得方式	重大事件	结 局
武 臣	赵王（1）	邯 郸	自立，陈胜后补手续	李良谋反	被李良杀害
赵王歇	赵王（2）	不 详	张耳、陈馀拥立	巨鹿大战	
张 耳	常山王	襄 国	项羽分封	被陈馀打跑，投刘邦	
赵王歇	代 王	代	项羽分封	被项羽降级了	
赵王歇	赵王（3）	不 详	陈馀拥立	井陉之战	一说韩信俘虏了他，一说韩信斩杀了他
陈 馀	代 王	代	陈馀自立	以代王身份辅佐赵王歇	井陉之战中被韩信斩杀
张 耳	赵王（4）	不 详	刘邦分封	在韩信破赵后取代了赵王歇	汉高祖五年（前202），正常死亡
张 敖	赵王（5）	不 详	父死子继	贯高欲刺杀刘邦	受贯高事件牵连，降为宣平侯
刘如意	赵王（6）	不 详	刘邦分封	张敖被剥夺王爵后，刘邦封戚夫人生的刘如意为赵王	被吕后毒死

地。也有和陈馀交好的，对项羽说，陈馀、张耳一体有功于赵国，不能把陈馀落下。项羽因为陈馀没有和他一起入关而心怀不满，又知道陈馀有号召力得罪不起，他听说陈馀在南皮打猎，就把南皮附近的三个县封给陈馀敷衍了事。谁知项羽也没落下好儿。人不就怕比较吗？心理落差就是在比较中产生的。张耳踩着红地毯登上了常山王的宝座，让陈馀更是怒不可遏，他说，张耳和我功劳相当，可张耳称王我却成了一个侯爵，项羽真是不公平。

他环顾四周发现了一个和他同病相怜的。谁呀？齐国的田荣。陈胜起兵时有一个叫田儋（dān）的自立为齐王，田荣是他的堂弟，田儋出外和章邯交战被杀，田荣收拾残部回来后发现物是人非，齐人立了田假（被秦始皇灭掉的那个齐国末代王齐王建的弟弟）为齐王，田角为将。田荣大怒，心想你们倒狠，吃白食不说，连锅都给我端跑了。他把他们都打跑了，齐王田假跑到了项梁那里。田荣立田儋之子田市为齐王。

项梁让田荣一起出兵攻秦，田荣说你只有把田假杀了，我才出兵，可项梁不干，二人由此结怨，田荣也没有和项羽一起西进咸阳，所以项羽分封诸侯时也没有田荣的份儿。项羽把齐地分成三块，封了三个齐王，这三个人去齐地就职时，被田荣杀的杀赶的赶。田荣自立为王，这样田荣与项羽也公开对立了。

陈馀与田荣都因为未随项羽入关而被排斥在外，两颗受伤的心渐渐走到了一起。陈馀派一个叫夏说（yuè，在古书中，"说"如在名中出现，一般读"yuè"，如与"游"相连，一般读"shuì"）的鼓动田荣：项羽为"天下宰"，却不能一碗水端平，跟随他的人都被封在风景秀美的善地，而把原先称王的都迁徙到荒凉贫瘠的恶地，原来的赵王歇被封在了代地，真让人恨得咬碎银牙！愿大王借我点兵，我以南皮为根据地与大王建立攻守同盟。

田荣也知道自己早晚要与项羽兵戎相见，他也想早树党羽，建立"反楚联盟"，就派兵支援陈馀。陈馀尽起精兵攻击张耳，张耳兵败逃走，一时感觉茫茫天地无自己安身立命之所。他说："汉王刘邦和我有交情，可项羽现在更强大，又立我为王，恩情难忘，我还是投靠楚吧。"手下甘公不同意，说汉王占尽天时地利人和，虽弱必强，项羽不是对手，于是张耳归汉，刘邦待之甚厚。这与贾诩劝张绣在曹操和袁绍之间选择时的思路相似，这些谋士独具慧眼，能够透过浮华看到事情的本质，非凡夫俗子所能理解。

陈馀击败张耳，尽收赵地。他把赵王歇从代地迎了回来，复立为赵王。赵王歇也感谢陈馀，就封他为代王，但陈馀没有急于上任，他知道自己组建的赵国根基不稳，就留在赵王身边辅佐，而派夏说（夏说也败于韩信之手）以相国的身份在代地留守，这样陈馀才算出了一口恶气。这时刘邦正召集"持不同政见人士"反击项羽，陈馀也接到书面通知，但他对汉王说，你只有杀了张耳我才从命，刘邦就找了一个和张耳比较相像的人，把他杀了，然后把这个"冒牌张耳"的首级送给了陈馀，陈馀才派兵相助。由此可见，陈馀与张耳的怨仇结得太深了。现在有人以长了一张"明星脸"为荣，要是生活在那个时代，就未见得是好事儿。这次军事行动刘邦是趁项羽攻打田荣，后方空虚之际派兵偷袭才得手的，后来刘邦又被项羽打得落花流水，也就是"彭城大败"。这些诸侯都是墙上草，随风倒，陈馀也不例外，加上他感觉被刘邦骗了，张耳并没有死，因此他又与刘邦决裂了。后来，韩信与张耳击破赵井陉（xíng）口，出奇计背水一战击溃赵兵，陈馀与赵王歇都被灭掉，刘邦立张耳为赵王。

第四章　主受辱贯高求死　高祖婿战战兢兢

在刘邦登基之后五个月张耳病逝，谥号为"景王"，其子张敖继位为赵王，刘邦与吕后生的长女鲁元公主嫁给张敖为妻，张敖成了刘邦的乘龙快婿。但是当刘邦的姑爷也不是一件容易的事情。刘邦有一次路过赵地，就去女儿女婿家做客，赵王张敖一看刘邦来了，执礼甚恭。他这么做，于公是君臣，于私是翁婿，按理说态度谦卑一些也没什么错。但刘邦这个人大家知道，说他傲慢无礼吧，他和看门人都能打成一片；说他谦恭下士吧，连边儿都沾不上。他当个小小亭长时就爱欺侮人，一旦得志更是肆无忌惮，变本加厉。《史记》上说他"慢而侮人"，用现在的话说是不尊重对方的独立人格。这个缺点往往容易招人怨恨，甚至连他对人的好都容易被一笔抹杀。

他在张敖面前更是毫无顾忌，"箕踞詈（sì），甚慢易之"。"箕踞"指叉着腿坐着，这在那时是相当不礼貌的坐姿，若是对长辈、上级也这样，是大不敬。"詈"指骂，也就是说他一喝酒就忘乎所以，没把女婿张敖当外人，骂他就像骂自己儿女一样。张敖倒是受了，可赵国相国贯高、赵午等人却不干了。贯高、赵午六十多岁了，都是和张耳出生入死的江湖豪客，任侠使气，在当时的社会上十分有名气，现在保了少主张敖。那个时候人特别讲气节，讲究"主忧臣辱，主辱臣亡"，就是说自己的主人受到侮辱了，当下属的宁死也要替他挽回这个颜面，否则生不如死。

这时他们就说，我们赵王太软弱了，他们劝张敖说："天下豪杰并起，能者先立，谁说有什么天命使然。今大王对皇上恭谨，而皇上无礼之极，请您发话，我们要宰了他，接着我们图大事。"张敖一听大惊，为表自己的诚意把手指都咬出血了。他说："你们这话就大错特错了。我父亲兵败国亡，幸赖陛下支援得以复国，德流子孙，我现在拥有的一切都拜陛下所赐。人岂能忘本，愿你们再也不要说此类话。"贯高、赵午等十余人互相商量道："我们大王是忠厚长者，不忍背德，但我等义不受辱。我们只是怨恨皇上侮辱我家大王，所以才要杀他。这是我们臣子的职责，为何要拖大王下水？若事成归功于我王，事败我们独立承担。"

过了一年，刘邦经过赵国柏人县（故治在今河北隆尧西），贯高等人把刘邦将要歇息的馆舍墙壁凿空，里面安排好杀手，准备伺机刺杀刘邦。刘邦本来是要在那里休息的，但多年的战斗生活培养了他的第六感，他心中一动，问县名是什么，手下答道："柏人。"刘邦说："柏（通"迫"）人者，迫于人也，不祥。"就没有在那里停留，而是继续前行。他因此逃过了一劫。

又过了一年，贯高的仇家得知他们的密谋，就上告到刘邦那里，赵王张敖和贯高等十余名谋划者都被抓了起来。那十多人都急着自杀，怕到长安受尽折磨和屈辱。他们在策划这件事时就预料到会有这么一天，已做了"大不了就是个死"的思想准备。唯独贯高大骂道："你们这些混账东西为什么要自杀呢？赵王并没有参与其中，可是也受了株连。若你们都死了，谁能证明赵王是清白无辜的呢？那时变成了死无对证，我王必死无疑。"刘邦下诏说让赵王单独前往，群臣宾客有敢相从者祸灭三族，可贯高与宾客孟舒等十余人都剃光了头发，以家奴的身份与张敖一起坐囚车到了长安。贯高到了之后被投进监狱，狱卒严刑逼供，打得他体无完肤，可他一口咬定："就我们这些人参与了，赵王实在是不知情。"再打，还是这一句话，其硬汉行为令人敬畏。

张敖的丈母娘吕后多次向刘邦求情，说有女儿鲁元公主在，他决不会做谋反的事。刘邦怒道："假使张敖谋反成功拥有天下，还缺少像你女儿这样的女人吗？"不听。掌管刑狱的廷尉把贯高的表现和供词向刘邦汇报了，刘邦也非常感动，说这真是铮铮铁汉，我也不忍心再让他受刑了，有谁和他有交情，去和他唠唠家常，套问他一点心里话。中大夫泄公说自己和贯高是老乡，可以完成这个任务，刘邦就让他持皇帝节杖去见贯高。泄公问贯高："赵王张敖真没有参与密谋吗？"贯高说："爱自己的父母妻儿难道不是人的本性吗？如今我犯的是祸连三族的大罪，赵王再亲也无法和我的家人相比。人非草木，孰能无情？我也有心，我也有肝，我也是活生生的人，在这种危急关头，难道我真的是铁石心肠，对家人将要面临的灭顶之灾无动于衷吗？但即使这样，也不能让我血口喷人，诬陷好人哪。我们赵王是忠厚长者，他实在不知谋反一事，确实是我们几个的密谋。愿泄公原原本本地把我这番话转述给陛下，我感恩不尽！"贯高真是善于辞令，从人情世故出发来说明自己并非不近人情，不是在刻意隐瞒什么，而是实话实说。泄公一汇报，刘邦果然把赵王张敖放了。

刘邦看重贯高敢作敢为的品格，就让泄公把自己放了张敖的事告诉他。泄公对贯高说，张敖已无罪获释了，贯高大喜，问："我王真获自由了吗？"泄公回答："确实如此，而且陛下非常看重足下，认为你是条汉子，他连你也赦免了。"贯高喜悦的眼神中飘过一丝忧伤，他说："我之所以没有自行了断以谢天下，就是要为赵王辩白，言其不反，而今我王已性命无虞，我责任尽到了，虽死无恨。我作为人臣，背负谋反恶名，有何面目再见皇上！即使他不杀我，我难道无愧于心吗？"遂自杀。当此之时，贯高名闻天下。其实赵王张敖也并非完全不知情，之前贯高等人已透过口风，只是张敖不同意罢了，若要责问他知情不报，也能要了他的命，但最后他竟然得以全生，都是贯高的硬汉精神救了他。

张敖被放出来了，但王位是保不住了。因为他的老婆是鲁元公主，所以他仍然被封为宣平侯。刘邦敬重赵王那些不顾身家性命、誓死效忠其主的宾客，他们或被推举为郡守，或被保送到各诸侯国成为相国。到了惠帝、高后、文帝、景帝时代，这些人的后代应该都是高级官员了，他们的年俸禄全都是两千石。

张敖在高后六年（公元前 182 年）去世，谥号"武侯"，那时正是吕后当政时期，她没有遵守刘邦"非刘氏不得称王"的遗嘱，封张敖儿子张偃为鲁元王，因为他的母亲是鲁元公主。鲁元王孤弱，亲兄弟少，吕后又封张敖和其他姬妾所生二子：张寿为乐昌侯，张侈（shē）为信都侯。可见吕后还是比较喜欢这个女婿的。吕后死后，刘氏重新整顿朝纲，鲁元王、乐昌侯与信都侯都被废掉。汉文帝即位时，复封原鲁元王张偃为南宫侯。

司马迁说：世人称赞张耳、陈馀贤德无比，即使他们的下属也无一不是天下俊杰，都取得了卿相之位，这是颇让人赞赏的。然而，张耳、陈馀在贫贱时指天发誓，要信守道义，虽死不顾，但等到富贵时却争权夺利，反目成仇。为何贫贱时能互相倾慕、真诚相待，而后来又拔刀相向、势同水火呢？这难道不是"势利交"吗？虽然他们获得了巨大的声誉，但此种交友态度与古之贤者相比，真有如天渊之别，诚可叹息！

张耳、陈馀两人由矛盾冲突转变为恩断义绝，应该是双方都有责任。老祖宗教导我们说，人莫要轻言。说出去的话如同泼出去的水，覆水难收。不是不让人说，而是不能随便说，不能随便承诺。承诺就是债务，一定要承担责任的。

张耳与陈馀当初指天发誓要同生共死，两肋插刀，这是一种庄严的承诺，是要用行动来证明的。张耳被困巨鹿时心急如焚，朝夕盼望陈馀出手相救，而陈馀却按兵不动，长达几个月之久。如果陈馀当时拼尽全力但不能奏效，张耳也不会过于怨恨，可他连试都没试就说自己不行，这难免让张耳心里不平衡。当时也有其他人持观望的态度，但张耳无权责备人家，而陈馀就不同了，于公他是当时赵国的大将军，理应奔赴公家之难。如果二人仅是这种关系，张耳还不会太想不开，因私废公的也大有人在。偏偏于私他俩是结义兄弟，曾慷慨陈词，也曾共度危难，但在最需要的时候，陈馀却闪了，这是最让人伤心的。所以亲密的关系也是一把双刃剑，支持你时，不遗余力，伤害你时，刀刀要命，这就是辩证法。为什么有歌词说"最爱的人伤我最深"？说的也是这个道理。

有两个成语说明这个问题：求全责备和求全之毁。因为关系好，所以就要求完美无缺，而这种过分的苛求又最易产生不满。一旦认为对方过于自私，与自己的付出形成反差，就最易产生心理落差，一有落差就会严重不平衡，这种不平衡就是招怨的根苗。如果是普通人，心中的怨恨就不会如此强烈，最怕的是所谓的"刎颈交""生死交"。陈馀对张耳来说就是如此。其实，张耳也有求全责备之处，当时他儿子张敖也带兵驻扎在城外，也不敢冲锋，可他不责备自己的儿子，而是对外人严格要求。然而，陈馀有一个非常离谱的借口，让人不齿，那就是陈馀说自己保存实力是为了在张耳死后给他报仇。这句话更让人生气。张耳活着时陈馀都眼睁睁地不管，张耳死后谁知道陈馀会怎么做？人一旦心疑，怎么解释都是白费口舌。张黡、陈泽确实不是陈馀杀的，但张耳根据陈馀的表现就是不信，这种由猜疑产生的心理裂痕最难弥合。我们难道没有同样的经历吗？感情和交情不是说出来的，而要放在实践中去检验。

英布列传

黥布刑而王，富贵为己志。
一生唯好杀，非为天下计。
薛公识心肺，志囿淮南地。
心愿此生足，争奈高祖忌。

嗣敏戏作咏史诗《英布列传》

第一章　受黥刑英布修坟　从项羽勇冠三军

黥布的原名是英布。"黥"是古代的一种刑罚，是在犯人的脸上刻上字，然后染成黑色，这既是对人格的侮辱，也是为了防止人逃走。本篇的主人公英布就受过"黥刑"，所以他也被称为"黥布"，本文在称呼上统一为"英布"。

英布也是汉初一个叱咤风云的英雄人物，虽然他的结局悲惨，但他肯定是汉朝的开国功臣。他在秦朝时仅是一个平民百姓。在少年时代，有客人给他相面说："你受刑罚之后可以称王，祸兮福之所倚。"成年以后，英布因犯法而被判处黥刑，英布兴奋地说："有人给我相面说我受刑以后时来运转，甚至可以称王，大概就是如此吧。"听到英布说这话的人，都取笑他，认为他这种说法相当滑稽，纯属自我陶醉、异想天开。后来他被输送到骊山当苦力，应该是修建那前无古人后无来者的旷世工程——秦始皇陵，像他这样的刑徒在骊山有几十万之多。

英布这个人说话、办事比较干脆利落，没过多久就与其中的豪杰建立了良好的关系。在此期间，英布结交了一批肝胆相照的江湖豪客，并且抓住良机一同逃到了长江流域一带，成了《水浒传》中"阮氏三雄"之类的江洋大盗。如果不是秦末战争，他一定会痛骂那个相士拿他穷开心，竟敢戏弄他。当什么王啊？山大王吧！然而历史给了他机会。

陈胜起事以后，英布去见鄱阳（今江西鄱阳东北）县令吴芮，与他的部下聚众造反，发展成几千人的队伍。吴芮对英布的骁勇善战青睐有加，就把女儿嫁给了他。当陈胜被章邯所败后，英布率部北上攻击秦军左、右校尉，大获全胜。

大家知道，在陈胜兵败被杀的一段时期，起义军群龙无首，出现了短暂的权力真空。这时项羽的叔父项梁重新树立大楚的旗号，人们又有了归属感，英布也在这时投奔了项梁。

我在前面提到过，陈胜死后，有一个叫秦嘉的立景驹为楚王，他们带兵驻扎在彭城以东，想要阻挡项梁西进，项梁就兴兵讨伐二人，英布随军出征，勇冠三军。后来项梁册立心为楚王，楚王心成为陈胜之后的合法继承人，项梁自封为"武信君"，英布也因为战功赫赫被封为"当阳君"。

巨鹿大战之前，楚王派宋义担任上将军，项羽为次将军，范增为末将军，英布、蒲将军皆为将军，北上救赵。后来宋义被杀，项羽自领上将军，英布就顺理成章地隶属了项羽。项羽派英布率先渡过黄河与秦军交战，英布兵虽然少，但是，他凭借着杰出的军事指挥能力，多次占到上风，结果大败秦军。楚兵常胜，功冠诸侯，而诸侯军队能归顺楚的原因，既有项羽震古烁今的神威，也有英布与项羽配合并多次以少胜多的神勇。

在本系列丛书之《楚汉战争》中我们说过，秦将章邯率领二十万军队投降了项羽。后来项羽怕发生兵变，就与英布、蒲将军商量。三个头脑都过于简单的臭皮匠还是臭皮匠，顶不了诸葛亮，结果英布和蒲将军等人亲自操刀坑杀了二十万降卒。英布充当了项羽的帮凶，也体现了他做事轻率、残忍好杀的本性，与项羽不相上下。项羽大军西进到函谷关时，因刘邦派军把守，项羽命令英布抄小道攻破了关隘，大军才得以进入关中。

在历次的战斗中英布经常冲锋在先，多立战功，更主要的是他先随项梁后从项羽，按照项羽用人唯亲的标准，他属于当之无愧的"嫡系将领"，加上二人脾气相投，崇拜武力，一个力能扛鼎，一个勇冠三军，这又有点英雄"惺惺惜惺惺"之意，所以在分封诸侯王时，英布被封为九江王，都城在六（今安徽六安东北。六，读"lù"）。英布真正实现了"当刑而王"的宿命。

由于项羽对楚怀王不满，就把他从彭城迁往长沙，同时项羽又给英布一个秘密指令，要他在半路上截杀。英布果然又成功扮演了"为虎作伥"的角色，把楚怀王杀死了，这种不问是非、只图痛快的个性与项羽真有一拼。

汉二年（刘邦称王的第二年），齐国田荣与项羽公开决裂（"田荣事件"是件大事，引起了好几股势力的变化），项羽率兵讨伐，向英布征兵。这时英布独霸一方，也在盘算自己的割据势力如何才能扩大的问题，他不想为项羽拼血本了，因此就说自己的风湿性关节炎犯了，骑不得马，加上整天头昏眼花，确实不能带兵了，只派了一员偏将带了些老弱残兵敷衍了事，捧捧人场打打"太平拳"罢了。

刘邦趁项羽东击田荣，老家彭城空虚之际，率军杀进彭城，日夜饮酒高会，英布仍然托病，不肯发兵救彭城之难。项羽由此怨恨英布不已。他多次派使者责问英布为何见死不救，难道忘了这荣华富贵是谁给的了吗？使者的言辞犀利，可越这样责备，英布越恐惧，更不敢去见项羽了。项羽这时被内忧外患搞得精神极度紧张，所能亲附的还就数九江王英布了，而且他确实看重英布的才能，还想着有一天二人能重温携手作战的光辉岁月，因此责备归责备，并没有派兵攻打，给彼此留下了重归于好的余地。

第二章　有异志心生嫌隙　随何到九江归汉

就在项羽还没想好怎样与英布再续前缘时，有一人就已乘虚而入，捷足先登了。谁呀？刘邦。汉三年，刘邦又败给了项羽，无计可施的刘邦下雨天打孩子——闲着也是闲着，就数落起手下来。他说："你们这些人都是好人，但没有能人，实在不值得与你们共同商讨国家大事。"有一个叫随何的就接了话说："不知大王这么说是什么意思？"刘邦说："谁能为我出使淮南，劝九江王英布叛楚，削去项羽的左膀右臂，我夺取天下就有十足的把握了。"随何说他可以前往，就带了二十人到达英布的领地，英布的太宰（官名，掌管膳食）做介绍人，为他们牵线搭桥。可三天过去了，他们还没见到英布的面，应该是话已传到，但英布避而不见。

随何对这个太宰说："您应该已把话带到，大王之所以不见我等，必然是以为楚强汉弱，但实际情况恐怕不是表面显现的那样。我们要透过现象看本质，不能被一时的表象所迷惑。我之所以来，就是想借给大王一双慧眼，让他能看清局势。假使我能见到大王，当面把事实讲清楚，并且言之有据，合情合理，分析透彻，那么这番话就应该是大王最想听的；如果我语无伦次，强词夺理，胡搅蛮缠，我等甘愿领死，也成全大王，让他向项羽显示自己与汉交恶、与楚友好的证据，二人可以因此而尽释前嫌。您看怎么样？烦您再通禀一声。"太宰又去见了英布，说："他如此这般说了这些话，我看他说的有点道理，不如见一面，或许真有意外收获。"于是英布接见了随何。

随何道："汉王对大王的神勇无敌倾慕不已，所以派我来向大王呈献书信以表敬意，希望我们两家今后也能多亲近，但我有一个小问题一直搞不懂，希望大王您能不吝赐教。您和项王为什么那么亲近呀？说句冒犯的话，你们二者是什么关系呢？"英布一听随何说得自然得体，心中的敌意不知不觉就减了几分，他说："项羽是大哥，我以臣礼服侍他（北乡而臣事之）。"

随何说："大王与项王同样都是诸侯，地位应该相等，而今您以臣礼对待项王，必定认为项王强大，可以作为强力后援吧。项王攻打齐国，肩扛攻城器具，身先士卒，这说明当时的条件何等恶劣。项王孤军奋战，人员不足，他别无选择，只能亲赴一线，而这时大王您应该怎么办呢？我以为您应该尽发淮南精锐，亲自挂帅，做项王的先锋，让项王在后面督战。而今您却只派发了四千兵马，做的只是表面文章，未见些许诚意。请问以臣礼服侍项王的人，就应该这么办事吗？这是我的疑惑之一。

"汉王攻打彭城时，项王深陷山东战场，急切不能脱身，大王应该尽早发兵与汉王苦战，以解决项王的后顾之忧，而您只在云端里看厮杀，袖手旁观，没有采取任何军事行动，抱着'事不关己高高挂起'的态度，坐观成败。请问以臣礼服侍项王的人就这么办事吗？这是我的疑惑之二。

"大王您名义上与项王结成'攻守同盟'，实际上您只想保存自己的实力，名不副实。我认为这种首鼠两端、摇摆不定的立场最容易招人怨恨。现在楚汉相争，一山不容二虎，您必须在二者之间做出选择，但在决定前要先预测双方的'政治曲线走势'，否则必然遗恨终生。您之所以还不能下定决心与楚决裂，一定是认为汉王实力不够吧。我以为凡事都不能只看表面，要去粗取精、去伪存真，由此及彼、由表及里，认真地做一番调查分析。

"现在我们就做一番研究。

"楚兵虽强，但在天下人面前背负着不仁不义的骂名，因为项王违背盟约，不让汉王在关中称王，这是不义；枉杀义帝，这是不仁。项王仅凭战功就自以为很强大，这是肤浅的认识，其统治基础脆弱不堪。而汉王能联合各路诸侯，建立'抗楚统一战线'，固守城池，深沟高垒，战线牢不可破，后方成都平原、关中平原的粮食源源不断地输送到前线。项王的情况却正好相反。因为孤军奋战，项王常感兵力不足，两军于成皋对垒，项王想战却找不到汉军主力，攻城又力量不足，驱使老弱残卒从千里之外转运粮草，却要通过彭越的领地，运输线时常被切断。当楚兵抵达成皋时，汉军只需要以逸待劳，而项王必定捉襟见肘，左支右绌（chù），顾前顾不了后，变得狼狈不堪。为什么会这样？主要就是势单力薄，千里奔袭，疲于应付，强敌环伺，这是其基础脆弱、外强中干的最有力的证明啊！

"我们通过如此比较分析，必能拨云雾而见青天，看到问题的本质，也就是说，楚国并没有表面显示的那么强大，项王是靠不住的。如果项王偶然战胜汉王一次，与汉王结盟的诸侯必然人人自危，从而全力支援，每次都能让汉王化险为夷。楚军的强大只是表面的，正好招惹天下诸侯，使自己成众矢之的罢了。楚不如汉，这种情势是显而易见的，可如今大王不把身家托付给万无一失的汉王，却托付给了岌岌可危、朝不保夕的项王，这是我的疑惑之三。

"若是大王想归顺汉王，我必然提前打点，为大王效犬马之劳，那时您裂土称王是毫无疑义的，又怎能局限于淮南一地呢？汉王想与您携手并肩共图大计，所以派我来进献鄙薄之言，希望您慎思。"英布说："遵从你的建议。"他被说服了，决定叛楚投汉，但一时不敢泄露。

这个随何可真是一个谈判高手、心理专家。要知道，一旦某些话对人产生了作用，就说明这些话完全说到点子上，说到对方心里去了。英布当时有两件事最闹心：首先是自己的旁观行为已招致项羽的怨恨，二人能否重归于好？其次，若是叛楚归汉的话，刘邦还总打败战，项羽看起来倒是十分强大。因此，他三心二意，一时拿不定主意。

心理问题的解决办法最适合"解铃还需系铃人"那句话，只有解开这心里的死结，才能让对方心悦诚服，这不是靠收买、镇压、强迫所能解决的。随何为英布解开了心里的死结，他首先说英布想靠投机取巧来维持与项羽名存实亡的关系是不行的，二人结怨已成既定事实，感情难以恢复原状，如果英布狐疑不决，必然遗祸于己。这也是英布迟迟不敢面见项羽的原因。然后随何又指出，项羽外强中干、危机四伏，刘邦刚柔并济、虽弱必强，尽解英布心疑，这才是真正的金口才。

好口才绝不是漫无目的、喋喋不休的道德说教，而是抓住重点、有理有据、有的放矢的"口语化议论文"，体现了个人素质中有层次、有条理、有能力的一面。有些自认为口才好的人不管三七二十一，说得唾沫星子横飞，有涵养的听客当面不好说什么，背后直皱眉头。口才好并不代表非要说得多，有时几句话就能解决问题。随何是刘邦手下杰出的心理咨询师。

这时项羽的使者也在英布的王府中，正催促他发兵助楚击汉呢。随何昂然直入议政厅，坐在楚使者的上位，说道："九江王英布已归顺汉王，项王凭什么在此发号施令呢？"英布当场错愕，他本来还想再玩玩捉迷藏的游戏呢，谁知随何当场捅破这层窗户纸，自己躲无可躲了。楚使者一听这话，吓得脊梁骨发麻，他起身想尽快离开这是非之地。随何趁机劝英布："事已至此，拉弓没有回头箭了，大王要趁此机会立刻斩杀楚使者，别让他通风报信。迅速起兵，迟则生变。"英布现在已被逼到墙角了，说："好吧，我听从你的话，与汉王合力攻楚。"他手起剑落，杀掉了楚使者，正式投归刘邦。

英布叛变的消息很快就被项羽获悉，他又是大怒，也不再做争取的努力了，马上派项声和龙且（jū，后来败给韩信的那个人）两员大将气势汹汹地讨伐英布，火力相当猛。经过几个月的浴血奋战，英布兵败。他本来想带着残部去投靠刘邦，又怕目标过大被项羽半路截杀，一狠心只身与随何从小道逃到了刘邦那里。

我们都知道成语"投笔从戎"的主角班超出使西域的故事。班超的使团到了鄯善国，受到了热情的接待，后来匈奴的使团也来争取鄯善国，鄯善王一时左右摇摆。班超认为，如果自己听之任之，就会死无葬身之地。于是，他带领手下击杀了匈奴使者。随何与班超的做法都是：釜底抽薪断后路，让处于犹豫不决的人做出决断。

第三章　扰楚后项羽力疲　异姓王心惊胆战

　　刚到刘邦那里时英布遭遇了"洗脚事件"，心里着实不爽（刘邦对郦食其也是这样）。刘邦在悠闲自在地泡脚时，召见英布。英布大怒，后悔自己一时被猪油蒙了心，竟然投靠了这么一个傲慢的家伙，真是自取其辱。他想自杀，但当他到了专门为他准备的公寓时，又大喜过望（此成语来源）。为什么呢？他发现帷帐、器用、饮食、仆人与刘邦一样，都是五星级的标准，这大大超出了他的设想，刚才的不快一扫而空。这也是久用不衰的巴掌加甜枣、胡萝卜加大棒的所谓驭下之道。这条计策如果用得过于明显，有时会适得其反，请不要机械模仿。要掌握好尺度和场合，否则对方会把胡萝卜与甜枣照单全收，巴掌与大棒的滋味记一辈子，可能有一天还要以其人之道还治其人之身，让你也品尝一下这终身难忘的滋味。当然，刘邦那时使用这着儿也是不得已，为什么呢？英布本身就是一个诸侯，平时骄纵惯了，刘邦怕他妄自尊大，所以用傲慢的态度先折辱一下他那自视甚高的心性，然后给予丰厚的赏赐以悦其心。

这纯粹是政治权术，但不管怎么说，管用了。

刘邦让英布怎么开展对敌斗争呢？就是让他继续派人回到老家去，利用自己熟悉当地风土人情的优势开辟"抗楚根据地"，开展游击战与运动战，贯彻"大后方战略"，让项羽顾此失彼、疲于奔命，为"正面战场"减轻压力。这是一个问题的两个方面，次要矛盾解决得好有助于最后攻克主要矛盾，这是刘邦战略方法的胜利。项羽只知道打直拳，自己是英雄嘛，不用旁门左道，而刘邦不但组合拳打得好，"降龙十八掌""沾衣十八跌""迎风一刀斩"也用，逼急了挖眼睛、抠鼻子、咬手指和撩阴腿照用不误，他只以实用为目的，不追求花架子。

英布秘密回到了淮南发展队伍，这时项羽已派在"鸿门宴"之前给刘邦通风报信的那个项伯把淮南兵吞并了，又把英布的老婆孩子斩尽杀绝。大家看，项羽这个人总是做绝事，他杀这妇孺能显出什么本事？除了泄愤毫无用处，反而让英布铁了心跟从刘邦。他若能保全英布的老婆孩子，说不定有一天事情还有回旋的余地呢。英布的使者一到淮南，果然大受欢迎，先前积蓄的人力资本转化为现实资源。这位使者带了几千人回归汉营，刘邦一看英布有人望，就另外给他增加了一些部队跟他一道南下抗击项羽。刘邦后来封他为淮南王，单独行动，主要还是利用淮南的势力袭扰项羽。英布回到淮南以后，与刘贾和刘贾诱降的项羽手下的大司马周殷一起，重新组合成"九江兵"，给项羽以沉重的打击。最后在垓下，韩信设下四面楚歌之计围困项羽时，英布也有大功。

项羽死后，天下大定。大家知道，刘邦对杯中物情有独钟。有一次在酒宴上，他可能不小心喝高了，竟贬低随何的功劳，说随何是迂腐的书呆子，治理天下根本不在行。随何可不干了，心想：我是读书人不假，可我不是那种只知吟诗作赋、顾影自怜的穷书生，我可是一个在正确理论指导下的勇敢实践者。他跪了下来，问刘邦："当初陛下穷困潦倒之时，若是英布帮助项王起兵来攻打，请问陛下您若是出动五万步卒、五千骑兵，就自信能打败他吗？"刘邦想了想，说："不能。"随何又问道："陛下只派随何等二十人前往淮南，就如愿以偿，这就表明我的功劳要高过这五万步卒、五千骑兵。然而陛下却说我是腐儒，又说什么治理天下安用腐儒，请问这是什么意思呢？"刘邦马上接口说："你等等，先别说了，我正在考虑封你何职合适。"这就是刘邦的风格，他马上封随何为护军校尉，英布被封为淮南王。所以说项羽必定败，他不知道双管齐下，只知靠武力征服，这肯定不行。刘邦只派一个随何就达到了出动五万大军也未必能达到的战略目的，这就是刘邦"吾宁斗智，

◎一篇抵得上"五千骑兵+五万步兵"战斗力的演讲

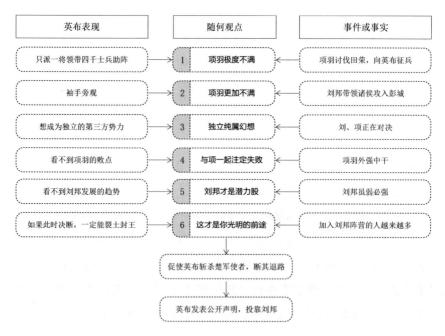

不愿斗力"的原因。生活中不也是这样吗？拥有大智慧，掌握办事方法，才能事半功倍。刘邦必胜。

我们在介绍韩信时说过，韩信被吕后诛杀于长乐官钟室。淮阴侯韩信、梁王彭越与淮南王英布这三人是同等功劳、同等类型的人物，三人都是非刘氏的异姓王，同样是战功卓著。在垓下围困项羽时主要有四路兵马：刘邦、韩信、彭越、英布，由此可见这三人的分量。韩信的死让英布杯弓蛇影、疑神疑鬼。彭越被杀以后被剁成肉酱分赐给诸侯，为的是警告他们犯谋反罪就是这个下场。英布打猎正在兴头上，看到使者送来的肉酱，顿时有如一盆冰水由头淋下，不寒而栗，这是兔死狐悲、物伤其类的自然反应。他马上部署军队，整合内部力量，并派出间谍侦察周边郡县的战备。

"萨拉热窝刺杀事件"是第一次世界大战的导火索，一个小人物，一个塞尔维亚的热血青年改变了历史。生活中许多大事往往都是由一件不起眼的小事引起的。英布有一个爱妾生病了，就出去看医生，诊所与贲（féi）赫家是对门。这个爱妾常去医生那儿的消息让贲赫听到了，他自以为和英布关系不错，想向这个爱妾示好，应该是想让她向英布多多美言几句，就趁着英布爱妾看病的当儿看望她，并赠送了大量的礼物，还和她一起在医生家喝酒。在这风声鹤唳的紧张时期，英布的心情非常郁闷，这位爱妾侍候他时，在闲谈中夸奖贲赫是忠厚长者。英布大怒道："你处深闺之中如何得知贲赫为人？"这位爱妾就一五一十地说了。要知道那时和现在不一样，讲究男女授受不亲，如果说男女到了同席的分上，就说明双方关系已相当不一般了。英布果然怀疑她与贲赫有染，就召贲赫来。这个贲赫做事也欠考虑，就是在现代社会，和一个女子单独饮酒也得三思而行，何况那个年代。说不定他有另外的想法。但这姑且不论，反正是他拍马屁拍到了马蹄上。这时他知道害怕了，就称病不去。他越这样，英布就越生气，越怀疑他心中有鬼，就派警察去抓捕他。谁知他早听到消息，乘坐马车前往长安，要反咬一口，告英布谋反。英布派人追赶，可惜望尘莫及了。

贲赫抵达长安，上书告变，说英布有谋反迹象，应该趁早下手，让英布的反叛计划胎死腹中。刘邦接到书信，就向萧何咨询。萧何相当冷静，说："据我估计，英布不至于如此，恐怕是仇家信口雌黄，随口乱说。我们不能听风就是雨，不假思索就信以为真。可以先把告状者拘捕，然后派人秘密侦察。对于这种大事，我们一定要掌握大量的事实，然后才可采取行动，别冤枉好人。"刘邦一听有道理，就派使者到英布的领地上明察暗访。英布得知贲赫逃走，心想："他肯定会添油加醋地描述我的情况，再加上韩信、彭越相继灭亡，我也确实应该未雨绸缪，事先做些准备。如今朝廷派出使者调查，我也别坐以待毙了，趁早来个干脆的，反了吧。"于是他将贲赫的三族灭了，发兵谋反。刘邦于是释放了贲赫，封他为将军。

第四章　楚韩信进退无门　荆楚地一分为二

刘邦召集诸将问道："如今英布谋反，我们该怎么办呢？"这些军汉都说："发兵攻打他，活埋了这小子，还有什么办法。"这些粗鲁汉子的脑子都是一根筋，不会转弯，就知道打打杀杀，当年听说韩信谋反时也是这个腔调，刘邦未置可否。

退朝以后，汝阴侯夏侯婴（常被称作滕公，刘邦的司机，刘邦遭遇彭城大败时三次把自己的孩子往车下推又三次被他拾起，韩信触犯军法时，他也免去了韩信的死罪）找自己的门客薛公商量这件事，薛公说："英布的确应当反，他别无选择。"夏侯婴就问："不应该吧，皇上对他可够意思，让他南面称孤，自在逍遥，一人之下万人之上，他还有什么不满足的呢？为什么还要谋反呢？"

薛公说："先杀韩信，后诛彭越，他还怎能坐得住？要知道这三人同功一体（就是说功劳相当，地位相等，属于同一个类型的人物），英布怀疑同伴的命运也会降临到自己头上，与其坐以待毙，不如奋力一搏，所以他才会谋反。"夏侯婴一听薛公分析精当，知道此人非常人。第二天上朝时他向刘邦推荐道："我有一门客叫薛公，这个人有智谋勇略，可以问问他该怎么办。"刘邦马上召见并询问薛公。

在朝堂之上，薛公给刘邦做了一次专业级的战略分析，最后的事实也证明，薛公是一个不折不扣的战略高手，历史发展的走向，完全符合他的战略预判。

为了让读者能够更加清晰地理解薛公的战略，欣赏薛公的高深境界，还有几个问题需要事先做一个说明。

首先介绍两个人物：一个叫刘交，一个叫刘贾。

《史记·楚元王世家》："楚元王刘交者，高祖之同母少弟也，字游。"

《史记集解》认为刘交是高祖的"同父少弟"。

《汉书·楚元王传》："楚元王交字游，高祖同父少弟也。好书，多材艺。"

这样就出现了两个说法，一为高祖的"同母少弟"，二为高祖的"同父少弟"。如果是刘邦的"同母少弟"，那么，一种可能是刘邦的母亲是再嫁之人，刘交应该是刘邦的"同母异父"的弟弟；另一种可能是刘邦的母亲不是再嫁之人，刘交应该是刘邦的同胞兄弟。如果是"同父少弟"，那么刘邦的父亲就可能有小妾，或者在刘邦母亲去世之后续娶了一个女子，生下了刘交。

《史记》和《汉书》都明确记载："高祖兄弟四人。"老大刘伯，老二刘仲，刘伯去世得早。老三是谁？不得而知。《史记·高祖本纪》中探讨过这个问题。从刘邦大哥和二哥的命名方式来看，刘邦兄弟四人应该是按照排行来命名的，古时伯、仲、叔、季指老大、老二、老三、老四。刘邦本来叫刘季，按常理说应该是刘老四才对。但是刘老三是谁不得而知。也有人说刘邦就是刘老三。

其实还有一种可能，就是当时还有一个堂兄弟的大排行，可能刘邦的大哥和二哥在大排行中也是老大、老二，而老三是刘邦的一个堂兄，刘邦在大排行中是老四，因此取名刘季，刘老四。这都是一种猜测。

如果刘交是刘邦的同母少弟，或者说，如果是同胞兄弟，那么刘家的亲兄弟四个，应该是刘伯、刘仲、刘邦、刘交。刘伯死得早。

《史记集解》："次兄名喜，字仲，以六年立为代王，其年罢。卒谥颂王。有子曰濞（bì）。"老二刘喜，字仲，是刘邦的二哥，在汉高祖六年（公元前 201 年）时被封为代王，防守匈奴。然而这是一个德不配位、才不配位的人，靠血缘才得到了王爵。第二年，匈奴攻击代国，刘仲不能坚守，丢弃了代国，从小路逃回洛阳。刘邦因他是自己的亲二哥，没有用国法处置他，只把他降为郃阳侯。

刘仲怯懦，儿子刘濞却是一条好汉。在征讨英布时，刘濞二十岁，有勇气，带领骑兵击败英布。后来刘濞被封为吴王，也成了"七国之乱"中叛乱军的首领。

关于这方面的探讨，先告一段落。

除了刘交，另外一个人就是刘贾。

《史记·荆燕世家》："荆王刘贾者，诸刘，不知其何属初起时。"大致是说，荆王刘贾，出自刘氏宗族，但不知道属于哪一宗系。

《汉书·荆燕吴传》："荆王刘贾，高帝从父兄也。"可能司马迁当时没有获得可靠资料，而班固有信息来源，认为刘贾是刘邦的"从父兄"。"从父"是堂叔伯，"从兄"是同祖父的堂兄，"从父兄"不知何解？应该还是"从兄"，即刘邦的堂兄弟，这个解释应该比较合理。

在刘邦平定"三秦（秦地三个王，雍王章邯、塞王司马欣、翟王董翳）"的时候，刘贾登上了历史的舞台，他被任命为将军，率军攻战了塞王司马欣的领地，又跟随刘邦向东攻击项羽。

汉王四年，刘贾带领两万人，骑兵数百，渡过白马津，深入楚国的后方，烧毁了楚国后方囤积的粮草辎重，破坏当地的生产，使当地无法供应项王前线的军需粮草。等到楚军回击刘贾时，他就深挖壕沟、高筑壁垒，不与楚军交战，并且与彭越互相支援、共同防御。当时刘贾获得的战略任务不是与楚军硬碰硬，而是破坏楚军的后勤和粮道，这也是彭越的核心任务。

这时，大家就更应该理解项羽定都彭城的重大战略失误了。无险可守，四面受敌，粮道和后勤得不到有效的保障，前线如何打仗？而萧何却能从关中源源不断地给前线输送兵员，运送粮草和物资。这样一反一正地来看，就能理解，项羽虽然取得了一次次胜利，却无法弥补他在战略上的巨大失误。

在"垓下之战"前夕，刘贾暗中派人招降了楚国的大司马周殷。周殷叛变项羽之后，帮着刘贾攻占了九江郡，又迎回了英布军团，最后一起在垓下会师，与项羽进行最后的大决战。接着，刘贾率领九江的军队与太尉卢绾汇合，向西南方向用兵，攻击临江王共尉，共尉被俘而死，刘邦便把临江国改为南郡。临江王共敖，是项羽分封十八路诸侯时分封的，此时应该传到了第二代。

从这些记录来看，刘贾是刘邦宗族中立下军功最多的人了。

这时，我们还要提一个人物，就是历史上赫赫有名的韩信大将军。

汉王四年（公元前203年），韩信自立为齐王，刘邦迫不得已给他补办了册封齐王的相关手续，但是心里埋下了仇恨的种子。

汉高祖五年（公元前 202 年），刘邦登上了天子位。在这一年，他把韩信从齐王改封为楚王，都城在下邳（pī，今江苏下邳），统辖的范围在淮北。

汉高祖六年（公元前 201 年），刘邦采用陈平的计策，以天子巡游诸侯领地的名义，把楚王韩信抓了起来，但是没有找到其谋反的证据，只好把他降为淮阴侯。这样楚王的位置就空了出来。实际上，韩信当齐王、楚王的时间，加起来也就两年左右。

汉高祖六年是一个标志性的年份，从这一年开始用刘姓王替代异姓王。当时，刘邦的亲儿子都比较小，他的亲兄弟比较少，刘伯已死，贤能的不多，因此，必须分封堂兄弟等刘氏宗亲。在他看来，他们毕竟还是家里人，关系再疏远，也比外人可靠。

首先，他把前楚王韩信的辖区，分成两个部分。

一部分，封刘贾为荆王，统辖范围为淮东以南，包括丹阳、会稽，计五十二座城，都城在吴（今苏州阊门城）。不知道刘贾建立的是否叫荆国？暂且叫荆国吧（平定英布叛乱之后，刘贾已死，刘邦选择刘濞来管理刘贾的辖区，"改荆为吴"，那时叫吴国）。

一部分，封刘交为楚王，统辖薛郡、东海和彭城三十六城。

其次，封二哥刘仲（刘喜）为代王，统辖云中、雁门、代郡（不过很快，汉高祖七年，刘仲被匈奴吓得尿了裤子，放弃了封国，自己抄小路偷着跑回洛阳）。

再次，封庶长子刘肥为齐王，统辖齐地七十三县。

在这一年，分封了四个同姓王，而且都是镇守比较重要的地域。

同样是在汉高祖六年，英布被封为淮南王，都城在六，九江郡、庐江郡、衡山郡、豫章郡都属于英布的辖区。

因此说，英布的辖区与刘贾、刘交的辖区是接壤的，淮南国斜插入楚、荆之间，若以淮南为视角，其东南为荆，其西北为楚。所以，英布叛乱之后，刘贾、刘交是首先要被攻击的目标。

此后五年，即汉高祖十一年（公元前 196 年），淮阴侯韩信被杀，梁王彭越被杀，于是，英布正式谋反。

若不把这个背景介绍清楚，在谈薛公的战略分析时，就不知所云。

第五章　上中下评析三策　稳准狠入木三分

当刘邦请薛公对英布采取的战略方针进行预判时，薛公认为："英布的反叛不值得大惊小怪，这是理所当然的。现在研究他为什么反，已经不重要，研究他将采取什么样的进攻战略，才是非常现实的。我认为，他有上计、中计、下计三个选项。如果英布采取上计，那么崤（xiáo）山以东非陛下所有；如果他采取中计，成败不可预知；如果采取下计，陛下就可安枕而卧，不必过于担心。"

薛公认为英布的上计是："东取吴，西取楚，并齐取鲁，传檄（xí）燕、赵，固守其所，山东非汉之有也。"在汉高祖十一年时，吴为荆王刘贾（刘邦堂兄弟），楚为楚王刘交（刘邦兄弟），齐为齐王刘肥（刘邦长子），燕为燕王卢绾（刘邦发小）、赵为赵王刘如意（刘邦爱子，此时年幼）。这些人中，燕王卢绾是英布能够拉拢的对象，燕国可能传檄而定，赵国未必。这个不重要，重要的是，采取这个战略对刘邦的威胁最大。如果英布向东攻取吴，打败刘贾，向西攻取楚，打败刘交，再向齐地进兵，打败刘肥，然后向燕、赵发出檄文，警告他们不要帮助汉朝中央政府，那么英布的势力会从吴地、楚地、齐地向梁地、赵地、燕地一带强势渗透，崤山以东的局势可谓相当危险。崤，又称殽（yáo），秦岭东段支脉，在今河南省西部，洛宁西北，东接渑池，西接三门峡市陕州区，呈"东北——西南"走向，分东、西两崤，延伸于黄河、洛河间。崤（殽）函，崤塞、函谷关的合称，一直以来是秦国本土抗击山东六国的雄关要隘，有"崤函之固"一说。无疑，这是很有战略高度的方案。

中计是："东取吴，西取楚，并韩取魏，据敖庾之粟（sù），塞成皋（gāo）之口，胜败之数未可知也。"东取吴，西取楚，这个方针不变，然而转向梁地进军，占据昔日属于韩、魏的地盘，再占据敖山的粮仓，保证有充足的军饷，然后控制住成皋的要塞，这样的话，胜败就很难说了，可能各占 50%的成功概率。这个敖仓，应该特指秦朝在荥（xíng）阳西北敖山修建的大粮仓，下临黄河。敖仓、成皋是楚汉战争时刘邦夺取或固守的战略要地，当时发生了"成皋之战"。如果这几个地方落到了英布手里，那可就不好说了。相对于上计，中计是势力到达"荥阳——成皋"一线后，开始据险固守，不向齐地、赵地、燕地延伸，格局小了很多。

薛公推测英布的下计为："东取吴，西取下蔡，归重于越，身归长沙，陛下安枕而卧，汉无事矣。"东取吴，方针不变。西取下蔡。下蔡，古县名，故治在今安徽凤台。归重于越，西驻长沙。如果采取这条下计，那么刘邦就没有什么好怕的了。这里最难理解的是"归重于越"。有人把"重"翻译为"重兵"，或者翻译为"珍宝"或"贵重物品"。笔者认为，翻译成"重兵"不太合适；翻译成"贵重物品"还可以，其意为把掠夺的珍宝都运回大本营收藏。"越"一般泛指秦以前就广泛分布在长江中下游以南的地区，或者指越国，就是越王勾践的越国，有今浙江、江西、福建的部分地区，都城从诸暨（今浙江诸暨）迁到了会稽（今浙江绍兴），其中心区域相当于当今浙江奉化、诸暨、桐乡之间的地区。"重"和"越"在这里都是代指。"越"代指英布能够有效控制的长江中下游地区，"重"不是指具体的重兵或者重宝，而是指重心，关注的重心、战略的重心在长江中下游地区。也就是说，英布只想守住自己的一亩三分地，而不是真有经营天下的韬略。

为什么这样讲？这可以从上、中、下三计的战略格局来分析。如果按照现代中国十大经济区的划分来理解，会更容易。十大经济区包括东北综合经济区（黑龙江、吉林、辽宁）、北部沿海综合经济区（北京、天津、河北、山东）、东部沿海综合经济区（上海、江苏、浙江）、东南沿海综合经济区（广东、福建、海南）、黄河上中游综合经济区（陕西、甘肃、宁夏、山西、河南）、长江上中游综合经济区（四川、重庆、湖南、湖北、安徽、江西）、珠江上中游综合经济区（广西、贵州、云南）、内蒙古综合经济区（内蒙古）、新疆综合经济区（新疆）、青藏高原综合经济区（青海、西藏）。

英布如果采取上计，则相当于控制东部沿海综合经济区全部、长江上中游综合经济区大部分、黄河上中游综合经济区一部分及北部沿海综合经济区一部分。按照现在的布局来看，这真是实实在在的半壁江山。即便在汉朝初年，如果占据这些区域，也一样是夺取了半壁江山。如果英布有这个眼光、魄力和能力，刘邦将面临重大威胁。

如果采取中计，则相当于控制东部沿海综合经济区全部、长江上中游综合经济区大部分，然后直接进入河南，守住成皋隘口，占据河南荥阳西北的敖仓，势力不向北部沿海综合经济区拓展。相比上计，这个战略构想就小多了。

如果采取下计,英布则相当于控制东部沿海综合经济区全部、长江上中游综合经济区小部分,最西应该在湖南长沙,战略中心则在东部沿海综合经济区,不会向北部沿海综合经济区方向发展,甚至不会进入河南。相比中计,战略构想就更小了。

此前,笔者一再强调,《史记》是研究战略的最佳文本。薛公,连全名都没有留下来,他其实在历史上算不上大人物,然而,就是这样一个小人物,却有如此深远的战略眼光,让人相当佩服。在当今这个大变革时代,每一千人中就需要一个战略家,当然是真的战略家,而不是空头战略家。

战略家,可以从无中看到有,从小中看到大,从细中看到广,从低中看到高,从弱中看到强,从困难中看到辉煌,从现实中看到未来,也可以从繁华中看到清冷,从强大中看到危机。一句话,他们拥有非同一般的眼光,是一个时代、一个组织、一个家庭中最为冷静、客观的人,他们同时拥有望远镜和显微镜,用一种深邃的目光,撕碎一切伪装,穿透一切障碍,直达人与事的本身、本质和本源。不论他们的功业是大是小,他们都是伟大的人。

薛公,了不起。

当他做完这些分析之后,刘邦问:“是计将安出?”薛公说:“出下计。”刘邦问,英布将采取哪种战略呢?薛公答,出下计。刘邦问:“何谓废上中计而出下计?”上计、中计那么好,为什么英布偏偏要采取下计呢?

薛公说:“英布以前是在骊山给秦始皇修坟的苦役犯,后来靠着个人奋斗成为淮南王,他奋斗的动力和目的,就是为了眼前利益和一己之富贵，并没有为后代、为百姓、为千秋万世的大业考虑的长远战略眼光。因此，他必然要用下策。"刘邦说："分析得好！我给你点赞。"他直接封薛公为千户侯，是一千户人家中的"地税局局长"。他认同薛公的分析，认为英布如果采取下计，则不足为虑，应该不是自己的对手。于是他直接提名并任命了消灭英布之后淮南王的新人选，也就是他自己的儿子刘长。

在《史记·留侯世家》中，曾提到平定英布叛乱这个事情。当时刘邦身体不太舒服，准备派太子刘盈去平叛。"商山四皓"认为，"黥布，天下猛将也，善用兵"，怕刘盈不是其对手。此外，当时戚夫人为自己的儿子刘如意争夺太子位，后宫"战况"异常激烈，如果刘盈有所闪失，后果不堪设想。当时，"商山四皓"住在建成侯吕释之家里，吕释之是吕后的二哥，他们就劝他去找吕后，阻止这项任命。于是吕后哭着去恳求刘邦，刘邦说："吾惟竖子固不足遣，而公自行耳。"这句话大致是说：我也认为刘盈那小子不胜任，还是我亲自去吧。

英布起兵之后，果然没有远图，只想守住既得利益。他采取的是下计。但是，他的战斗力还是相当不错，向东攻击荆王刘贾，刘贾战败，跑到富陵时被杀。然后英布又渡过淮河攻击楚王刘交，也取得了胜利。最后他与刘邦决战的地方是蕲西（今安徽宿州南。蕲，qí）。他终究还是没有脱离长江中下游地区。

此次战役之后，又产生了两个新的刘姓诸侯王。

一为淮南王刘长，顶替英布。刘长为刘邦的第七子。

二为吴王刘濞，顶替刘贾。刘濞为刘邦亲二哥刘仲的儿子，他的亲侄子。

在刘邦的意识中，分封兄弟子侄终究比外人可靠。再伟大的人，思维和能力都是有局限性的。

刘长之子刘安，《淮南子》的主编，在汉武帝时，出现谋反行为，后事败自杀。淮南国此前已经有很大变动，出现刘安事件之后，被废除，置九江郡。

汉景帝三年（公元前154年），刘濞挑起"七国之乱"，三个月后兵败，刘濞被杀，距离刘濞被封为吴王大约四十一年。

这一切都是刘邦想不到的。

现在，再回到英布谋反的问题上。

第六章　小霸王兵败身死　英彭韩一年而亡

英布刚开始反叛时对其部下说："皇上垂垂老矣，讨厌兵事，必不能亲自带兵，这样就会派其他将领。所有将领中我最忌惮韩信和彭越，如今两人都被诬为谋反而被处死了，其他的不足为虑。"所以他才敢反。果如薛公所言，他使用的是下策，旌麾东指，荆王刘贾被杀，接着他向楚国进发。楚王刘交赶忙组织军队迎战。他派出的楚将把军队分成三部分，想互相呼应，以奇兵制胜。有人劝这员楚将道："英布通晓兵法，作战勇敢，很有声望，许多人都畏惧他，我们绝不能掉以轻心。而且《孙子兵法·九地篇》上说，敌军在我本土上作战，我方士卒贪恋家乡，无必死之心，最容易军心涣散。如今我们兵分三路，若是一路败退，其他两路必然不战而逃，哪里能互相支援呢？"楚将不听。英布果然打败其中一路，另两路败散而逃。

英布继续向西推进，与刘邦的部队相遇。英布的部队整齐划一，英勇无比。刘邦在城楼上看见英布的排兵布阵与项羽相差无几，这又勾起

113

了他与项羽对阵时心惊胆战的痛苦回忆，他更要除掉这个"小霸王"了。他与英布遥遥相望，问英布："你何苦要造反呢？"英布回答："没什么，也只是想当皇帝罢了。"刘邦一听，就怒骂他无耻、卑鄙、忘恩负义、不自量力、癫蛤蟆想吃天鹅肉，骂完后还觉得不过瘾，指挥军队与他大战一场，结果英布败走。英布回过身来拼杀数次，但仍然失败。他实在不是刘邦的对手，只好脚底抹油溜之大吉，连家也不敢回，带了百十人逃往江南。

我们在前文提到过，英布曾娶鄱阳县县令吴芮之女为妻（此女后来应被项羽所杀，吴芮后来被刘邦封为长沙王），这时吴芮已死，他的儿子吴臣继位。可能吴臣事先得到刘邦的授意或者想邀功，以此摆明立场，他就骗英布，假装要同英布一道逃亡到南越。英布相信了他，逃到鄱阳，被鄱阳人杀死。刘邦封自己的儿子刘长为淮南王，封贲赫为期思侯，有功的六员大将也各有封赏。他又清除了一个异姓王，为巩固刘氏皇权又前进了一步。

司马迁说：英布，他的祖先大概生活在《春秋》记载的被楚国灭掉的英国、六国，其祖应该就是皋陶（尧舜时代的智者、贤臣）的后代吧，英布也算是名门之后。他曾身受刑罚，而他的发迹怎么又那么快呢？项羽活埋的人要以成千上万来计算，而英布常常为虎作伥，甚至是罪魁祸首。他的功劳很大，因此得以分封为王，但最后仍免不了蒙受因欲壑难填、忘恩负义而谋反叛乱、兵败被杀的奇耻大辱。他的祸患是由于他过于宠幸姬妾，因而嫉妒猜疑引发的，最后竟致家破人亡，真是可惜啊。

太史公的评价是相当准确、中肯的，只是对最后这一点我略有异议。我推测，这是因为司马迁所处的那个时代不允许他讲太多真话，有一些话他没法直说，只能打哑谜。其实英布的反叛同样是一本糊涂账。

按照我前面的分析，铲除异姓王已经被纳入了刘邦巩固皇权的计划中，即使没有这捕风捉影的"第三者插足事件"，也会有其他的诱因和导火索，因为枪已上膛，刘邦躲在了洞口前面，他必须引蛇出洞，贲赫的出现，只是意外之喜罢了。薛公说得对（这句话也可能是司马迁的意思），韩信、英布、彭越三人是同一类型的人物，动了哪一个都是敲山震虎、打草惊蛇。

这里对本章标题"英彭韩一年而亡"做一点说明。按照《史记·历书》的记载，夏朝以正月为岁首，商朝以十二月为岁首，周朝以十一月为岁首，秦朝以十月为岁首。按照《史记辞典》中的注解，在汉武帝太初元年，即公元前 104 年五月，更改历法，以正月为岁首。因此，楚汉战争及刘邦建汉以来，直到太初元年，大约一百年多一点的时间里，还是沿用秦朝的历法，以十月为岁首。《史记》中记录的三人死亡时间不太清晰，我选择《资治通鉴·汉纪四》中的说法。文中记载，韩信被杀是在汉高祖十一年的"春，正月"。"三月，夷越三族"，彭越在该年三月被杀。"秋，七月，淮南王布反"，七月，英布谋反。"冬，十月"，这个十月，已经是高祖十二年的岁首了，刘邦军与英布军遭遇，很快就击溃了英布军。"十一月，上过鲁，以太牢祠孔子"，十一月，刘邦到了鲁地，以牛、羊、猪三牲齐全的"太牢之礼"祭祀孔子。因此，如果按照当时的纪年，三人之死是在两年之中；如果以十二个月为一个自然年来计算，三人是在一年之内接连被杀，确切地说，是在十个月之内被铲除的，而刘邦也在英布被杀半年之后去世了。可见从汉高祖十一年正月到汉高祖十二年四月，这十六个月中，汉朝深陷多事之秋。

魏彭列传

兵涉西河豹出迎，亡姬还作汉仪程。
事机倚伏真相戏，一笑长驱过故城。

（元）王恽《魏豹故城》

关东新破项王归，赤帜悠扬日月旗。
从此汉家无敌国，争教彭越受诛夷。

（唐）胡曾《长安》

第一章　六国后揭竿而起　魏王豹自作多情

　　魏豹，是被秦始皇灭掉的那个魏国的王族公子。他的哥哥魏咎，在原魏国时代被封为"宁陵君"。秦灭魏以后，魏咎被迁徙到了外地并被贬为平民。陈胜起义时，魏咎投奔了陈胜。当时有一个叫周市的人（也是原魏国人），他到原魏国领地（以现在河南开封为中心的区域）去扩大起义队伍。魏地局势平稳以后，大家就想拥立他为魏王，可周市不同意，他说："在艰难困苦、天下大乱的时候最能体现人的忠贞品质。没事的时候都人模狗样的，到了关键时刻则原形毕露，这是人的本性。如今天下大乱，正是考验贤良忠贞的时候。如今天下共同反对暴秦，按理说必须拥立被秦始皇灭掉的魏国的后裔为王才对啊，所以我不接受大家的推举。多谢你们的好意。"其他起义军也都派出庞大的外交使团游说，希望周市自立为魏王，然而周市不为所动，他派人到陈县陈胜那里去接魏咎。周市的使者在陈县与魏地之间往返五趟，陈胜才答应派遣魏咎做了魏王。

　　章邯击败陈胜以后，就开始攻打魏咎。魏咎节节败退，就派周市外出求救。周市带回来的救兵面临强大的秦军也同样无能为力，周市被杀，章邯进而围困了魏国的都城。魏咎山穷水尽，为了城中军民百姓免遭涂炭，他向秦军请降，条约达成以后，他就自杀了，以免遭侮辱。他的弟弟魏豹逃到了项羽那里，楚怀王派给魏豹几千人马，让他回魏地组织力量。

　　项羽在巨鹿之战中打败秦军，迫使章邯投降。魏豹在魏地也攻下了二十几座城市，他被立为魏王，继承他哥哥魏咎的衣钵。后来他跟随项羽西进咸阳，有功应被封赏，但因为项羽看好魏豹以大梁为中心的梁地，就把魏豹改封为"西魏王"，封地也改为河东郡，都城在平阳，今山西临汾西南。这就有些不公平。不过从项羽的战略架构来看，他这样做也有道理。当时，他分封的条件主要有两个，一是奉楚国为正统，二是参加巨鹿之战或者随他入关。然而，他分封的司马欣、董翳确实看不出有什么特殊才能，是任人唯亲的一种体现，对韩王成的处理也失当，忽视田荣、陈馀、彭越更是给他带来了巨大的麻烦。

　　刘邦平定关中局势以后向东进兵，这时魏豹也加入了"讨项"队伍。刘邦遭遇"彭城大败"后，魏豹也动起了心思。还有一个原因就是魏豹有一个小妾叫薄氏，有相士说她是大贵之相，儿子是天子，魏豹就以为自己是皇帝命，所以他就有了单干的想法（他确实自作多情了，后来薄氏被刘邦夺去了，她确实生了一个皇帝，不过不姓魏，而是叫汉文帝刘恒）。魏豹向刘邦请假说要回家一趟，探望生病的老母。这是人之常情，刘邦就让他回去了，可他一回到领地就宣布脱离刘邦。

　　刘邦见他出尔反尔也挺生气，就想出兵攻打，可是这时他与项羽正打得不可开交，无暇顾及其他，于是派郦食其去做工作。刘邦说："你婉转一些说服他回来，我可不计前嫌。若成功的话我封你为万户侯。"郦食其就出使魏国，劝魏豹重新回到"反项"大旗之下。魏豹谢绝道："人生在世，有如白驹过隙，倏忽而至，关键要心情愉快，可我在汉王那里却非常郁闷。为什么呢？他傲慢无礼，根本不拿伤害人心当回事，谩骂诸侯、呵斥众将就像骂一个奴仆一样随意，没有上下礼节。我再也不想见他了，受够了，打死也不去了。"这确实是刘邦让人难以忍受的缺点。于是刘邦派韩信去攻打他。

当时，魏豹的统治区域在黄河"几"字形中右面这个河水拐弯处偏东北区域（按照上北下南左西右东的空间感，大家可想象一下），魏豹听说韩信带兵前来，就在黄河东岸的蒲坂驻兵，黄河西岸就是临晋关。韩信一看魏豹在蒲坂驻有重兵，为了迷惑敌人，他不断向临晋关增兵，做出要不遗余力强攻蒲坂的姿态。但这只是上篇文章，韩信下篇文章的名字叫"声东击西"。他派伏兵从夏阳（今陕西韩城，司马迁的故乡）用木制的罂缻（fǒu，也就是木桶、木盆类的东西，可以当独木舟使用）渡过黄河，偷袭安邑，打得魏豹措手不及（安邑，战国时期魏国初期首都，位于今山西夏县，据说是夏朝的发祥地，当时的河东重镇。如果以黄河为界，安邑和蒲坂位于黄河东岸，是魏豹的势力范围；夏阳和临晋关位于黄河西岸，是韩信的势力范围。临晋关对应蒲坂，而夏阳对应安邑，韩信增兵临晋关，做出要攻击蒲坂的姿态，实际上奇兵从夏阳渡过黄河，到了东岸，进入魏豹的领域，并偷袭安邑，魏豹只好迎敌，结果战败被俘。不用地图，大家应该也能想象出韩信鬼神莫测的进攻路线及方法）。这一着儿让后代军事家赞赏不已，只不过在实践环节上有高与低、成与败罢了。

魏豹做了俘虏被带到荥阳，他的领地也被兼并了，设置河东、太原、上党三郡。大家应该还记得"荥阳大战"时刘邦的处境非常危险，他的心腹大将纪信视死如归，假扮刘邦向项羽投降，在项羽放松戒备时，刘邦得以脱逃。临走时他派周苛、枞公和魏豹守荥阳，然而周苛与枞公认为："反国之王，难与守城。"意思是魏豹这种人反复无常，他们担心把他留在身边容易生出祸患，于是二人就把他杀了。

第二章　行军法彭越蜕变　反项羽汉魏联盟

彭越也叫彭仲，常在巨野河泽中捕鱼，有机会的话也做一些无本钱生意。当时那个地方聚集了一群亡命之徒、江洋大盗和绿林好汉，他们过着刀头舔血的生活，看不到希望。陈胜和项梁相继起兵后，他们这里也受到了冲击。一些少年豪杰找到彭越说："如今诸侯相继起兵抗秦，你也可以出来挑头儿，效法他们，这样才不枉此生。"彭越说："如今两虎相争，将来必有一伤，我们还是再等等吧。"这是"卞庄刺虎"策略：有一个叫卞庄的猎户看见二虎争食，他先是躲在旁边静观其变，结果一虎死，一虎伤，这时他才出手，毫不费力就取得了重大胜利。这也是"鹬蚌相争，渔翁得利"的意思。

又过了一年多，有百余名少年豪杰聚集起来，他们找到彭越说："现在你应该出山了吧。全国起义此起彼伏，声势浩大，秦朝灭亡是早晚的事，再不动手，悔之晚矣！"彭越谢绝说："我不愿做你们的大哥，再说我无德无能，你们还是去找别人吧！"可能彭越平时挺有威望，这些人还非要他当首领。彭越看大家如此厚爱,这才答应下来。这也可能是他的一种策略。有些事往往是"辞之愈坚,受之愈稳",太急于求成反而得不到。若有心若无意,若即若离,或者表现得毫无兴趣,坚决推托,反而更能引起人的兴趣,人们会认为他谦虚谨慎、虚怀若谷。在这种情况下,被强塞到手里的东西更容易抓牢。彭越就遇到了这种情况。当然,这也可能是老谋深算之人的一种策略,明明渴望得要命,外表却冷若冰霜。谁知彭越当时是何种心理呢?反正是这些人一再要求的。于是大家就约好第二天日出时相会,迟到的斩首。

第二天一早,真就有十多人迟到,最离谱的一个中午才到。彭越看人都到齐了,用带着歉意的口吻说:"我一大把年纪了,本来无意于功名利禄,可是你们非得推举我为首领,我只好勉为其难了,可第一天我就遇到了难题,有十多人迟到,真让我难以处理。昨日我们有言在先,若是迟到,定斩不饶,这都是大家一致同意的。自古皆有死,人无信不立。我想各位是不会食言的,我们只能按承诺办事。俗话说:'不以规矩,不能成方圆。'没有军纪的队伍是一群乌合之众,还打什么仗?所以今天我们要严肃军法。总共有十多人迟到,不能都杀,就只斩最后一个,其他人吸取教训,下不为例就行了。"于是命令执行军纪。

迟到的人都说:"何必如此较真儿呢?以后不犯就是了。"彭越一看他们是如此态度,二话不说,拉出那个人一剑斩杀了,然后设立祭坛号令军中。这些人这才知道问题的严重性,一个个吓得呆若木鸡,不敢仰视。于是彭越颁布军令,招降纳叛,队伍有千人以上。他这招"杀鸡吓猴"是不可少的,不如此,领导军队如同飞蛾扑火,自取灭亡。纪律是霸道,没有情面可讲,必须有切实可行的规章制度和坚定的执行力,以保证团队取得胜利。这也是"孙武子训女兵"时必须杀掉吴王宠姬的原因，这是不得已而为之。

刘邦刚起兵时攻打昌邑城，彭越与他首次联手，并肩战斗，但在昌邑还没有攻下的时候，刘邦就奉命西进了，彭越也偃旗息鼓退回到他的老巢中，招收散兵游勇增强实力。

项羽分封诸侯的时候没有彭越的份儿，因为他没有随军一起入关，这样彭越的万人部队无所归属，成了一支独树一帜的野战军。其实项羽不应该对这股势力视而不见，哪怕纯粹是拉拢，也得让彭越尝点甜头。这么做未必真能收服其心，但总体来说也是广结善缘。人心都是肉长的，抢先一步培养些感情也是好的。然而项羽搞"一刀切"，没有随他进关的，一律没有封赏。

我在前面说过，与彭越有相同遭遇的还有陈馀和田荣。陈馀挑动田荣给自己的军队支援，田荣正一肚子气，就答应了。接着田荣派人赐彭越将军印，让他反抗项羽。这三个同病相怜的人因为共同的命运和衷共济，给了项羽沉重的打击。

刘邦与魏豹这些诸侯也联手攻打项羽，彭越带领三万多人的军队归降了刘邦，刘邦说："彭将军攻下了魏地十余座城邑，劳苦功高。你想赶快拥立魏国的后人，这很好啊，现在和我在一起的西魏王魏豹就是魏咎的堂弟，由他继任魏王是名正言顺、天经地义的。"

刘邦为什么这么说呢？彭越攻打的魏地是以大梁（今河南开封）为中心的区域，故此，魏地也称梁地。陈胜起义后，魏咎在这块土地上称王，魏咎死后，他的堂弟魏豹继任。项羽分封时，看中了这块土地，就划给了自己，而把魏豹迁到河东郡，都城为平阳，即今山西临汾西南，称其为西魏王。所以刘邦认为，彭越要想拥立魏咎之后人，魏豹是最佳人选，而且魏豹这时和他同属一个阵营。

当然，彭越提出拥立魏王之后，并非纯粹做好事，这句话的潜台词是：我立此大功，是不是也给我点啥。于是刘邦拜彭越为魏相国，总揽兵权，战略任务是平定梁地（今河南开封一带原魏王咎的领土），虎口夺食，从项羽手里抢夺土地。

第三章　打游击不堪其扰　封梁王垓下立功

　　这次刘邦遭遇的是"彭城大败"，他一路狂奔到了荥阳一带。彭越独木难支将倾的大厦，到手的城池又被项羽夺了回去。他率军北上驻扎在黄河附近，虎视眈眈地注视着项羽的动静，只要遇到项羽这只老虎打盹的时机，就猛扑过去咬项羽几口，来无影去无踪。这种游击战法让项羽噩梦连连，他的粮道经常被彭越切断，闹得前线军心不稳，给了刘邦喘息之机，这也是后来项羽部队的战斗力越来越弱的原因之一。

　　在荥阳对峙时项羽已是焦头烂额，这时后方传来一个不好的消息：彭越的游击队在后方攻占了十七座城池。项羽如坐针毡，如果后院起火，大本营被攻破，他前不可进，后不可退，恐怕要玩完了。于是他让大司马曹咎在前线支撑十五天，不要主动出击，只要坚守就可，他快去快回。这时郦食其给刘邦提建议，说应该趁这个机会把秦朝留下的全国头号粮仓——敖仓夺过来，充实军粮，这样就有条件打持久战了。于是汉军把那个压不住火的曹咎挑动出来并斩杀掉，夺取了大粮仓（这样抽丝剥茧，各个人物和事件就都合到一起了）。

项羽回军以后彭越又跑了，还回过头对项羽做了个鬼脸，抓不着气死你。项羽真气得七窍生烟。项羽离开以后，彭越又派兵卷土重来，攻占了二十几座城池，还得了大批的粮食，都送给刘邦。彭越真帮了刘邦大忙。

刘邦在前线又吃紧了，他派使臣召彭越合兵一处共击项羽，彭越却说："魏地初定，人心未稳，恐怕一时难以抽身，让汉王再坚持一下。"刘邦倒也想坚持一下，可又被项羽打败，于是他问张良："这些诸侯都有自己的小九九，不听我的怎么办？"张良说："齐王韩信的册封，并非大王的本意，韩信怕您反悔，心中没底。彭越平定了魏地，功劳很大，他也应该有自己的额外想法了。当初因为魏豹还健在，您封彭越为相国，他没什么好说的，如今魏豹已死且没有继任者，彭越可就觊觎（jì yú，希望得到）魏王宝座了。他看大王只字不提加官晋爵的事儿，也只好跟您打哑谜，想让大王早猜出答案，尽快下定决心，让他如愿以偿。大王可以和彭、韩二人这么约定，如果击败项羽，自睢（suī）阳以北至谷城（大致在今河南东北部、山东西部一带）都给彭越，自陈（今河南淮阳）以东到大海都赠予韩信。韩信家在楚地，他是比较想要这一块的。如果割出这些地方，许给他们二人，二人必定欣喜若狂、知恩图报、早伸援手；如果不能这么做，事情就会出现变数，难以预料了。"真是一语惊醒梦中人，刘邦马上明白过来了。他按照张良的计策，向二人发出公函，承诺只要努力办事，要风得风，要雨得雨，不要有什么顾虑。于是二人如约而至，垓下一战击毙项羽，彭越被封为梁王。

第四章　刀已举梁王必死　欲加罪何患无辞

有四五年的时间相安无事，到了汉高祖十年（公元前 197 年）秋，陈豨（xī）谋反，刘邦亲自带兵攻打，驻扎在邯郸，并向梁王彭越征兵。彭越称病，只派部将带兵去助战。刘邦大怒，派使者责备他（这种情况和项羽征讨田荣时英布的处境相似）。彭越这回害怕了，想要亲自谢罪，当面锣对面鼓地把事情讲清楚，说明自己并非敷衍塞（sè）责，不服调度，而是确实有病。有一个叫扈辄（zhé）的人说："大王刚开始时不去，见皇上责备再去，这是自投罗网。您说自己有病，为什么现在能坚持去见？说谎了吧，这样越描越黑，去了肯定被擒。皇上疑心已起，怎么解释也是没用的，莫不如发兵反了吧。"彭越不听，但也打消了当面谢罪的念头，继续称病。

这时却节外生枝发生了一件事，他的太仆（掌管车马的官）办砸了事，彭越大怒，想要斩了他。这个太仆就逃到刘邦那里，诬告梁王与扈辄谋反，于是刘邦派出"侦缉队"假扮使者突袭彭越。彭越浑不知危险

129

的到来，被逮了个正着儿，押到了洛阳。主审法官认为"反形已具"，即他的行为已构成危害国家安全罪，要按律处罚。其实这"反形已具"可能就指扈辄劝反，彭越没有杀他罢了，再也看不出别的什么反叛苗头。这就是"欲加之罪，何患无辞"，借口总是能找出来的，玩文字游戏都能玩死人。刘邦倒没杀他，死罪饶过，活罪不免，把他贬为庶人，成了平民百姓，并且把他流放到蜀地。

彭越在西去的路上遇到了一个"扫帚星"，谁呀？刘邦的老婆吕后，她从长安来，想到洛阳去，所以遇个正着。彭越一见吕后就把她当成知心的人了，自言无罪，委屈得涕泪交加，想请吕后吹吹枕头风，美言几句，希望回到故乡昌邑定居。吕后满脸堆笑，一口答应下来，说那你再跟我回洛阳吧，我去求求皇上。吕后一见刘邦，马上让这件事变质了，她说："彭越是壮士，英勇无敌，如今只把他迁往蜀地，也是留下祸根哪。一旦他的旧部兴风作浪，也不好控制，莫不如趁早杀了他落个清静。我把他带回来了。"于是吕后授意彭越的宾客告他又想谋反，"司法部部长"心知肚明，向刘邦请求按谋反罪惩治。彭越被夷灭三族，其封国也被废除了。这次更狠的是把他剁成肉酱分赐给诸侯。当这个东西送到英布那里时，就逼反了英布。韩信、彭越、英布这三个功高盖世的异姓王，被刘邦有计划、有步骤地消灭了。

司马迁评论道：魏豹、彭越二人虽然出身微贱，然而战功卓著，有席卷千里、喋血江湖的豪迈，以至南面称孤，成为一方诸侯，名垂青史，也算难能可贵。他们心怀二志，怀反叛之心，失败后没有自杀明志，反而甘愿被捕，宁肯忍受任人宰割的耻辱，这是为什么呢？即使只有中等才智的人尚且以这种品质为耻，何况是诸侯王呢？这没有别的缘故，只是智慧谋略超人一等（智略绝人），唯恐不能保全性命罢了。他们深知身体是本钱，留得青山在，不怕没柴烧。只要能留得有用之身，一时卑躬屈膝也不以为耻。只要能再次抓到一点机会，他们又能掀天揭地，再起风云。他们只是为了能再次施展抱负，所以被俘虏、囚禁也镇定自若，没有激于一时义愤而杀身成仁，这是需要有大器量的。

据我的理解，司马迁在评论魏、彭二人时对其一生的功过一笔带过，而是浓泼笔墨于二人隐忍苟活的深层原因，这是用他人之酒杯浇自己胸中之块垒，在发泄自己胸中那股愤懑（mèn）之气呢。汉武帝时名将李陵因后方供应不足，弹尽粮绝，为保存有用之身投降匈奴。我也认为凭李陵的刚强未必不能自杀殉国，他应该是别有所图。只要匈奴爱惜才干不杀他，他就一定能再寻时机重为大汉朝效力。而且这次行动中军事统帅李广利也有很大的失误，造成李陵孤军深入，以五千步兵对阵匈奴八万精锐，确属情有可原。

李陵的投降信息传到朝廷后，其他人纷纷落井下石，把过错都推到李陵身上，而司马迁与李陵根本没有私交，只是出于公心为李陵说了几句公道话，汉武帝大怒，把他投入监狱，最后判为宫刑。司马迁认为这种刑罚让人羞耻到了极点。士可杀不可辱，以司马迁的性格他本来应该自尽雪耻的，但那时《史记》正在创作中，他才忍受屈辱，没有为一点小的名节就自杀，而是完成了这部伟大著作，名显后世，所以有"人固有一死，死有重于泰山，或轻于鸿毛"这句话。他要死得壮烈，完成著书心愿，成就千秋万世之大名，但他又说"此可为智者道，难为俗人言"，一般的凡夫俗子、麻木不仁之辈又怎能理解这种气节呢？

郦田列传

多少中原逐鹿人，独凭片舌下齐城。
淮阴不喜书生事，能免他年猎犬烹。

（金）李俊民《郦食其》

一辞海上敢西行，壮士归心共死生。
遗恨至今烹醉客，乱山风雨作悲声。

（明）谢榛《田横墓》

第一章　高阳酒徒为小吏　酒逢知己见沛公

"可叹无知己，高阳一酒徒。"作这句诗的是唐朝著名边塞诗人高适，我们最熟悉的是他在《燕歌行》里的那句"战士军前半死生，美人帐下犹歌舞"。高适早年贫苦无依，甚至过着"求丐自给"的生活，但他胸怀坦荡，不拘小节，这种生活经历与性格特征和本篇主人公郦食其颇为相似。所以他说当世知音难觅，有的话也只有汉代郦食其能理解他壮志难酬的苦闷。"高阳酒徒"这个成语的主人公就是郦食其，这是他的自我称谓，后来指代好酒而狂放不羁的人。

郦食其是秦时陈留高阳（今河南杞县西南）人，好读书，然而贫穷落魄，无安身立命的产业，后来谋得一个里监门的行当，类似于小区保安队队长。他脾气特犟（jiàng），即使县里一些有头有脸的豪门也不敢随便役使他，县里的人都叫他"狂生"。

陈胜和项梁起事以后，相继有数十人带兵巡行到高阳发号施令。大家可以想象，像郦食其这种因备受压抑而对现实强烈不满的人，肯定一

135

直在积极寻找翻身的机会，如今天下大乱，正属天赐良机，他就想投身起义洪流。然而，他又听说来到高阳的这些人龌龊（wò chuò，形容人品质恶劣）不堪，器量狭小，行止卑微。他们若是只有这"小家子气"也就算了，一个个还都自以为是，不能听大度之言，所以他也就没蹚这些浑水，反而把自己的锋芒深深掩藏起来。

后来他听说刘邦时时询问陈留本地人有没有贤士豪俊可供军前驱使，又恰好他有一个同里之人是刘邦手下的骑兵，当这个同乡探亲时，他就对这个同乡说："我听闻沛公傲慢无礼，瞧不起人，但有雄才大略，能不拘一格任用人才，这正是我愿意投效的人，可惜没有人为我引见。如果你见到沛公，就对他说：我同乡中有一个叫郦生的，六十多岁，身高八尺，人们都称他为狂生，但郦生却说自己'狂生'非'狂'，而是生平抱负无所施展，内心郁结的闷气无所释放罢了。"

这个同乡听到郦生的要求，有点为难，他说："不是我不想帮你，而是沛公他不喜欢儒生。不管是不是读书人，只要他看到有人戴着儒生的帽子来，就上前把对方的帽子摘下来，向里撒尿。和人谈起自命清高的书呆子时，他常常破口大骂。不知你能否受得了他的这种态度。如果你真要见他，千万别说自己是读书人，以免自取其辱。"

郦生说："兄弟你尽管照我的话说，我有足够的思想准备。"

同乡见郦生的态度如此坚决，就找了个机会在刘邦面前很自然地提到了郦生。他也是看到刘邦比较高兴才敢推荐，生怕自己一时没注意触了霉头。

刘邦住进了"高阳招待所"后就派人把郦生找来。郦生到了门口，先请门房递上名片，当时刘邦正坐在床边让两个女子洗脚呢，就直接让郦生进去了。郦生进去一看刘邦的样子，心中十分有气，他也针锋相对，只行了一个拱手礼，却不跪拜，还问刘邦："足下是想帮助秦朝当局镇压起义呢，还是想和诸侯们一起推翻秦朝的统治？"

刘邦一听这话，气不打一处来，他本来就看不惯儒生的做派，如今对方竟敢如此无理。他大骂道："你这个儒家臭小子，你是不是把读的书都当饭吃了？你怎么如此不知大义呢？天下人受尽了秦朝暴政的奴役，这才起兵反抗，你怎么能说我要帮助秦政府打击起义军呢？"

郦生说："你若真想兴仁义之师讨伐无道，就不应该对长者如此傲慢（此时刘邦五十多岁，郦生六十多岁，所以郦生自称长者）。"

刘邦就喜欢硬气的汉子，对方越谦卑他越认为对方没有真材实料。心虚才口软。郦生的义正词严和桀骜（jié ào）不驯反而让刘邦敬若神明，他脚也不洗了，站起身又仔细整理好衣襟，请郦生坐上位，并向他道歉。郦生就给他讲了一些战国时代成功与失败的案例，并指出现在仍可借鉴的地方。刘邦一听就知道，眼前这个人不是一个只会引经据典、寻章摘句而不知变通的书呆子，而是一个深通谋略的读书人，他心中大为高兴。为了体现敬重之意，刘邦就盛情款待他。

酒过三巡，菜过五味，刘邦就切入正题向郦食其请教取胜之道，郦生说："足下召集散乱之兵，带领乌合之众，况且兵不满万，就想深入强秦腹地，这无异于以卵击石，自取灭亡啊！当务之急莫过于扩充实力。没有实力的努力都是镜中之花、水中之月，必然与成功擦肩而过，推翻秦政府这一目标可望而不可即。陈留是天下的交通枢纽，四通八达，可攻可守，而且钱粮丰盛，这是我们应该最先争取的目标。我与陈留县县令关系不错，我愿意去说服他归顺您，即使他不听也不要紧，足下举兵攻打，我做内应，必然成功。"

刘邦二话不说，马上就派郦生先行一步，他起兵紧随其后。陈留县县令不听郦食其的劝告，被郦食其杀死。这是郦食其出山后的第一功，他被封为"广野君"。他又推荐他的弟弟郦商带兵数千跟随刘邦向西南发展，攻城略地。从此，郦食其经常作为刘邦的"新闻发言人"，展开积极的外事活动。

第二章　陈留令梦中丧命　郦食其惨受烹刑

关于郦食其见刘邦的故事，还有第二个版本。当初，沛公引兵过陈留县郊外，郦生到军营要拜见刘邦，他对守营军士说："高阳草民郦食其听说沛公风餐露宿，不辞辛苦，带兵讨伐无道的秦朝政府，劳烦您代为通禀一声，我想见沛公，与他共同商讨天下大事。"使者就进去报告，这时刘邦正在洗脚，就问："什么样的人？"使者说："看外表像儒生。"刘邦说："替我谢绝他吧，就说我正忙着筹划治理天下的大事，没有闲暇时间接待读书人。"使者走出去辞谢道："先生，实在对不起，沛公让我向您表示歉意，他正忙于天下大事，无法接见儒生。"郦生暴睁环眼，手按剑柄怒斥使者："快点进去通报，老子是高阳酒徒，不是什么儒生。"这突如其来的暴怒把使者吓了一大跳，手中的名片都掉了。他哆哆嗦嗦地捡起名片转身就跑，进去报告说："这个人不简单，是个壮士，根本没有表面那么斯文，我刚说您不接见，就被他大声呵斥，说什么'再进去通报，老子是高阳酒徒'。"沛公一听这话，赶忙擦脚起来，说："快请进来。"

郦生进去后只对刘邦做了一个揖就开始数落他："足下军旅劳顿，不计个人危难兴兵讨逆，这是您的优点，但是做起事来怎么如此鲁莽，有欠考虑呢？我主动请求相见，肯定是要与足下共商国是，为您谋划，可足下倒好，一句回绝，说什么正忙着呢，没空儿接见儒者。您想办成大事，建立不世之功，却仅凭外表来判断人的优劣，恐怕要失去天下贤才之心哪！况且据我估计您智谋不如我，勇略不如我，想成就大业却不接见比自己贤能的智勇双全人物，必然孤陋寡闻，进而坐井观天、夜郎自大。我私下以为，您这种行为是完全失算的。"一番话把刘邦说得没电了，他赶忙道歉："刚才仅凭先生的容貌妄下断语，我知道错了，如今才深知先生的心意，确非崇尚空谈之人，快请上坐。"于是就问他夺取天下的方法。郦生说："足下欲成大功，不如驻军陈留。陈留是天下交通枢纽，兵家必争之地，存粮有数千万石，城池坚固，据兵而守固若金汤。我和县令是老相识，我愿为足下去说服他投降。如果他执迷不悟，我必杀之，趁势夺下陈留。您把陈留兵马据为己有，坚固城防，军马就地而食，然后招集志愿军，一旦实力增强，足下完全可以横行天下了。"刘邦大喜道："我完全同意先生的主张，一切照办就是。"

于是郦生连夜去见陈留县县令，劝道："秦朝统治残暴，招致天下人的反抗，如今您若是顺应天心民意，必可成就大功，可您却不识时务，妄图为行将就木的秦政府抵抗到底，我真替您担忧，也为您不值。"陈留县县令说："秦朝法令严峻，不可以说大逆不道的言语，如此乱说是要被灭族的。您的心意我心领了，但我誓与陈留共存亡，您不要再多说了，说过的话我就当什么也没听见。"郦生一看他心意已决，就什么也不说了。他留宿在县衙，趁陈留县县令不备，在半夜时分把他的头砍了下来，翻越城墙到汉营向刘邦汇报。刘邦带兵攻城，把县令的首级挂在竹竿上向县里的人展示，说："快投降吧！你们县令的首级在此，若是继续负隅顽抗，这就是你们的下场，定斩不饶。"城里人一看县令已死，都缺少了主心骨，再加上本来就无心作战，于是开城投降。刘邦把主营帐扎在南城门上，开始清理陈留县库存兵器和粮食储备，盘点清楚之后，开始招兵买马。刘邦在陈留盘桓了三个月之久，招了数以万计的精兵，这对其资本的原始积累至关重要。这是刘邦向西进攻咸阳时之事。

在楚汉"荥阳大战"中，刘邦靠纪信的"金蝉脱壳"之计才得以保全性命，退守成皋。在成皋，刘、项展开了激烈而痛苦的拉锯战，刘邦败多胜少，这考验着他的忍耐力，他忍无可忍时就想放弃成皋以东的广大地区，郦生坚决不同意，他说："知天之天者，王事可成；不知天之天者，王事必败。那么什么是'天之天者'呢？古语说'王者以民为天，民者以食为天'，所谓'天之天者'，就是指粮食，就是经济基础，这是稳定军心和民心的重要保证，我们必须把粮食问题解决好。大王您应知道在荥阳以北的黄河边上有一座敖山，这是秦朝首屈一指的大粮仓，号称'敖仓'，是全国粮食的集散地，我听说到现在里面仍有大量存粮。项羽攻下荥阳却没有派出重兵坚守敖仓，加上彭越在后方捣乱，项羽分兵去巩固后盘，这给了您千载难逢的良机，这真是上天资助汉王您呀！如今楚军易于攻取，我们反而退却，自己放弃这有利时机，我认为错了。两雄不俱立，楚、汉必须尽快决出胜负，一味相持不决，百姓骚动，海内摇荡，长此以往，则天下人心没有归向，变生不测，前景难以预料！愿足下以迅雷不及掩耳之势重新组织进攻，收取荥阳，占据敖仓之粟，阻塞成皋之险要，断绝太行要道，掌控蜚（飞）狐隘口，固守白马渡口，向天下诸侯显示自己占尽地利随时制胜敌人的实力，如此则可天下归心。如今燕王臧荼（tú）、赵王歇或降或亡（被韩信攻取），皆已臣服，唯独齐地尚在负隅顽抗，这需要我们展开多种手段进行争取，不能单靠军事打击。为什么这么说？田广控制着幅员辽阔的齐鲁大地，实力未可小觑，单是历城（今济南）就驻守着华无伤、田解的二十万大军，况且田氏宗族在齐地根深蒂固，加上齐地背靠大海，无后顾之忧，前面凭借黄河、济水，形成天然险隘，南边靠近项羽的楚国，人民大多狡诈善变，朝秦暮楚，民心不可信赖，即使派遣几十万大军也不可能速战速决，必然又是旷日持久的攻防战，如此我们就要面临两面作战的风险。我请求奉您的诏令去游说齐国，使它成为我们东部的从属国，大王您看可好？"刘邦对郦食其的意见大加赞赏，马上派他去实施。郦食其这个建议相当好，确实显示出了水平。

把这些事处理好以后，郦生就被派到了齐国。郦生问齐王田广："大王您知道天下人心的归向吗？"齐王说："不太清楚。"郦生继续说："您若知道民心归向，早做准备，齐国可保无虞；若是不能预测出民心归属，则齐国危在旦夕。"齐王问："那你说天下人心归向何处？"郦生答道："归汉。"齐王又问："先生凭什么说得这么肯定呢？"郦生说："汉王与项王合力西向攻打秦军，当时约定谁先入咸阳谁就在关中称王。汉王先入咸阳，可项羽撕毁合同，把汉王改封在汉中。这种背信弃义的行为连平民百姓都做不出来，项王的所作所为让天下人寒心哪。接着他又迁徙并杀死义帝，更令神人共愤。于是，汉王起蜀汉之兵平定三秦，出关为义帝兴师讨逆，收天下之兵，立诸侯之后，攻占城池就地封赏，得到金钱全军享用，与天下同利，英豪贤才皆乐为汉王所用，诸路兵马从四面而至，可见天下人心。与此形成鲜明对照的是项王，他有背约之名，杀义帝之罪；于人之功无所记，于人之罪无所忘；战胜而不得其赏，拔城而不得其封；用人唯亲，非项氏宗族莫得掌权；为人吝啬，印信已刻成，却放在自己手中，至棱角都摩弄掉了，仍舍不得给；得到财物，宁愿放得蛛织网结，锈迹斑斑，也不肯赏赐众人。天下叛之，贤才怨之，而莫肯为之所用，所以天下人心归于汉王，形势明显至极。汉王发兵以来，战无不胜，攻无不克，连战连捷，真所谓'逆之者亡，顺之者昌'，这并非人力所为，而是上天的旨意啊！如此仁义之师，怎么不让豪杰仰慕、百姓归心？齐王您若迅速归顺汉王，齐国江山社稷可得保全；若是一意孤行，危亡可旋踵而至啊！万望大王三思，莫失良机！"这番话可真是有理有据，高举道义的大旗，让齐王田广不得不服。他听从郦生的建议准备投降，并且撤除了济南的军队与守备，日夜与郦生饮酒作乐。

常说"乐极生悲"，两人的美梦让人给搅和醒了。谁这么损呢？韩信。他见郦生仅凭三寸不烂之舌就让齐王归顺了，心里像打翻了醋瓶子。男人吃醋一样厉害，他怕郦食其和他抢功，就偷袭了齐国。齐王田广听说汉兵到了，心中大惊，他以为郦生与韩信合谋出卖自己。其实这事儿真冤枉郦生了，这时的韩信已经利令智昏了，他连刘邦都不放在眼里，何况小小的郦食其？那时军事将领很少能瞧得起这些辩士，认为他们只会动动嘴皮子，太过虚浮。其实这些军事首领头脑过于简单，他们搞政治很少有成功的，韩信就是明证，他不知道拳头只是一时有用，单靠拳头是解决不了根本问题的。齐王对郦生说："你能制止汉军攻齐的话，我就保全你性命，否则我就烹杀你。"郦生知道这时任何解释都无济于事了，韩信既然出手，就根本没把他的生死放在眼里，他倒信天由命了，他说："成就大事的人不拘泥于小节，也不怕别人对枝节问题的责难。事已至此，我不会再说多余的话了，你动手吧。"田广、田横就烹杀了郦生，引兵向东逃走了。郦食其就这样死在了韩信的手里。

那时他的儿子郦疥（jiè）虽然多次带兵出征，但其功劳还远未达到封侯的指标，刘邦因为郦食其的缘故，就封郦疥为高梁侯，后又改封武遂作为他的食邑，封号也就改为武遂侯，延续了三代。汉武帝年间，郦食其的重孙武遂侯郦平因为假托皇帝旨意诈骗了衡山王刘勃（刘勃改封济北后，刘赐改封为衡山王）一百斤黄金，应该被判处死刑，但未行刑就病死了，封国也随之被废除。另外一说，诈骗犯是其父郦勃。

唐代大诗人李白在他的《梁甫吟》一诗中对郦食其大加赞扬，其中一段是："君不见高阳酒徒起草中，长揖山东隆准公（指刘邦）！入门不拜骋雄辩，两女辍洗来趋风。东下齐城七十二，指挥楚汉如旋蓬。狂客落魄尚如此，何况壮士当群雄！……"加上几句比较完整："不料韩信不听话，十万大军下历城。齐王火冒三千丈，抓了酒徒付鼎烹。"

第三章　能致用学而有功　五百士杀身成仁

　　刘邦其实也并不是真看不上读书人，他是瞧不起那种自以为是的儒生，认为他们是绣花枕头中看不中用，至于像郦食其这样的读书人自当别论了。不是读书不好，而是知识构成的问题，学以致用的问题。郦生给刘邦提的两个建议都相当好：让他攻占陈留是为了积累钱粮和控制交通要道，不让他撤退也是非常正确的。刘邦之所以能够打败项羽，主要是他立足于全局，不争一城一地之得失，打好了持久战。他若是在那种关键时刻撤退，给了项羽喘息之机，局面就可能有另外的变化了。这就好像参加长跑比赛，达到身体极限状态时，是最考验一个人的意志品质的，挺过去了，跑起来反而轻松，一旦放弃，必然前功尽弃。

　　我们有时做事不就是差那一口气吗？很多时候，我们会说某某时候做某件事只要再坚持一下，现在的路就会更好走，我们为什么不坚持一下呢？要知道那可能是最好的时机啊！时机好比额头前有一绺丝缕，当它迎面而来时，你能一下抓住这丝缕；当你在后面追赶时，恐怕就只能抓到它的光滑末梢，却总是稍纵即逝。刘邦这时就是抓住了机会，顶住了压力。

郦食其劝刘邦占有敖仓，这也是看到了事情的本质。粮食问题历来都是重中之重，掌握了它就抓住了成功的机遇，军事上有很多成功和失败的案例与粮草有关。三国时代曹操与袁绍的"官渡之战"中，曹操因为缺粮就想退兵，后来他听从谋士的建议顶住了现实压力。他若退兵，这场战争的结果肯定要改写。最后曹操抓住战机，一把火烧掉了袁绍屯粮之所"乌巢"，一战把袁绍打得伤了元气。历史总是惊人的相似，后来项羽果然受粮草匮乏的困扰，不堪忍受。

郦食其还是有长远眼光的，他能把握战略全局，他的建议归结为一点就是：要有实力才可能成事，除此以外一切都是空谈。他也有一次败笔，那就是劝刘邦分封六国之后，这在《张良世家》中有叙述。后来，由于张良的及时制止才未造成危害。这是他死搬教条的错误，但总体来说，他基本都能完成出使任务，这是难能可贵的。他临死时说的那几句话确实体现了超然大度的本色，有视死如归的气概。在那段波谲云诡的历史中，郦食其是一个相当有个性的谋士，他不失为一个大智大勇的英雄人物。

还有一个人的命运要交代一下，这个人就是田横。田广、田横这次被打败后，田广被杀，田横自立为王，后来再次兵败，跑到了彭越那里。此时正是楚汉战争时期，彭越还是独立的力量。后来刘邦统一天下，封彭越为梁王，田横害怕被杀，就率领五百多部下逃到了东海的海岛上。刘邦听说后，认为田氏家族在山东很有势力，山东就是田氏平定的，当地的豪杰归附田氏很久了。他怕田横盘踞在海岛，有机会潜回山东，登高一招，照样应者云集，扰乱天下，于是他派使者赦免田横的罪过，让他到自己身边来。田横谢罪道："我烹杀了您的使者郦食其，罪过太大。听说郦食其的弟弟郦商也在您手下，骁（xiāo）勇善战，我害怕他报复，不敢奉命，只想当个平民百姓，困守海岛。"使者回报，刘邦对郦商说："田横就要回大陆了，如果有谁动他，我就灭其三族。"又派使者把自己的意思转达给田横，说："你只要来，大则为王，小则为侯。不来，我可要动用武力解决海岛问题了。"田横于是和两个门客出发，到洛阳面见刘邦。

离洛阳不到三十里时，到达一个驿站，田横对汉使说："人臣面见天子，应当沐浴更衣。"于是停留下来。他私下对自己的门客说："我当年和刘邦一样，南面称孤，纵横天下，可如今，他为汉天子，我为阶下囚，反差何其大。我要向他俯首称臣，乞求活命，人生的耻辱不过如此！况且我烹杀了郦食其，却又要与其弟郦商同殿称臣，即使有刘邦的命令，他不敢动我，我难道就无愧于心吗？刘邦之所以要见我，只不过是想见见我的容貌罢了。他在洛阳，离此地只有三十里远，你们割下我的头，快马加鞭送去，容颜还不会变，还是可以看清楚的。"说完自尽。门客捧着田横的头，和汉使一起给刘邦送去。

刘邦说："哎呀，田氏兄弟纵横山东真是理所当然的呀！兄弟三人都是平民百姓，却相继称齐王（老大是田儋，在陈胜造反时响应起义，称齐王，后被章邯杀死。老二是田荣，不服项羽，起兵反对项羽，被项羽打败，逃至平原，被平原群众杀死，即"田荣事件"。在项羽讨伐田荣时，刘邦攻进项羽的大本营彭城，随后遭遇"彭城之败"。田荣死后，老三田横拥立田荣之子田广为齐王，自己做相国，田广死于韩信之手，田横又自立为齐王。《史记》原文中只说了三人的大小关系，没有排出老大、老二、老三，笔者如此排序，是为了说得明白些），难道不是贤能之人吗？"

　　刘邦痛苦不止，把田横的两个门客封为都尉，以诸侯王的标准厚葬田横。安葬田横之后，两个门客在其墓旁挖了坑，全部自杀而死，倒进坑里，为田横陪葬。刘邦听说后，大为吃惊，认为田横的门客同样贤能，说："我听说田横还有五百门客在海岛中，命人召他们来。"五百壮士来到后，听说田横已死，全部自杀。田氏兄弟可真是能招揽贤士呀！

吕太后本纪

百子池头一曲春，君恩和泪落埃尘。
当时应恨秦皇帝，不杀南山皓首人。

（宋）李覯《戚夫人》

父识英雄婿沛公，家因骄横血兵锋。
始知善相元非善，不是兴宗是覆宗。

（元）徐均《吕后》

第一章　性刚毅助夫称帝　杀功臣蛇蝎心肠

　　在中国历史舞台上，外戚与宦官专权一直是传统政治的痼（gù）疾。所谓外戚，就是指皇帝的母族和妻族，这两股势力总是不甘寂寞，妄图利用其裙带关系干预朝政。但总体来说，这两支力量很少有深谋远虑之人，他们大多是只重眼前利益的鼠目寸光之辈，只知争权夺利以满足一时的贪欲，但往往是"机关算尽太聪明，反误了卿卿性命"。昙花一现的权势带来的往往是无尽无休的灾难，"一人得道，鸡犬升天"的社会文化滋生了"遂令天下父母心，不重生男重生女（见白居易的《长恨歌》，指杨贵妃的得宠）"的畸形心理。对荣华富贵的垂涎总是让人乐此不疲，甚至不择手段，孤注一掷。大家想想：这种豪赌一旦成功之后，人心会有怎样的膨胀？必然是变本加厉地攫（jué）取，不知满足，这时往往就引发了其他人对其骄横跋扈的憎恨，对正统观念的护卫，对飞来横财的嫉妒，种种敌对力量暗中集结、骤然发力，必置对手于死地。所以外戚专权很少有善始善终的，基本逃脱不了失败的命运。而谈到妻族、母族的得势，必然和一个女人有关，或是太后，或是皇后，或是妃嫔。在中国历史上，真正谈得上大权独揽、拥有皇帝之实的要数吕后、武则天和慈禧太后三位名女人了。

但三人中只有武则天在名义上也有皇帝封号，行动最为果断，意志最为坚决，做事最为彻底，其他两人虽有皇帝之实，却不得不退居幕后，遥控傀儡皇帝。从魄力与能力来看，武则天为"群芳之冠"，这一点应无疑义。从对社会发展的影响来看，吕后与武则天要高人一等。在她们当政期间，社会稳定，经济发展，百姓安居乐业。

俗话说，当名人难，当名女人更难。吕后、武则天和慈禧这三位女强人要在男尊女卑、三纲五常的时代拼杀出血路，必然要不择手段，在主政时期更需积极巩固权位，平息反对派的抵抗。

那么吕后又是一个什么样的女人呢？吕后原名吕雉，是沛县县令的朋友吕公的女儿。吕公刚到沛县时，当地名流显贵组织了一次"酒会"来欢迎他，刘邦身无分文却敢自夸"贺钱一万"，这种旁若无人的厚颜无耻着实让吕公大吃一惊。他仔细一看，此人有大贵之相，于是毫不犹豫地把女儿下嫁给他。据说刘邦当时已有一个没有办理结婚证的女人，叫曹氏，还有了儿子叫刘肥（后来被封为齐王），吕公能在这种情况下把女儿的终身托付给当时微不足道、放荡无度的刘邦，确实是慧眼识英才，而这位吕小姐竟然也没有寻死觅活，而是心甘情愿地下嫁刘邦，应该说这个女人不简单。夫妇二人新婚宴尔，感情甚笃（dǔ），先有了鲁元公主（她嫁给了张耳的儿子张敖为妻），后来又有了汉惠帝刘盈。惠帝为人仁厚柔弱，心慈手软，刘邦不十分喜欢他，认为他不像自己。

刘邦当了汉王以后，得了戚夫人，这个女人能歌善舞，温柔体贴，善解人意，刘邦对她宠爱有加。她给他生了一个刘如意，从取的这个名字就可以看出，孩子非常得刘邦的欢心。刘邦认为刘如意在性格品质上和自己很像，就打算废掉太子刘盈，册封刘如意为皇位继承人。那时戚夫人经常陪伴在刘邦身边，她利用女人最犀利的武器，日夜啼泣，哀求刘邦为她母子俩着想，立刘如意为太子方无后顾之忧，而吕后色衰爱弛，常常留守关中，很少能见上刘邦一面。距离拉开了，但美没了，二人关系更加疏远，吕后感受到了从未有过的威胁。

在《张良世家》中我们讲过，这时吕后利用张良之计，请出"商山四皓"，显示太子羽翼已丰，一旦太子之位动摇，势必危及刘氏江山。刘邦好色不假，但他绝不会因此毁掉自己的事业。就这样，太子刘盈的地位得以保全。

吕后为人性格刚毅，有可能少了一点女人味儿，但应该是刘邦的贤内助。人常说成功的男人背后有一个女人的支持，吕后无疑已成为刘邦的政治伙伴，而诛杀功臣则多是吕后的主意。三个异姓王韩信、彭越和英布，前两个都死在她的手里。韩信是被她亲手诛杀于长乐宫钟室的，而彭越则是被她诳骗回洛阳后下的手。她绝对是不讲情面、心狠手辣。这一方面是说她本身性格使然，另一方面也说明她此时充当了刘邦的代理人。我不相信她敢在刘邦完全不同意的情况下对韩信先斩后奏，这里应该有一种默契和暗许。

第二章　刘邦死子幼母壮　戚夫人惨成人彘

从《史记》和《汉书》的记载中可知，吕后有两个哥哥，一姐一妹。大哥周吕侯吕泽战死。刘邦在"彭城大败"时落得形只影单，成为"空军总司令"后就去投奔他这个大舅哥吕泽，吕泽给他保留了一支生力军，所以这个人还是立过大功的。刘邦称帝后，就把吕泽的一子吕台封为郦侯，另一子吕产封为交侯。吕后的二哥是建成侯吕释之，他就是在《张良世家》中请"商山四皓"出山保太子的那个人，最后请来的"商山四皓"就住在他的家里。吕后的妹妹叫吕须（原作"婆"，谁知道她怎么起了这么怪的名字），她的丈夫、吕后的妹夫就是樊哙，就是在"鸿门宴"上靠超强的食欲、威猛的风格、雄辩的口才震慑住项羽，从而救了刘邦一命的那个人（这样讲，这些关系就差不多能连在一起了）。吕后、吕须、吕台、吕产和吕禄（吕释之的儿子）基本上构成了"吕氏外戚集团有限公司"的五大股东。

刘邦驾崩以后，吕后的儿子、太子刘盈继承了皇位。

◎吕后最为核心的家族关系

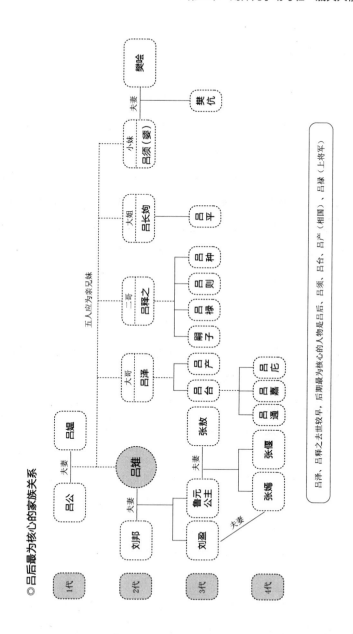

吕泽、吕释之去世较早，后期最为核心的人物是吕后，吕媭、吕台、吕产（相国），吕禄（上将军）。

　　刘邦一共有八个儿子：长子叫刘肥（是在吕后之前与刘邦同居的曹氏生的），被封为齐王，老二就是继位的刘盈，剩下的都是刘盈的同父异母弟弟。赵王刘如意是戚夫人的儿子，代王刘恒是薄夫人的儿子（这个刘恒就是后来"文景之治"中的汉文帝。吕后在刘邦死后执政了十五年左右，在她执政第七年时她的儿子汉惠帝死去，在剩下的八年中汉惠帝的两个儿子先后做了傀儡皇帝，这八年一直用"吕后"纪年。司马迁认为，这两个木偶皇帝根本不算什么，干脆就用吕后记录年号好了。吕后死后，大臣诛灭"吕氏集团"，迎立汉惠帝的弟弟、代王刘恒为帝，这就是汉文帝），刘恢为梁王，刘友为淮阳王，刘长为淮南王（在《英布列传》中提到过，本来淮南王是英布，英布被诛灭后由刘长接管，其子为刘安。据说刘安是豆腐的发明人，典故"一人得道，鸡犬升天"的主人公，《淮南子》的总编辑，汉武帝时因谋反罪自杀），刘建为燕王。

　　刘邦有个同父异母或同母异父的弟弟叫刘交，他被封为楚王（在《英布列传》中提到过，被英布打败）。刘邦还有一个侄儿，也就是他二哥刘仲的儿子刘濞，他被封为吴王（汉文帝的儿子汉景帝时期发生的"七国之乱"的首领就是他，起因是中央要削夺他的领地，他一怒之下起兵造反）。韩信、彭越和英布这几个异姓王相继被诛杀，只有一个例外，就是长沙王吴芮（英布的老丈人，后来英布就是被吴芮的儿子吴臣诱杀的）。在刘邦刚起兵时，吴芮曾经率兵相助，可能是感念旧情，也因为他实力弱小构不成威胁，刘邦为他保留了王号，这真是奇迹。

　　为什么要在这里提到刘邦的这些儿子？因为他们的命运与吕氏集团的兴衰密切相连。

　　丈夫已死，儿子继位，吕后开始恣意妄为了，她要做的第一件事就是报复自己的情敌戚夫人，让她永世不得超生，以泄胸中久被压抑的

◎刘邦的妻妾与八个儿子

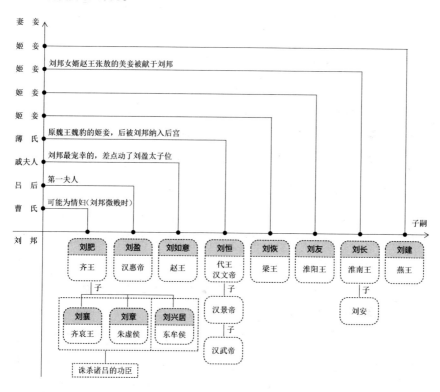

怒火。吕后把戚夫人囚禁在宫中永巷，心想：你当初不就是靠年轻貌美争宠吗？今天落到我的手里，我再让你自恃风华绝代、柔媚入骨。她下令把戚夫人的满头青丝剃个干净，让她穿粗布衣裳整日舂（chōng）米，千方百计地折磨和羞辱她，就想亲眼看到她尽快凋谢，成为明日黄花。

戚夫人痛苦万分，但仍改不了爱唱歌的习惯，据《汉书·外戚传》的记载，她亲自作词作曲，唱道："子为王，母为虏，终日舂薄暮，常与死为伍！相离三千里，当谁使告汝？"这时她更多的是想念自己的儿子赵王刘如意，既有天各一方造成的深深思念，也有对自由的强烈向往。她希望有人能够告诉儿子刘如意自己的悲惨遭遇，早日救自己脱离火坑。

吕后听到这首歌后，揣摩出里面的深意，她怒道：你现在这是想倚靠儿子有朝一日翻盘哪，我就让你断了这个指望。吕后召赵王刘如意进长安，要杀了他。这时赵王在自己的领地呢，使者去了三次都没能把赵王召来。赵国的相国周昌（就是密告陈豨可能谋反的那个人，这件事牵连到韩信）是随刘邦出生入死的功臣，忠诚耿直，不畏权贵，刘邦怕自己死后吕后对刘如意下手，就派周昌辅佐赵王，主要就是保护其生命安全。周昌对使者说："赵王年幼，所以高帝把他托付给我，让我尽心尽力辅佐他长大成人。我听说太后对戚夫人恨入骨髓，如今她要把赵王召回长安杀害，斩草除根，我受先帝重托，不敢遣送赵王，而且赵王也正生病，不能奉诏。"吕后大怒，就把周昌调回长安，然后再派人宣赵王进长安，赵王刘如意只好起身前往。

汉惠帝心软仁慈，他知道吕后的本意，为了保护赵王，亲自出长安到霸上迎接，一起入宫，守护着赵王。他和赵王一同饮食起居，吕后想动手却一时找不到合适的机会。有一天汉惠帝早起打猎，赵王因为年幼贪睡，就没能随团前往。吕后有此机会怎能错过，就派人用毒酒毒死了刘如意。等到汉惠帝回来，一切都晚了，这个懦弱的"儿皇帝"在吕后的淫威下也只能饮恨吞声。

吕后清除赵王刘如意以后，就放开胆子对付戚夫人了。吕后砍掉她的手脚，挖去她的双眼，熏聋她的耳朵，弄哑她的声带，把她放到猪圈中，称其为"人彘（zhì，猪）"。这时戚夫人早已没有人样儿了，那个风姿绰约的美人如今成了三分像人七分像鬼的怪物。过了几天，吕后让汉惠帝一同观看她的"杰作"——"人彘"，汉惠帝吓了一跳，他怎么也没能把眼前的怪物与昔日的绝代美女联系起来，问过后才知道这是戚夫人，于是他大哭不止，因而生病，一年多都没怎么下床。他派人对吕后说："这不是人能干出来的事，我是您的亲生儿子，应该为您的残虐行为谢罪，无论如何我都没有面目再向天下人发号施令了。"从此以后，他沉湎于酒色，也不上朝理政。过度放纵早早地掏空了他的身体，也留下了病根。吕后的这种暴虐行为让她品尝到了复仇的快感，也为日后"吕氏集团"的覆灭埋下了伏笔。虽然她作出种种努力想要弥合裂痕，但这些努力都成了镜花水月，谁也没有买她的账，刘氏王族伺机反扑。

第三章　齐王肥惊险过关　吕后行天子职权

汉惠帝二年，诸侯按例要朝觐（jìn）天子，齐王刘肥（也就是刘邦与曹氏生的儿子）是惠帝刘盈的大哥，两个人在吕后面前无拘无束地饮酒。因为这是平常的家宴，所以惠帝没有拘于正式场合的礼节坐上座，而是让兄长刘肥坐了上座。这是在后宫，不是在大庭广众之下，哥儿俩亲密无间也没什么大不了的，可吕后就是看不顺眼，她认为刘肥太放肆了，竟然如此托大，目中无人。她命人偷偷地拿两杯毒酒放在齐王刘肥的桌前，令他起来"为寿"。"为寿"指为了祝福别人健康长寿而自己先干为敬，这应该是吕后让齐王为自己祝福，喝干桌前的酒。齐王哪承想吕后心怀鬼胎，想置其于死地，就端酒站了起来。惠帝一看，端起另一杯毒酒也想赶这个热闹，一起敬酒。吕后吓得魂不附体，急忙站起身来打翻了惠帝的酒杯。齐王马上醒悟，知道这事蹊跷，也不敢喝了，就装醉搪塞了过去。

事后，刘肥经过打听才知道自己端起的是毒酒，若不是惠帝及时赶这个场子，自己恐怕早就见了阎王。其实也有一种可能就是"知母莫若子"，惠帝早已从吕后阴狠的眼神中察觉出了什么，有没有鬼只要自己一试便知。

齐王刘肥在不知不觉中到鬼门关前游玩了一番，这时才开始后怕，他认为自己恐怕要命丧长安了，整日食不甘味，心不在焉，惶惶不可终日。和他一起来的齐国内史（内史位在丞相之下，主管民政，应是民政部部长之类）想出了一个主意，他对刘肥说："太后只有陛下与鲁元公主两个孩子，宠得不得了。大王有七十多座城池，而鲁元公主只有几个城的封地，您若能献出一郡的土地给鲁元公主，太后必喜不自禁，而您也可高枕无忧了。"于是齐王赶忙拿"刀"给自己放血，奉送了城阳郡的土地（当时的一个郡应该和现在的一个地区差不多，包含了几座或十几座城池），这是一份不小的礼物。同时，尊鲁元公主为"王太后"，就是"事之如母"之意。实际上这鲁元公主是齐王的同父异母妹妹，两人平辈，但现在为了保命，齐王什么尊严也顾不得了，只要能取悦吕后就行。

吕后果然是占了便宜就高兴，她答应了齐王的请求，也就是说齐王的命保住了。那时这些分封出去的诸侯王在首都长安都有宅院，叫"邸（dǐ）"，现在叫"官邸"，以备朝见天子时有落脚之处，吕后额外开恩，又到齐王官邸做客，尽欢而散，这才放齐王回到自己的领地。其实齐王刘肥并没有在公共场合失礼，只是在后宫家宴中与自己的兄弟亲密了一些，罪不至死，也可以说没什么了不起的，这吕后的性格也过于忌刻了。后来她一死，齐王刘襄（刘肥的儿子）第一个举起反吕的大旗，也不能不说刘氏王族对她忌恨非常了。

汉惠帝因酒色过度导致身体虚弱，因自暴自弃引发心情忧郁，在称帝第七年的秋天就驾崩了（其实汉惠帝与吕后的关系和光绪帝与慈禧太后的关系有点相似，两个人都是傀儡皇帝，也未必不想大有作为，只是生活在强势的母亲的阴影下，郁郁寡欢，最后早早死去）。在他的葬礼上，吕后干哭不掉眼泪。俗话说：有泪有声谓之哭，有泪无声谓之泣，无泪有声谓之号。吕后只是干号了一阵，这就有点奇怪了：为什么自己宠爱的独子死去她竟然没有眼泪？这时留侯张良的儿子张辟强为侍中（陪伴在天子左右做参谋顾问之用，差不多就是"智囊团"成员），年仅十五岁。虽然他年纪轻轻，但看出了吕后干号的端倪，他对丞相陈平说："惠帝是太后的独子，如今驾崩了，而太后哭声不悲，您知道为什么吗？"丞相陈平问："你说为什么？"张辟强说："惠帝没有成年的儿子，继承帝位的肯定是幼子，她怕你们这些大臣、将军心怀异志、轻视朝廷，她有后顾之忧，所以心不在焉。你们若是奏请太后，拜她的侄儿吕台、吕禄、吕产为将军，做首都卫戌部队——南军和北军的首领，让那些姓吕的人都进入宫廷任职掌权，这样太后就会心安，你们这些人也能脱离祸患了，否则太后可能要痛下杀手，你们就危险了。"丞相陈平于是按照张辟强的计策行事，吕后大悦，这才放松心情，哭声转哀。吕氏家族掌权也是从此开始的。于是大赦天下，汉惠帝的儿子继位，这个继位者还有说道，请看下文。

吕后代行天子之权，日理万机，政令制度都由她来制定。那个时候汉朝有两个丞相，即右丞相王陵和左丞相陈平，如果右丞相为总理的话，左丞相应为第一副总理。这两个人是刘邦临死时安排的，他认为王陵原则性强，但是不知变通，陈平智力有余，可是过于油滑，让这两个人搭档，可以互相弥补不足。这时吕后念念不忘的是立吕家子弟为王，她就试探性地问右丞相王陵，王陵说："高皇帝曾立下政治遗嘱说：'不是刘氏子弟而称王的，天下共同讨伐他。'当时所有的大臣都歃（shà）

血为盟，神人共证，如今若封吕家的人为王，可就违背盟誓了，我看不妥。"吕后就不高兴了，她又问左丞相陈平和绛（jiàng）侯周勃等人，这些人答道："高帝平定天下，封刘氏子弟为王，如今太后行使皇帝职权统治天下，想封吕氏子弟为王，这也合情合理、顺理成章，没有什么值得大惊小怪的，我们没有意见。"吕后一听转怒为喜，心里夸他们机灵懂事。

罢朝以后，王陵责怪陈平和周勃："当初和高帝歃血为盟时难道二位没有在场吗？怎么转瞬之间就忘得一干二净？如今高帝不在了，太后毕竟是个外姓人，她想册封吕氏子弟为王，这会乱了祖宗的家法。你们怎么只知一味阿谀奉承，迎合她的私欲，却违背当初的盟约，你们将来还有什么面目见高帝于九泉之下呢？"耿直无私的王陵差点被气死，陈平和周勃却不以为然，反而慢条斯理地说："像今天这样在朝廷上坚持己见、宁折不弯，我们不如您，至于说保全江山社稷，维护国家安全，安定刘氏基业，恐怕您要略逊一筹，我们心中有数。"能不能安定刘家江山还是以后的事，现在还不知道，王陵也不能说他们就不行，他无法辩驳，只能唉声叹气而去。

后来在摧毁吕氏政权的斗争中，陈平、周勃倒是发挥了重要的作用。他们说这话时，弦外之音可能是说王陵年事已高，他们却年富力强，肯定会有机会扭转乾坤的，而一味顶撞，不但是死路一条，也于事无补，因为吕后意念已决，以她的行事作风，为了实现一个目标，会遇佛杀佛、遇祖杀祖的，没必要做无谓的牺牲。虽然陈平是一个惯会见风使舵的人，但谁也不能说他现在灵活处理问题是错误的。毋庸置疑，这也是陈平、周勃的奸猾之处。

因为王陵不识时务，吕后就想罢免王陵，但在这件事上她倒是使用了怀柔手段，采用了"明升暗降"的方式，升他为帝太傅，地位倒是极为尊贵，但没有实权。王陵人虽耿直但也不傻，他也心知肚明，心想你不愿见我，我也不想见你，就托病在家，什么也不管了。这样，伶牙俐齿的陈平升为右丞相，以审食其为左丞相。这审食其是吕后的幸臣、心腹。刘邦在"彭城大败"之后，绕道回家乡接老小，只找到了两个孩子，而刘太公与吕后则被项羽抓走了，这时审食其就一直跟在吕后身边，所以一直得宠。他这个左丞相不管理职责内的事务，如同郎中令一样把守宫门并管理宫廷内部事务，相当于管家，因此能更方便地获得吕后的宠幸，经常掌握政务的决断权，王公大臣们都得通过他来对某些事务做出决定。

第四章　吕氏族为王为侯　两孙儿相继为帝

　　吕后也怕事情做得太急了反而有害，于是采取了"步步为营、稳扎稳打"的战略。她没有一下子把吕家子弟封为王，而是先封他们为侯。即使封侯，她也是以退为进，做好铺垫，先封了其他功臣之子与刘氏子弟为侯，然后才封吕氏子弟，主要是封她的侄儿吕种、外甥吕平等为侯。这时她的女儿鲁元公主已死（鲁元公主的丈夫是张耳的儿子宣平侯张敖），其子张偃被封为鲁王，也称鲁元王。有一个人比较重要，就是前文提到的齐王刘肥的儿子刘章，吕后封他为朱虚侯，还把自己的侄孙女、吕禄的女儿嫁给他为妻。但这个朱虚侯还是没买吕后的账，后来诛杀吕氏集团的成员时，这个吕家的姑爷心狠手辣，这也是后话。

　　接着吕后就想封吕氏为王了。同样是为了堵别人的嘴，她先封了惠帝的几个儿子（自己的几个孙子）为王、为侯，然后她谨慎地迈出了第一步，封自己大哥吕泽的儿子吕台为吕王，这是相当关键的一步，毕竟迈出了最为艰难的一步。这时她二哥吕释之死了，她的侄儿吕禄被封为胡陵侯，她的妹妹、樊哙的老婆吕须被封为临光侯（女人被封侯就是从此人开始的），吕忿、吕更始、吕他等人被封为列侯。就这样，吕氏集团慢慢掌控了政局。

现在我们来说说惠帝的继任的儿子，这个儿子不是孝惠皇后亲生的。这个孝惠皇后是谁呢？是宣平侯张敖与鲁元公主的女儿，而惠帝与鲁元公主是亲姐弟关系，也就是说惠帝娶了自己的亲外甥女儿为妻，现在来说这是乱伦，而在那时的皇家这却又正常。这一切都应是吕后的安排，她把自己的外孙女嫁给自己的儿子，把侄孙女嫁给朱虚侯刘章，还安排其他的"刘吕搭配"，目的只有一个：用裙带关系维系吕家的权力。所以吕家的女儿非刘氏皇族不嫁，也不管乱不乱辈分、有没有血缘，只求"刘吕常相亲"，这不能不说是西汉初年的一大"婚姻奇观"。这个张皇后没有儿子，她假装怀了身孕，暗地里偷梁换柱，采用"狸猫换太子"的手法把另一个美人生的儿子据为己有，又杀了他的生母，让这个冒充的太子登基为帝。

这个小皇帝慢慢长大，渐渐懂事，他听说自己并非皇后的亲生儿子，而自己的生母却惨遭杀害，就放出话来："皇后怎么能如此狠毒，竟然杀我生母据我为子，我现在还小，等长大了我会找她算账的。"这真是童言无忌，这种话只能憋在心里，哪能毫无顾忌地宣之于众呢？他果然为自己的妄言付出了代价。吕后听到后十分忧虑，怕他羽翼长成后真会作乱，于是把他监押在宫中永巷，对外宣称小皇帝得了重病，左右侍臣谁也别想见上一面。她决定废掉小皇帝。

在一次朝会上，吕后说："凡是君临天下者必然要有厚德载物、自强不息、仁而爱人的品性，这样才能万民敬仰、百姓拥戴。如此，则会君臣相得益彰、君民鱼水情深，从而天下大治。如今皇帝久病缠身，致使头脑昏乱、丧失本性，不能继嗣为帝，主持宗庙祭祀大礼，也有负天下人的重托，所以我们应该讨论一下替代者。"群臣皆顿首言："皇太后为天下百姓谋划福祉，为江山社稷殚精竭虑，我等顿首奉诏，毫无异议。"于是这个小皇帝被废掉了，最后也被秘密杀害。为了吕家的荣华富贵，自己的亲孙子也难逃黑手，传统政治根本无人性可言。

　　惠帝的另一个儿子、常山王刘义继位。这个皇帝也比较有意思，他每升一次爵位就换一个名字。他本来叫襄城侯刘山，封常山王后，改名叫刘义，现在登基为帝，又改叫刘弘。不知这改名与爵位的升迁有什么关系。他也没有年号，因为同样还是吕后行天子之权（吕后掌权十五年，前七年是儿子汉惠帝当傀儡，然后一个孙子即位、被杀，这是在她当政期间的另一个孙子。这两位史称"汉少帝"）。这时又重新设立太尉（相当于三军总司令，掌管全国军事）一职，由绛侯周勃担任。我们在前面提到过，吕后的侄儿吕台被封为"吕王"，他死后由儿子吕嘉接任，但吕嘉行为骄纵，不堪重任，于是被废掉，改封他的叔叔、吕台的弟弟吕产为吕王，这是吕氏家族内部的权力调整。朱虚侯刘章（齐王刘肥的儿子）的弟弟刘兴居被封为东牟（mù）侯。这时又一次大赦天下。

第五章　赵王位儿成苦海　拥有者难得善终

前面提到过刘邦的八个儿子中有一个叫刘友的被封为淮阳王，戚夫人的儿子、赵王刘如意被害死以后，吕后把刘友改封为赵王。赵王刘友的王后也是吕家姑娘，但强扭的瓜儿不甜，再加上刘氏皇族的人都恨姓吕的，只是敢怒不敢言罢了，于是在夫妻关系上刘友对王后实施"冷暴力"，整日不理不睬，视若无物，却与其他爱姬甜言蜜语，打情骂俏。这个做王后的吕氏女子非常嫉妒，由爱转恨，在多次努力未果的情况下，愤然而去，在吕后面前无中生有、添枝加叶地说刘友的坏话，诬陷他犯有罪过。她说："刘友曾说过，姓吕的人怎么有资格裂土封王呢！太后百年（指去世）以后，他一定要给他们点颜色看看。"吕后听后果然被激怒，就召赵王刘友进京朝见。刘友到长安以后，被软禁在自己的府邸中。他对老婆实行"冷暴力"，吕后也对他施行"冷处理"，而且派自己的亲兵团团围住赵府，不给他食物。刘友的下属要是有偷偷给他送饭的，一旦抓住就被处死。吕后这么做就是想活活饿死他。刘友饿极了，思路也来了，就创作了一首歌曲，他唱道：

　　高帝九死一生啊，真是劳苦功高；

　　吕氏不劳而获啊，纯粹鸠占鹊巢；

　　婚姻不得自主啊，确实强人所难；

　　王后含血喷人啊，偏能狐媚惑主；

　　曾经安富尊荣啊，可惜乐极悲生；

　　我命危若累卵啊，谁能义胆忠肝；

　　福兮，祸之所伏，祸兮，福之所倚；

　　吕氏伤天害理，何日天道好还？

　　纵令歌声委婉，谁解其味？

　　孤王悲伤寂寥，情何以堪？

　　后来刘友果然被活活饿死，被以平民之礼胡乱安葬在长安城平民百姓的墓地里，这是皇族成员的无奈，也是包办婚姻的悲剧，还是自由恋爱好。

　　吕后做了这些事以后心里也是不踏实的。有一次发生了日全食，白天昏暗无光，她没学过天文学知识，不知地球自转与公转的道理，看到日食后心里十分不高兴，就对左右说："这都是因为我。"真是自作多情得可爱。

　　高祖的八个儿子中有一个梁王刘恢，这时他又成了倒霉蛋，因为他又得到了吕后的恩宠，被改封为赵王，现在叫作赵王刘恢（刘如意→刘友→刘恢），吕产被改封为梁王，顶刘恢的缺。但梁王吕产没有到梁国封地上，而是又被加封为皇帝太傅留驻长安，这也是吕后的主意，她一定要紧紧控制中央政权。吕后这时又开始"嫁女行动"了，她的妹妹吕须有一个女儿，也就是吕后的亲外甥女，把她嫁给谁呢？刘泽。这刘泽是谁呢？是刘邦的堂兄弟，被封为营陵侯。也就是说，吕后把自己的外甥女嫁给了自己的小叔子。这时刘泽是大将军。吕后封吕家的人为王，她知道自己在世时谁也不敢怎么样，但担心自己一旦驾鹤西去，刘泽将军会加害吕氏，因此她不但送给他一个女人，又加封他为琅邪王来抚慰他，真是用心良苦。

吕后若是一个种瓜人，肯定是急于求成、拔苗助长之辈，她最擅长的本领就是强扭瓜儿来卖。这不又动强了嘛！刘恢被封为赵王以后，闷闷不乐，整天一副苦瓜脸，愁眉不展。顶他缺儿的梁王吕产的女儿，嫁给了刘恢，被封为赵国王后。也就是说，吕后又把自己的侄孙女嫁给了自己名义上的儿子。这吕产的女儿、赵国的王后带来的随从官吏都是吕家的亲信，他们在赵国把持朝政，并且一个个像特务一样暗中监视刘恢。他这不是娶老婆，而是娶回来一批秘密警察，自己行动不得自由，因此他更郁闷了，连强颜欢笑都难以做到了。更让他难以忍受的是王后派人毒死了自己宠爱的姬妾，这就难怪吕家的女儿不受欢迎了。她们肩负政治使命，骄纵蛮横，仗势欺人，最后适得其反，得不偿失。刘恢既对吕家的人深恶痛绝，忍无可忍，又多愁善感，情深义重，美妾的死无异于在他忧郁的伤口上又撒了一把盐，因此他也作了诗歌四章，让乐工谱成曲子反复咏唱。刘恢整日自感自伤，自悲自叹，最后精神崩溃，愤而自杀。吕后听说这段公案以后，认为他因为妇人而自杀，这是不顾刘家江山的"大不敬"罪，一怒之下废除了他后代继承王位的权利。

这年秋天，吕后派使者告知代王刘恒——刘邦的儿子，后来的汉文帝，要把他改封为赵王，可代王刘恒坚决辞谢，表示自己愿意继续在代国镇守边疆。这说明他深懂韬光养晦之术，知道与吕后保持距离是最安全的。他也最聪明，知道只要当上了"赵王"，就等于被宣判了死刑。

刘邦的八个儿子，有四个都直接或间接地死在吕后的手里，包括刘盈、刘如意、刘友、刘恢。

在此我有必要总结一下赵国的变迁。这赵国的来历要追溯到春秋战国时代的"三家分晋"，晋国被一分为三，即韩、赵、魏，由此赵国成为"战国七雄"之一，后来在秦始皇统一战争中被灭掉。在全盛时，它的疆域相当于今河北西部，山西中部、北部，陕西东北部和内蒙古河套地区。当然，战国、秦、汉时期，因为各种政治原因，赵地的疆域不断合并、分割、变迁。比如，汉王元年（公元前 206 年），项羽分封时，把赵国一分为二，分成常山国、代国，以张耳为常山王、赵歇为代王。汉王四年（公元前 203 年），设置赵国，辖有邯郸郡、巨鹿郡、常山郡，初封张耳为王。汉高祖九年（公元前 198 年），废张氏，改封刘如意为赵王，并兼有代地。此后陈豨谋反，自称代王。汉高祖十一年（公元前 196 年），平定陈豨叛乱后，将赵国常山（即恒山）以北地区划归代国，立未来的汉文帝刘恒为代王。由此可见，所谓赵国、常山国、代国，疆域都不是固定不变的，不可僵化地看。不仅本文如此，其他篇章涉及此概念，也是如此。基于本书定位，不能时时处处地分辨，有时会把赵地或者赵国的疆域直接说成今河北、山西一带，我想，读者一定能够海涵。

陈胜起义后，他派武臣、张耳、陈馀到赵地去发展势力，结果武臣自立为王。后来因为武臣的姐姐得罪了李良，李良一怒之下攻下邯郸，赵王武臣被杀，张耳立战国时代的赵国贵族后裔（yì）赵歇为赵王。赵王歇被韩信灭掉，张耳被刘邦立为赵王，他死以后儿子张敖继位。赵相国贯高看不惯刘邦轻视赵王张敖，准备刺杀刘邦，事情败露以后张敖差点被杀，多亏贯高作风硬朗，为张敖洗清了冤屈，但其王位不保。因为张敖的老婆是鲁元公主，他是正宗的驸马爷，他得以封为"宣平侯"。

此后，刘邦与戚夫人的儿子刘如意被封为赵王，他因为母亲戚夫人的关系，被吕后毒死。继任者刘友因为不喜欢吕家女儿被活活饿死，刘恢也因受吕氏的迫害忧郁自杀。武臣、赵王歇、张耳、张敖、刘如意、刘友、刘恢这前后几个赵王中，只有张耳得以善终，张敖因为鲁元公主和忠臣的保护得以保留爵位，其他五个都死于非命。大富大贵之下是凶险的政治暗流，所以代王刘恒不受赵王之封真是英明啊！对了，还有第六个不得善终的赵王，是谁呢？吕后的侄儿吕禄。

"赵王"们都死了，这爵位不能空着啊，于是梁王兼太傅吕产和丞相陈平就逢迎吕后之意，说吕禄是上等侯爵，位次第一，理应进位为赵王。吕后还有什么不同意的，乐都来不及呢，当下大笔一挥签了字，这吕家又出了个赵王吕禄。高祖刘邦的儿子中还有一个燕王刘建，他这时死了，没有继位的太子，只有一个姬妾生的儿子，吕后就把这个刘建的儿子杀掉了，因此燕王刘建绝嗣无后，封国也被废除了。过了一段时间，吕台的儿子东平侯吕通被封为燕王，吕通的弟弟吕庄被改封为东平侯。这样现存的吕家有三个王：吕王吕产，赵王吕禄，燕王吕通。他们三个是什么关系呢？吕产的亲哥哥是吕台，吕台的儿子是吕通，所以吕产与吕通是亲叔侄关系，吕产向吕后叫大姑，吕通向吕后叫大姑奶奶；吕产与吕台的父亲是吕泽，吕泽是吕后的大哥，吕禄的父亲是吕释之，是吕后的二哥，所以吕产与吕禄是堂兄弟。这吕禄、吕产、吕通构成了吕氏集团的权力基础。

第六章　吕太后尸骨未寒　刘姓王起兵伐吕

　　在吕后执掌政权的第十五个年头的三月，她去郊外主持免灾祈福的祭祀活动，回来的途中，吕后看到一个状如苍犬的东西直面扑来，撞击她的腋下，忽然间又消失无踪了。回到宫里后，吕后找来跳大神的算了一卦，说是赵王刘如意的鬼魂在作怪害人，这恐怕是她对自己滥杀无辜的良心发现，从此她就时常感觉腋下疼痛不已。按照现代医学知识，她可能得了乳腺癌之类的疾病。她的死期要到了。吕后在安排后事上还是显示了作为一个女人的柔情，她考虑到自己的外孙鲁元王张偃早失双亲、孤弱无依，就封他父亲张敖的前妻生的两个儿子张侈（shē）为新都侯，张寿为乐昌侯，借以辅翼张偃；又封吕家子弟吕荣为祝兹侯，封主管传达文件、招待宾客的宦官张释为建陵侯。宫中其他的宦官大多被封为有爵位无领地的"关内侯"，这些宦官可能在封"吕氏王"及吕后掌权的过程中立过汗马功劳，因此获得奖赏。这大概也是宦官被授予爵位的开始。

七月中旬，吕后进入弥留之际。趁自己还清醒，她把吕产与吕禄叫到身边嘱托遗命。这时她已封吕禄为上将军，统领北军，吕产统领南军。吕后告诫道："高帝平定天下以后，与大臣们订立盟约：'非刘氏而王，天下共击之。'现在因为有我的关系，吕家的人被封为王，王公大臣必定愤愤不平。我不久于人世了，皇帝也年纪轻轻，不足以总揽全局，我怕他们因利乘便、作乱反叛。我一旦病逝，你们一定要牢牢掌控军队，守卫皇宫，处事要谨慎小心，千万不要给我送葬，以防出现权力真空，被人控制，切记切记！"没过多久，吕后驾崩，这个中国历史上第一个有实质意义的女皇帝带着对人生的无限眷恋撒手而去，吕氏家族还能维持多久？

吕后去世后，有遗诏赏赐各诸侯王一千金，其他将、相、列侯、郎、吏各按品级有不同的封赏，大赦天下。这是她最后一次讨好天下，

◎吕后的历史功绩及复杂性

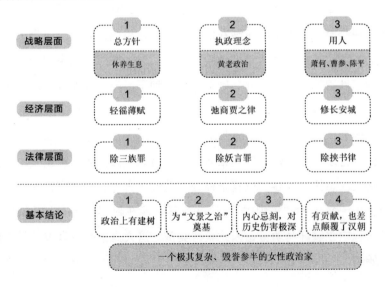

想以此保全吕氏家族的荣耀。她封吕禄的女儿为皇后，她的那个宠臣审食其为皇帝太傅，吕产为相国。她想从军政两方面巩固权力。西汉初年只有一个相国，首任是萧何，继任者是曹参，曹参死后相权一分为二，王陵任右丞相，陈平任左丞相。王陵被罢免后，陈平任右丞相，审食其为左丞相。如今又合而为一，摒弃陈平，独任吕产一人为相国。吕后的意思很明白，就是想通过这种努力巩固吕氏的权力，但她尸骨未寒，刘氏王族与大臣们就蠢蠢欲动了。

吕后的去世让吕氏家族的人感到失去了主心骨，这时他们也有很强烈的危机感。此时，诸吕独揽朝政，阴谋作乱，但是又惧怕跟刘邦一起打天下的功臣如绛侯周勃、灌婴（《史记》中有传，他是汉朝的开国功臣）等，所以一时不敢贸然行动。但他们也忽略了一件事，就是"嫁出去的女儿泼出去的水"，一旦和丈夫产生了感情，就开始胳膊肘向外拐了。这个人是谁呢？就是朱虚侯刘章的老婆，吕禄的女儿。我们再理一下关系，刘邦的大儿子刘肥被封为齐王，因为失礼差点被吕后杀了。刘肥死后，由世子刘襄继位为齐王。这齐王刘襄有两个弟弟，都在长安，一个是朱虚侯刘章，一个是东牟侯刘兴居。朱虚侯刘章勇武有力，是当时长安城中刘氏王族的"精神领袖"，吕后当时为了拉拢他，就把吕禄的一个女儿嫁给了他。因为有这层关系，"近水楼台先得月"，所以刘章最先知道了吕家的人要作乱的阴谋。因为自己一直与吕氏作对，刘章担心吕氏族人真的铤而走险，自己首当其冲难逃劫数，就暗中派人把这消息一五一十地告诉大哥齐王刘襄，让他从齐国发兵向西，诛杀诸吕后自立为帝，不失为两全其美的法子。

刘章有此设想也是合情合理的，因为在诸侯国中，齐国实力最为雄厚，刘肥是刘邦的庶长子，刘襄又是刘肥的合法继承人，在"立嫡

（dí）不立庶（shù）、立长不立幼"的世袭规则中好歹也占了一条。再说现在的皇帝也不是惠帝的嫡出。"嫡出"指正妻生的孩子，"庶出"指姬妾生的孩子。刘氏王族的人就怕吕后，吕后一死，每个人的胸口上就好像移走了一块大石头，顿时感觉人生无限美好，如今又有刘章和诸位大臣在长安城中做内应，齐王刘襄就准备起兵。齐相国召平不同意这么做，齐王就想杀掉他，谁知消息泄露，召平抢先一步，举兵围住王宫，后来他被诱杀，齐王因此举兵起事。前面提到的琅邪王刘泽的封地也在山东境内，齐王不知他的意向如何，就把他骗到了齐国，拘禁了他，然后把他的兵一起带走。

齐王刘襄向各诸侯发布檄文："高帝平定天下，为江山社稷万世计，分封刘氏子弟为王。惠帝驾崩，太后用事，掌管天下权，可她年事已高，只能听任那些吕家的人发号施令。吕氏族人一旦小人得志，则越发骄奢淫逸，擅自废除少帝而更立他人，接连杀害三个赵王，罪行令人发指，侵占诸侯土地，真是贪得无厌。忠臣进谏，皇帝昏聩（kuì）迷乱，不知'良药苦口利于病，忠言逆耳利于行'，未见丝毫变革。如今太后已崩，而皇帝年幼无知，不能独立处理天下大事，本来应该依靠大臣和诸侯中的贤者实现天下大治，然而吕家的'当权派'作威作福，擅自给自己加官晋爵，大权独揽，威逼利诱，无所不用其极，致使奸党横行，同恶相济，贤臣良士敢怒不敢言。最让人不堪忍受的是，'挟天子以令诸侯'，致使朝纲紊（wěn）乱，宗庙倾危。所以我应天顺民率兵入诛'不当为王者'。"

这篇战斗檄文写得相当精彩，齐王刘襄没有把矛头指向吕后，而是说她年事已高，被吕家子弟利用，才造成今天的局面，这就少树了敌人，分化了一部分支持吕后但看不惯吕氏子弟权倾朝野的人。最后一句说要诛杀"不当为王者"，而不说"杀诸吕"，显得自己并非从个人恩怨出发，挟私报复，而是遵守高祖刘邦留下的"非刘氏而王，天下共击之"的政治遗嘱，这完全是从国家大计出发，这样就争取了广大的同盟军。这一句话与"楚汉战争"时刘邦说的那句"愿从诸侯王击楚之弑（shì）义帝者"有异曲同工之妙。刘邦不说击项羽，但把项羽的致命罪行公开指出来，在别人听来有为民伸张正义的效果，便于树立主持正义的形象。这两句话殊途同归，目的只有一个：分化敌人，扩大自己的同盟军。

吕产听到这个消息以后，就派颍（yǐng）阴侯灌婴带兵平叛。灌婴兵发至荥阳时，和幕僚商量。他认为，这些吕姓族人掌管着关中的军权，想要自践帝位，直接危及刘氏江山。他是跟随高祖出生入死才拼得这花花世界、锦绣河山的，他自己也享受荣华富贵。刘氏子孙才是龙种，这些姓吕的算是哪根葱、哪瓣蒜呀，只不过是靠裙带关系才得以安享荣华。如今吕后一死，他们不过是一群魑魅魍魉（chī mèi wǎng liǎng）、游魂野鬼罢了。他还是要保刘氏皇族。如果他贸然进攻打败了齐王，当真为虎作伥（chāng）了，哪有脸见高皇帝于九泉之下。于是他按兵不动，派使者通知齐王及诸侯，少安毋躁，等待吕氏变乱、师出有名时再共同讨伐他们。齐王信以为然，就把军队驻扎在齐国西面边界，静候时机。

第七章　缺大略欲断不断　诓吕禄郦商行骗

吕禄、吕产想要叛乱，可又犹豫不决，为什么呢？首先应该是不自信，对自己的实力没底，加上这是犯上作乱，大逆不道，很难有同盟军。此外，他们惧怕长安城内的周勃（周勃也是开国将领，当过太尉，相当于总司令）与刘章，二人在军界和皇族内部较有声望。在外他们则怕齐王刘襄和楚王刘交联兵一处，其势力不容小觑。还有吕产派出去的灌婴，按兵不动，态度暧昧，他们怕灌婴临阵倒戈。最后他们决定，若是灌婴与齐、楚等诸侯正式开战的话，他们就发兵叛乱。但灌婴是什么人物？他是从死人堆里爬出来的人，虽然向齐王等人暗送秋波，但表面上就是不说破，"以疑其心"，让吕家的人拿捏不定，剪不断理还乱，这样就能争取到宝贵的时间，一旦长安城有变，事情就好办了。

那时长安城中风声鹤唳（lì），草木皆兵，环境对刘家的人十分不妙，留在长安的都是一些年纪幼小、无法独任大事的诸侯王，乳臭未干，无法与吕氏宗族抗衡，而吕禄与吕产则手握重兵，虎视眈眈

（dān）。掌权的都是吕氏族人或者亲信，列侯和群臣没有人认为自己是稳若泰山的，相反，他们认为自己的命运如一发系千钧。他们惴惴不安，深感朝不保夕。

主管军事的太尉周勃这时还是个光杆司令，军事指挥权都掌控在吕产和吕禄兄弟手里，巧妇难为无米之炊。他急得抓耳挠腮，无计可施，于是找到丞相陈平商量，最后想出了一个损招儿。什么招呢？把郦商绑票了。这郦商是谁呢？就是郦食其的弟弟，两人一文一武共保刘邦。郦商也是开国功臣，这时他已老态龙钟，病魔缠身了。外人一听到这儿可能说了，这周勃与陈平也太损了，连这样的老人都不放过。但为什么要绑票郦商呢？这不是窝里斗，让亲者痛仇者快吗？这里有个缘故，就是郦商的儿子郦寄与吕禄是铁哥们儿，吕禄非常信任郦寄，时常和他一起游玩打猎。周勃、陈平提出的赎回人质的条件是：不要钱，只要到吕禄那儿编点瞎话。

郦寄就对吕禄说："高皇帝与吕后共定天下，刘氏所立的九个王与吕氏所立的三个王（吕产、吕禄、吕通），都是大臣们商议之后才立的，并且已布告各诸侯，尽人皆知，大家都认为适宜妥当，所以您被授予王爵是理所应当、合理合法的。但是您现在的做法我认为十分不妥，不敢不直言，若是执迷不悟，恐怕要前功尽弃，所有努力尽付东流。我为什么讲得这么严重？大王想想，如今太后逝世，皇帝年幼，而您佩带赵王印信，却不迅速起身早点去镇守封国，反倒自任上将军，统率军队驻守长安，这种行为难免要引起别人的猜疑，徒然招致无妄之灾，这太没必要了。足下何不归还将军的印信，把军队交给太尉周勃指挥？再劝梁王吕产归还相国印绶，与王公大臣们当众定下盟约，办理公证手续，然后回到自己的领地上。这样齐王师出无名，必然撤军，大臣们也会心神安定，对足下的高风亮节心悦诚服，足下也可以高枕无忧地统治方圆千里的土地，名正言顺，这是利于子孙万代的稳妥之计啊！"郦寄和他大爷郦食其一样巧舌如簧，杀人不见血。吕禄一方面目光短视、见识浅薄，另一方面被自己这最要好的朋友灌了迷魂汤，真相信了郦寄的话。

　　要不怎么说有时最好的朋友就是最可怕的敌人呢？原因就是人们对外人有防范之心，而对这种亲密的人心里是不设防的，结果让人兵不血刃地解除了精神武装。当然，公道一点说，这还属于外因。人还是要有见识、有素养、有主意，这样才有最强的免疫力，否则躲过一时躲不过一世，若是内功不强，早晚有一天要阴沟里翻船的。好运气不会总降临到一个人的头上，机会主义完全是赌博，开始有一点甜头，然后越陷越深，最后倾家荡产，家破人亡。吕禄真的和吕家的长辈商量交还兵权的事，可这些人意见不统一，或说此计万全，或说不可全信，这事也就暂时搁置下来。一天他外出后顺道去看望他的姑姑吕媭，吕媭一听他有这种天真幼稚的想法，怒气冲天，数落他忘了太后的临终遗言，要求他无论如何都不能撒开军权，那是吕氏家族的命啊！她还说："你身为将军却交出兵权，那么吕家的人立即就要祸灭三族了。"她把自己的珠宝玉器等细软之物都扔到了堂下，说："别为他人做守财奴了。"郦寄骗吕禄有点像三国时司马懿对待曹爽的手段，大家可参看《三国志》。

第八章　为刘氏将士左袒　朱虚侯诛杀吕产

　　左丞相审食其被免官，他呼风唤雨的日子也结束了。有一天早晨，汉代第二任丞相曹参的儿子曹窋来见吕产商议事，他代理御史大夫一职，相当于代理副丞相。这时郎中令贾寿出使齐国回来复命，他指责吕产说："大王早该到封国去，如今为时已晚，你还能得遂心愿吗？"他把灌婴与诸侯联合想诛杀吕氏宗族的事详细地告诉了吕产，催促他快进宫里拥兵自卫，控制皇帝发号施令。曹窋听了，赶忙骑马告知陈平和周勃大事不好，周勃想闯入北军，但没能成功。前面提到过，当时皇家卫队分北军和南军，北军实力较强，若控制北军则基本上可操控长安局面，所以周勃想夺回北军兵权。周勃双管齐下，一是矫诏，二是诱骗。这时开国功臣纪成之子襄平侯纪通是为皇帝掌管印信兵符的，周勃就让他拿着皇帝的使节佯（yáng）称奉诏要让太尉进入北军；另外派郦寄与典客（掌管少数民族事务，后叫"大鸿胪"）刘揭去劝导吕禄："皇帝派遣太尉统领北军，想要足下回归封地，请立刻归还将印辞职而去，否则违抗圣旨，要大祸临头了。"吕禄以为郦寄不会出卖自己，就解下将印交给了典客刘揭，把军权交给了太尉周勃。周勃取得北军军事指挥权后信心倍增，他佩带将军印信进入营帐，发布命令说："为吕氏右袒（tǎn，袒露右臂），为刘氏左袒，二者必居其一。"军士众口一词愿为刘氏效命，全都袒露左臂。这些军人的表现虽然包含从一而终的正统忠君思想，但也说明听从吕氏只是迫于威势罢了，并非心服口服，吕氏统治基础的脆弱由此可见一斑。

　　然而尚有南军把持在吕产的手里，北军若与南军交战，即使获胜也可能损失惨重，得不偿失。丞相陈平就把朱虚侯刘章叫来协助太尉周勃，又令曹窋去告诉守卫未央宫的卫尉："不要让吕产进入宫中。"吕产这时还不知道吕禄已被缴械了，他仍然想进入未央宫挟持皇帝，调集军队作乱，到了宫门口却被阻挡住了，吕产就在宫门前徘徊，寻思对策。平阳侯曹窋知道光靠阻拦不是办法，一旦吕产狗急跳墙，铤而走险，后果同样不堪设想，他赶忙骑马去找周勃想办法。周勃考虑到吕氏集团苦心经营多年，人际关系盘根错节，若是给吕产喘息之机，后事难料，因此，他给朱虚侯刘章一千生力军，让他进宫保护皇上。这是周勃粗中有细的地方。其实他是想让刘章诛杀吕产，但为了不打草惊蛇，就只说保护皇上，这样，在给自己争取宝贵时间的同时，继续麻痹敌人。刘章在未央宫官门前遇到了吕产，他并没有急于动手，而是等到傍晚时分才突然发力攻击吕产，吕产转身逃跑。这时狂风大起，吕产的随从官吏大乱，他们也被刘章的闪电战吓破了胆，不敢反抗。于是刘章追击吕产，在郎中令官府的厕所里杀了他（郎中令职掌宫殿门户侍卫，其官府设在未央宫）。

第九章　吕家人三族被灭　汉文帝众望所归

朱虚侯刘章杀死吕产以后，皇帝命令使者持节杖慰劳他，刘章想趁机把皇帝的符节印信一并夺取过来，便于自己行事，但遭到使者的反抗。他不敢随便杀掉皇帝的使者，于是坐上了使者的专车，依靠其持有皇帝印信，在官中禁地风驰电掣（chè）般穿行，迅速把军队都掌握在自己人的手里，然后才回去向太尉周勃报告。太尉周勃听说刘章回来了，赶忙起身向他行礼祝贺，说："吕产手握南军重兵又身兼相国一职，是我最忌惮的，既然他已呜呼哀哉，天下就太平了。"这时周勃才发出斩尽杀绝吕氏男女老幼的命令，原来的北军统帅吕禄没做成富家翁，倒成了无头鬼。吕须说得果然对，她只不过是别人的守财奴罢了，一生的经营如今鸡飞蛋打，她也被人用竹条活活地抽死了。燕王吕通此时应该在封地享乐，也难逃诛杀的命运，他的燕王宝座还没有坐热，就被掀翻在地。吕后外孙鲁元王张偃被废掉。吕氏家族就这样被连根拔起，这是心存觊觎的人的必然下场。为了稳住那些曾经投靠、巴结吕氏集团的官员，又让吕后的宠臣审食其当了左丞相，但这时的审食其早已风光不再，只能夹起尾巴做人。他也注定只是一个工具，一个昙花一现的过渡型人物。周勃等人派遣刘章把吕氏已被斩草除根的消息告知他哥哥齐王刘襄，京城无事，令他撤兵。灌婴的军队也从河南荥阳撤退回来，一场刀光剑影的"宫廷政变"有惊无险地落幕了。

◎吕后的家族成员名单

序号	姓名	与吕后的关系	爵位（侯）	爵位（王）	其他	结局
1	吕公	父亲	临泗侯	吕宣王（追）[1]		正常死亡
2	吕媪	母亲				正常死亡
3	刘邦	丈夫			汉高祖	病死
4	刘盈	儿子			汉惠帝	病死
5	鲁元公主	女儿				正常死亡
6	张耳	亲家		赵王		正常死亡
7	张敖	女婿	宣平侯	赵王		正常死亡
8	张偃	外孙	南宫侯	鲁元王		正常死亡
9	张嫣	外孙女、儿媳			孝惠后	病死
10	吕长姁	大姐				坐谋反被诛
11	吕平	大姐之子	扶柳侯			被杀[2]
12	吕须（嬃）	妹妹	临光侯			被杀
13	樊哙	妹夫	舞阳侯			正常死亡
14	樊伉	妹妹之子	舞阳侯			被杀
15	吕泽	大哥	建成侯 周吕侯	悼武王（追）		★[3]

184

序号	姓名	与吕后的关系	爵位（侯）	爵位（王）	其他	结局
16	吕台	大哥长子	周吕侯 郦侯	吕王		★
17	吕产	大哥次子	交侯或洨侯	吕王 梁王	太傅 相国	被杀，国除
18	吕通	吕台之子	锺（睡）侯	燕王		被杀
19	吕嘉	吕台之子		吕王		被杀
20	吕庀	吕台之子	东平侯			被杀
21	吕释之	二哥	建成侯	赵昭王（追）		★
22	不详	二哥嗣子				有罪，废
23	吕禄	二哥之子	胡陵侯 汉阳侯 武信侯	赵王	上将军	被杀
24	吕则	二哥之子	建成侯			有罪，免
25	吕种	二哥之子	沛侯、建成 侯、不其侯			被杀
26	吕大	族人	平昌侯	吕王		被杀
27	吕他（它）	不祥	俞侯			被杀
28	吕忿	堂弟之子	吕城侯或 吕成侯			被杀
29	吕胜	堂弟之子	赘其侯			被杀
30	吕荣	堂弟之子	祝兹侯			被杀
备注	① 指吕后追认的王爵。② 指吕后去世后，被周勃、陈平等以谋反罪诛杀。 ③ 指死在吕后前面，否则必然被杀。					

　　虽然前台落幕，但后台工作人员仍然紧张忙碌，他们正商量更换"主演"的事，要废掉现在的皇帝。这些大臣私下商议："当今的少帝刘弘及兄弟几个都不是惠帝的亲生儿子，而是吕太后使用欺诈的手段李代桃僵得来的。她杀害他们的生母，把他们从小放在后宫抚养，让惠帝认他们为儿子。但不管是把他们立为继承人，还是封为诸侯王，这一切只是为了增强吕氏势力，满足其把持朝政、作威作福的狼子野心。现在已夷灭吕氏宗族，但若对吕氏培植的皇帝置之不理，听之任之，等到他长大成人掌握实权后，我们这些人只能亡族灭种，死无葬身之地了。不如趁热打铁，把少帝废掉，从诸侯王中选一个贤明公正的继承帝位。"其实他们这么说是出于私心，现在的少帝虽然不是皇后的亲生子，但应该是惠帝的姬妾生的，所谓"庶出"。这些大臣怕少帝长期受吕氏的影响，近朱者赤，近墨者黑了，一旦对他们心存怨恨，他们的日子可就不好过了。所以他们想废掉少帝，铲除后患，再立新帝，又挟拥戴之功，这是一箭双雕的好办法。

　　有人说："齐悼惠王刘肥是高祖的长子，如今嫡子刘襄继任为齐王，追本溯源，从血统上来说齐王刘襄是嫡长孙，立他为帝怎么样？"其他人一致反对道："吕氏外戚专权差点颠覆了刘氏江山社稷，几乎杀尽名将功臣，顺之者昌，逆之者亡，无恶不作。如今齐王的娘家姓驷，有个驷钧是齐王的母舅，是个恶人，假若扶立齐王，无异于前门拒虎，后门进狼，等于重新造出一个吕氏呀，齐王肯定不行。"有人推举刘邦的儿子淮南王刘长，但大臣们认为他过于年轻，而且其母亲一族也是穷凶极恶的，因此否决了。

　　最后大家一致推举代王刘恒，说："代王是健在的高帝儿子中年龄最大的诸侯王，为人仁孝宽厚，他母亲薄氏的娘家人恭谨善良，而且拥立最年长的与宗庙礼制相符，合情合理，代王又以仁爱慈孝闻名于天下，因此立他为帝最为合适。"于是共同商定暗地里派人去召代王刘恒，刘恒派人辞谢，表示不堪重任。使者再去迎请，刘恒才随团来到长安，住在代国的"驻京办事处"。大臣们都去拜见刘恒，见面礼是天子的玺印，要尊立他为天子。刘恒多次谦让，在群臣的一再请求下，他才答应。

　　朱虚侯刘章的弟弟刘兴居说："讨伐吕氏我无功劳，请允许我去清理宫中闲杂人等。"他与太仆（负责掌管皇帝的车马）夏侯婴入宫对少帝说："足下非刘氏子孙，不当立。"说完就挥手示意少帝的贴身保镖们放下武器快快离去。夏侯婴召来马车，把少帝拉出了皇宫。少帝说："你准备把我拉到哪里去？"夏侯婴说："请您到别的宫殿居住。"赶走了少帝，这些大臣准备好皇帝登基时的行头等物去迎接刘恒，刘恒当晚就进了未央宫。到了端门，也就是正门，有十余人手拿武器说："天子尚在，足下为何进宫？"太尉周勃赶忙过去摆平了他们，刘恒于是进宫开始执政。当晚，少帝和惠帝的其他几个儿子都被秘密杀害了。刘恒登基做了皇帝，在位二十三年，谥号为孝文皇帝。

第十章　满心想鸡犬升天　可谁知堕入地狱

司马迁道：惠帝和高后统治时期，黎民百姓刚刚脱离饿殍（piǎo）遍地、哀鸿遍野的悲惨境地，君臣信奉道家"无为而治"的哲学，尽量节省民力，休养生息，恢复生产。所以惠帝垂拱而治，由高后代行天子权力，决断大事，不用出房门，政事就处理得很好，百姓安居乐业，天下太平无事，极少使用刑罚，人们也知礼义廉耻，犯罪的人很少。国家以经济建设为中心，民众殷实，国家富强。自古以来，对于中国社会来说，稳定是极其重要的。

司马迁的评论相当公允，他虽厌恶吕后的狭隘心性，但没有抹杀她的历史功绩，对其当政时期的社会经济发展持肯定意见。不过这不是笔者立意的重点，我们看看吕后的性格特点与悲剧。吕后为人刚毅，这是她的性格优势，也唯有此种性格才能成为刘邦的政治伴侣。刘邦长年在外征战，后方主要靠她与萧何来巩固，她的权力欲望应该是此时培养起来的，只有刚毅的性格才能做到。诛杀诸侯王多是她来下手。韩信是她让萧何骗到自己居住的长乐宫钟室中杀掉的，她先斩后奏，这也应该是她与刘邦达成的默契。彭越被贬至蜀地，在路上遇到了她，向她哭诉自己的冤屈，她就连哄带骗地把彭越带回了长安，然后劝刘邦斩草务必除根，刘邦才下定决心要了彭越的命。韩信与彭越都是被祸灭三族的，这也显示了吕后的心狠手辣、性格刚毅。刘邦弥留之际，她向刘邦咨询相国人选，这说明她以国家大事为首要考虑目标，不像其他女人只知哭哭啼啼，这也表明了吕后的刚毅性格。她的儿子刘盈继位以后，她行天子职权，政治路线基本保持不变，刘邦提出的曹参、王陵、陈平、周勃等人选，都被授以重任，显示了她的政治远见，这一切都是性格刚毅的人才能做出来的。但性格刚毅还有另一面，就是容易导致心狠手辣、一意孤行、猜忌尖刻、睚眦（yá zì）必报，为达目的不择手段。

她最让人触目惊心的就是在对待戚夫人的手段上。以刘邦之聪明，他应该能预料到吕后日后不会放过戚夫人的。如果他是一个昏君，他可能会从个人喜好出发，杀了吕后来讨戚夫人的欢心，可刘邦是从社会底层奋斗出来的，他对自己所拥有的一切珍惜万分，他知道自己打拼的辛苦，所以他不可能为了一个心爱的女人抛弃一切。

我推测刘邦还有另一层考虑，就是他相信吕后的政治能力。俗话说"知子莫若父"，这话有一定的道理。刘邦说惠帝不像自己，这话真说对了。他知道，单凭惠帝自己，天下肯定还会大乱，只有吕后才可力挽狂澜。如果立刘如意为太子，其登基时年幼无知，无法独立处理政务，这样就要由戚夫人辅佐，而戚夫人唱歌跳舞是一流的，但对政治一窍不通，所以戚夫人只能成为牺牲品。吕后在对待戚夫人上把女人的嫉妒心发挥得淋漓尽致，对这个差点成功挤走自己的女人恨之入骨。戚夫人的悲惨遭遇成为一种必然。

　　吕后对戚夫人的残暴，加上对刘氏王族的镇压，让她在取得胜利的同时埋下了失败的种子，使忠于刘氏集团的人前所未有地团结起来。他们表面上对她阿谀奉承，其实阳奉阴违，与吕氏集团泾渭分明。最让人痛心的是她一连杀害三个赵王：赵王刘如意是受母亲戚夫人的牵连；赵王刘友是被吕家女儿的谗言所害，被活活饿死；赵王刘恢也是因为夫妻感情不和愤而自杀。这些人的鲜血让刘氏王族怀恨不已，随时等待机会反扑。

　　她的睚眦必报还表现在对待齐王刘肥上。刘肥与惠帝作为兄弟在后宫饮酒，不拘于朝廷礼法，也没什么大不了的，即使不妥当也罪不至死，然而，她马上就秘密送去了两杯毒酒，只是因为惠帝的相助，齐王刘肥才得以幸免。后来刘肥献出了一个郡给她的女儿鲁元公主，她才罢手。这都显示了吕后心胸狭隘、见钱眼开的特点。范仲淹的"不以物喜，不以己悲"看来真是一个高深境界，不是什么人都能做到的。

　　吕后的心性发生严重变化应该是在儿子惠帝死了以后。若是惠帝还在，她可能就这样一直统治下去，但儿子的离世让她失去了感情寄托，她感受到了从未有过的孤独、寂寞和恐惧，所以她要寻找新的寄托，这时最可靠的人就是自己的娘家人，她开始冒天下之大不韪（wěi），公然违背刘邦的政治遗嘱，分封诸吕为王。她为了巩固权力，可以说不择手段。吕家的女儿非刘氏不嫁，也不管是乱了辈分还是近亲结婚，总之她乱点鸳鸯谱。最典型的是把自己的外孙女嫁给自己的儿子当皇后，皇后无子，便把惠帝姬妾的儿子拿来冒名顶替。当这个小皇帝口出怨言时，吕后这个亲奶奶毫不犹豫地杀了他。

　　但吕后真是为吕家好吗？可能结果是事与愿违。吕家的人都是一群无德无才的鄙陋小人，"德不配位，必有灾殃"，骤然享此富贵荣华肯定要出事。他们是"烂泥扶不上墙",非要赶鸭子上架,难免要出错,而且还成为众矢之的。这种非分之福反而过早地断送了他们的性命。吕后在时可以独木撑持大厦,她一死大厦必然轰然倒塌。唯一有点眼光的是吕须,其他人都鼠目寸光,让人骗得团团转。吕氏家族后来被杀个精光,吕后是:为谁辛苦为谁忙,到头来,"好一似食尽鸟投林,落了片白茫茫大地真干净",原来都是为他人作嫁衣裳。

文武之道

东到朝鲜，南至越南，西越新疆，北达大漠，九百六十万，汉武奠基，明犯强汉者，虽远必诛，勇战而屈人之兵。然而，马死尽，血流干，财刮光，人累弯，路已穷，国将崩，若无轮台罪己，黩武求仙又一秦。

前崇黄老，后尊孔孟，心藏法术，不废文学，清净七十年，文景之治，扭转汉武策，昭宣中兴，不战而屈人之兵。但见，写史记，出汉书，作汉赋，用汉隶，兴太学，现鸿儒，汉朝只余一尾，尚有鼎足三国志。

嗣敏试对《文武之道》

第一章　怀龙种非魏姓刘　遭冷遇祸福相依

　　汉文帝是汉高祖刘邦与薄夫人所生的儿子。吕后死后，刘氏王族与大臣联手诛灭吕氏宗族，把统治权重新收归刘氏。当时有三个皇位继承人人选，第一个考虑的是刘邦的大儿子刘肥的长子齐王刘襄，但考虑到刘襄的娘舅驷氏暴戾专横，怕按下葫芦起来瓢，刚灭掉一个吕氏又兴起一个驷氏专权，这也是换汤不换药，事情没有实质的变化，因此就把这个选项排除了。当时刘邦八个儿子中只剩下淮南王刘长和代王刘恒，考虑到刘长的母族也是狠角色，就把他也踢出了局。这样就只有一个合适的人选，就是代王刘恒了。当时有三个理由选定刘恒：首先刘恒比刘长年长，符合"立长不立幼"的"嫡长子继承制"；其次刘恒本人仁德布于四方，是一个公正慈善的人；最后刘恒的母亲薄夫人娘家人谦虚退让，有长者之风。所以从各方面考虑，刘恒都是最佳人选，于是刘恒继位，史称"汉文帝"。

　　那么汉文帝的老妈薄夫人是一个什么样的人呢？薄夫人的父亲是吴

◎西汉王朝+新朝（前206—24）的传承

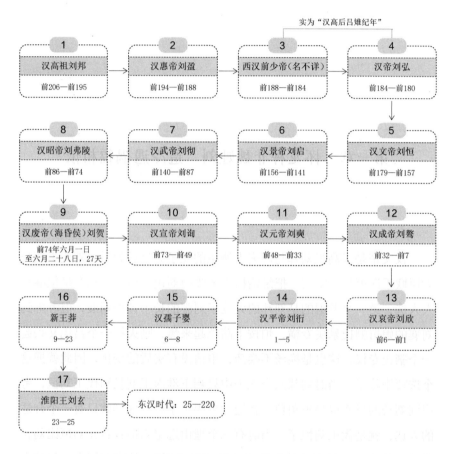

实为"汉高后吕雉纪年"

1	2	3	4
汉高祖刘邦	汉惠帝刘盈	西汉前少帝(名不详)	汉帝刘弘
前206—前195	前194—前188	前188—前184	前184—前180

8	7	6	5
汉昭帝刘弗陵	汉武帝刘彻	汉景帝刘启	汉文帝刘恒
前86—前74	前140—前87	前156—前141	前179—前157

9	10	11	12
汉废帝(海昏侯)刘贺	汉宣帝刘询	汉元帝刘奭	汉成帝刘骜
前74年六月一日 至六月二十八日，27天	前73—前49	前48—前33	前32—前7

16	15	14	13
新王莽	汉孺子婴	汉平帝刘衎	汉哀帝刘欣
9—23	6—8	1—5	前6—前1

17	
淮阳王刘玄	东汉时代：25—220
23—25	

人，今江苏苏州人，在秦朝时和原魏王宗室的女儿魏媪（ǎo）私通，生下了薄夫人。在秦始皇兼并战争中，"山河破碎风飘絮，身世浮沉雨打萍"，魏国贵族后裔也与其他五国的一样全都流落民间，这才让薄夫人的父亲有了可乘之机，但她的父亲死得早，由母亲魏媪把她抚养成人。

陈胜、吴广起义之后，魏豹被立为魏王，因为魏媪也是魏氏族人，

　　所以很容易与魏豹取得联系。她把自己的女儿薄姬送进了魏宫，当了魏豹的妾，所以刘邦不是其首任丈夫。魏媪让一个叫许负的相士给女儿相面，许负说她会生天子，魏豹听到这话以后就枉自多情起来：自己的老婆会生出天子来，那自己不就是龙种吗？当时刘邦与项羽对峙，究竟鹿死谁手，天下归谁，还没有定局。魏豹本来是与刘邦联手的，听了许负的话，内心窃喜，认为自己红运当头，早晚会黄袍加身，大富大贵，因此背叛了刘邦。他先以探家的名义逃跑，随后中立，后来发展到与项羽联合。刘邦派郦食其去劝降没有成功，就派韩信、曹参带兵把他抓了回来，他的土地也被刘邦据为己有，当然，作为战利品，薄夫人也被掳掠到了汉宫。她刚开始应该在掌管丝帛织造和染色的织室里做针织纺线一类的活计，刘邦撤出荥阳后，魏豹被周苛杀死了，刘邦到织室里看到薄夫人眉清目秀，姿容秀美，就下诏把她收入后宫。但刘邦那时忙里忙外，她一年多都没有受到宠幸。

　　当初薄夫人与管夫人、赵子儿关系密切，三人相约说："苟富贵，勿相忘。"就是说谁要是富贵了别绝情绝义，想想当初的姐妹情分，互相提携一下。这时管夫人、赵子儿都已得到了刘邦的宠幸。有一次刘邦与两位美人临风赏月，把酒言欢，畅谈自己的人生理想与价值观，两位美人在嬉闹中谈起当初和薄姬的誓言，相互戏谑，刘邦听了，就问她们到底说什么。这俩人就把当初的誓言原原本本地说给他听，刘邦顿时怜香惜玉起来，当晚就召见薄姬共赴云雨巫山。薄夫人说："昨天夜里妾身梦见苍龙盘踞在腹中，好可怕呀！"刘邦说："这是显贵的征兆，我就成全了你吧。"后来薄夫人生了一个男孩，这就是代王刘恒。此后薄夫人又很少见到刘邦，刘邦又开始忙了。

　　事情总是具有两面性。受冷遇也使薄夫人保住了性命，获得了自

197

由。刘邦死后，吕后对刘邦生前非常宠幸的妃子如戚夫人等恨之入骨，要么把她们残忍地杀害，要么把她们打入冷宫，囚禁起来。因人老珠黄、春残花谢而备受冷落的吕后对薄夫人更多的是同病相怜，她不但没有拘禁她，反而让她随儿子到了代国，当了代王刘恒的太后，母子得以朝夕相处，享受天伦之乐。薄夫人的弟弟薄昭也随其到了代国，从而避开了朝廷的尔虞（yú）我诈、血雨腥风。生活总是这样有失有得。就这样，在诛灭吕氏后，大臣们商议册立新皇帝，他们痛恨外戚吕氏过于强悍以致喧宾夺主，差点颠覆了刘家王朝，都看中薄氏的仁慈善良，所以迎接代王，立为孝文帝，薄夫人改号为皇太后，太后的弟弟薄昭也被封为轵（zhǐ）侯，可以说孝文帝得以登基也沾了母亲的光。

第二章　宋参谋洞穿真相　汉文帝三思而行

在陈平、周勃等人派使者到代国迎请的时候，代王刘恒一度十分狐疑，他做事一向沉稳老到，并没有被这突然到来的惊喜冲昏头脑。他不能确定这究竟是福是祸，所以没有马上答应下来，而是进行了一番论证和分析。在做事之前我们要做到胸中有数，而要做到这一点，就必须调查研究，了解事情的真相，把握住本质，这样才可以谈使用正确的方法解决问题这一步。

刘恒问左右侍从人员如郎中令（掌管宫室侍卫事务）张武等人，张武等人说："这些大臣都是跟随高帝浴血奋战的将领，通晓军事，诡诈多端，我们担心大臣不会甘心伏低做小，狼子野心不可不防啊！一直以来，他们就是惧怕高帝、吕太后的威权罢了，如今高帝、吕太后皆已作古，诸吕喋血京师，他们名义上提出迎请大王，可实际意图深不可测，愿大王称病勿去，静观其变。"中尉宋昌（据考证，宋昌是"巨鹿大战"之前被项羽杀掉的那个"卿子冠军"宋义的孙子）不同意上述观点，他进言：

"群臣的议论失之偏颇。当年秦朝施行暴政才导致天下豪杰纷纷揭竿而起，逐鹿中原，那时天下胜负未分，想称王称帝的人比比皆是，然而最后成就帝业的是高皇帝，这就消除了诸侯豪杰们的幻想，这是其一；然后高帝分封刘氏子弟，使天下郡县侯国犬牙相制（成语"犬牙相制"的由来，与"犬牙交错"同义，但后者出自《汉书·中山靖王传》)，这样就使刘氏宗族的统治基础坚若磐（pán）石，天下人不得不叹服刘氏的强大，不敢再有非分之想，这是其二；汉朝兴起以后，废除了秦朝的严刑苛法，简化法令，施行德政，强调以孝道治理天下，休养生息，从而人人自安，急切之间很难鼓动人心，这是其三；至于说吕太后，可谓权倾一时，分封吕氏三人为王，吕氏族人依靠吕太后狐假虎威，专权独断，然而太尉周勃振臂一呼，众人响应，全部'左袒'为刘氏效忠，最后消灭吕氏，这是上天的授意，并非人力所为，由此可见人心向背，这是其四；如今尽管大臣们想要反叛，但民心不可用，再说他们的党羽难道也能自始至终坚守如一吗？况且如今在长安城内有朱虚侯刘章和东牟侯刘兴居这样的宗亲，在地方上有势力强大的刘氏诸侯王为威慑，他们怎敢冒天下之大不韪，做这种毫无把握、有如以卵击石的蠢事呢？这是其五；当今在世的高帝儿子只有淮南王刘长与大王，大王又是长兄，为人贤德、圣明、仁慈、孝顺，美名播于四方，所以诸位大臣想顺应天心民意来拥戴大王为帝，此为他们明智的选择，这是其六。有此六条，大王称帝既有现实性又有可能性，希望您莫迟疑。"

宋昌是一个有真本事的人，他看问题既深刻又全面，从历史到现实、从内因到外因，把问题分析得非常透彻。刘恒并没有当场表态，但无疑这种正反两方面意见的碰撞是最利于人做决策的，只有从多角度来看，才能看到事物的真面目。

刘恒的调查分析并没有结束。他又去找他妈薄夫人商量，但不知说了些什么，他还是犹豫不决。于是他又去算了一卦，卦象显示将要调整工作岗位，成为"天王"，光大祖宗基业。刘恒就问："我现在已经称王了，还做什么王？"卜者道："所谓天王就是天子。"这种心理暗示让他树立了一些信心，他就派娘舅薄昭去见周勃。周勃等人详细地讲述了迎立代王的原因，言辞恳切，入情入理。薄昭回来报告说："消息确凿，没什么可怀疑的。"刘恒笑着对宋昌说："先生真是未卜先知呀！"于是命宋昌陪他乘坐专车，张武等六人相随，一起向长安进发，在快到长安时稍作休整，派宋昌到长安再次探听虚实。这个刘恒真是步步为营、稳扎稳打呀！

宋昌到达离长安城北三里远的渭桥时，看到文武百官都来迎接，就回去汇报，刘恒就驾车来到渭桥，群臣纷纷下拜，他也赶忙下车答礼。太尉周勃说："请代王借一步说话，我希望能单独进言。"宋昌说："若您说的是私事，请就此打住，王者铁面无私，没有私情可言。"宋昌早就猜到了周勃的意图，就是要逼刘恒当众表态。许多事情本来是正大光明的，若大家鬼鬼祟祟，窃窃私语，事情就会变质。这时少帝还在帝位上，所以周勃还不想过早地把事情搞得沸沸扬扬，但被宋昌这么一逼，就只有硬着头皮当众把天子印信凭证等物跪献给刘恒。这就说明周勃是这个团队的代言人，这么大的事要代表团队表态，这样才有公信力。如果周勃私下里上交天子印信，那算怎么一回事？是周勃个人的意思还是他要与刘恒搞什么阴谋？所以宋昌这一逼非常好，这就有了公证，也让这些大臣不再抱有投机心理，如今是拉弓没有回头箭了，剩下的事就由大臣们处理了。这个宋昌不简单。

其实我们有许多事也是要摆在明面上的，要有凭证，要有证明人，特别是在处理一些大是大非的问题时，更要如此，否则有一天对方翻脸不认人，而你自己又口说无凭，就是跳到黄河中也洗不清，更有甚者被对方倒打一耙，那可是偷鸡不成反蚀一把米了，所以说刘恒与宋昌是厉害人物。

刘恒又矜持了一番，说到他的"办事处"之后再议，于是群臣跟着一起到了他的府邸，丞相陈平、太尉周勃、大将军陈武、御史大夫张苍、宗正刘郢、典客刘揭、朱虚侯刘章、东牟侯刘兴居这些王公大臣再拜进言："刘弘等人都不是孝惠帝的亲生儿子，不应当继承天子位，臣等与高皇帝大嫂、二嫂、刘氏宗族、大臣、列侯等商议说：'大王是高皇帝的长子，应当成为高皇帝的继承人。'这个结论是大家讨论的结果。希望代王顺应天心民意，早即天子位。"

刘恒说："承继宗庙社稷，是有关国家命运的大事，而我福浅命薄，不足以担当大事，愿我的叔父楚王（刘交，在汉高祖六年，即公元前 201 年，被封为楚王，在位 23 年，此时还在）再择合适人选，我真的不敢当。"大臣们都拜伏不起，坚决请求。《史记》上说"代王西乡让者三，南乡让者再"，也就是说，代王西向谦让了三次，南向又谦让了两次，至少谦让了五次。丞相陈平等皆说："我等思量再三，认为大王是最合适的人选，各诸侯王与天下百姓也莫不引颈以待，希望您早登帝位。我等为江山社稷谋划，怎敢有丝毫的疏忽。这确实是三分之二以上多数票通过，我等才敢奉上天子印玺符节。希望大王快快登位。"刘恒说："既然宗室、将相、列侯都认为我合适，那么我就不敢推辞了。"于是他接受了天子之位。

第三章　安众心遍赏功臣　三把火新皇上任

　　群臣们按照朝廷的礼仪依次排列侍奉皇帝，"交通部部长"夏侯婴与东牟侯刘兴居去清理未央宫，把那个少帝撵了出去，奉引天子的法驾——由三十六辆车组成的车队到代王府邸迎接刘恒，当天晚上刘恒正式入住未央宫。刘恒立即任命宋昌为卫将军，统领南军和北军，先把御林军指挥权拿在手里；任命和他一起来的张武为郎中令，负责宫内的警卫工作，张武的一部分工作相当于警卫团团长。刘恒把安全工作安排好后，心里踏实多了。他回到议事厅中，当夜颁布第一道诏令："近来吕氏家族独断专行，图谋造反，要颠覆刘氏宗庙社稷，多亏各位大臣团结协作，才挫败奸谋，使国家转危为安，没有酿成生灵涂炭的祸事，这确实是不幸中的万幸。如今我刚即位，大赦天下，户首男子赐爵一级，女子赐牛酒，允许百姓欢饮五日。"汉律规定，三人以上无故饮酒，罚金四两。

　　文帝拜谒高祖庙，这才属于正式即位。琅邪王刘泽被改封为燕王，镇守边境。周勃在诛灭吕氏的运动中功劳最大，因此他被任命为右丞相，原右丞相陈平被降为左丞相，大将军灌婴被任命为太尉，代替周勃。被吕氏侵占的封国土地物归原主，派遣母舅车骑将军薄昭去代国迎接薄太后。刘恒说："吕产自封为相国，吕禄为上将军，假传圣旨派遣大将军灌婴带兵攻击齐王刘襄，想要在长安称帝。灌将军驻留荥阳，与各诸侯王呼吸与共，合谋诛杀吕氏；吕产想铤而走险，发动叛乱，丞相陈平与太尉周勃派人打入内部，夺回了吕产的兵权，这才没有酿成大祸；朱虚侯刘章率先发难，捕斩吕氏族人；太尉周勃先发制人，亲率纪通等人奉诏收回北军军权；典客刘揭奋勇当先，勇夺吕禄将印。在国家危急存亡的关头，这些忠正之士奋不顾身，应该予以表彰，增封太尉周勃封邑万户，赐金五千斤；增封丞相陈平、将军灌婴封邑各三千户，金二千斤；增封朱虚侯刘章、襄平侯纪通、东牟侯刘兴居封邑各二千户，金千斤；封典客刘揭为阳信侯，赐金千斤。"看来新皇帝上任也同样先烧"三把火"，刘恒先把有拥立之功的人赏了个遍。

刘恒又开始研究"依法治国"的问题，对先前的量刑标准提出疑义，认为刑罚偏重。他说："公正的法律是惩恶劝善的工具，是人们行为的准绳，所以法律必须彰显正义。可如今不但犯法者要被绳之以法，就连无罪的父母妻子兄弟姐妹也要被株连，收为奴婢。一人做事一人当，我不太同意这种无限扩大打击面的法律条款，你们也再商议一下。"负责的官员们说："不以规矩，不能成方圆。正是因为百姓不能自律，所以才制定法律约束他们。施行亲人间的连坐制度就是要使有犯罪倾向的人投鼠忌器，顾念亲属的命运，这样才能让他们不再心存侥幸，不敢轻易以身试法。这种制度由来已久，屡试不爽，还是不要更改为好。"刘恒说："我听说只有公平公正的法律才能培养百姓诚实的品质，赏罚分明才能让人心服口服、天理昭彰，一味地靠严刑酷法不符合天理人欲。况且治理民众、导之向善的是各级官吏，他们在实行教化的过程中发挥着极其重要的责任。其身正，不令而行；其身不正，虽令不从。若是政府各级职员不能以身作则，发挥领头羊的作用，反而以不公正的法律去残虐百姓，就会进一步激发百姓的逆反心理。官吏知法犯法、贪赃枉法，又有什么资格去禁止百姓犯法呢？我没有看出什么便利，你们再好好商议一下吧。"主管人员说："陛下心怀天下百姓，恩德布于四海，这不是我们能够理解的。我们愿意接受陛下的命令，废除一人有罪累及家属的连坐法律。"从这一番对话中可以看出，汉文帝确实是仁慈之主。

谈完法律，就又谈到继承人的问题，这在当时是关系到国家命运的大事。主管部门上奏："早日册立太子是保证国家政权平稳过渡的重大措施，请早立太子以安定人心。"文帝说："我是一个德行浅薄的人，如今忝居大位，内心时感彷徨。我如今根本不能仰不愧天，俯不愧人，内不愧心，常常自觉不胜天子之任。我纵然不能广泛搜求天下贤德圣明的人，把天下禅让给他，也不能早立太子呀！这让我更加失德，我怎么向天下人交代？还是不要提这事了。"主管部门官员说："早立太子就是为了遵守祖宗遗训，表示自己心怀天下，这是很高的德行。"文帝说："楚王刘交是我的叔父，年纪大，德高望重，社会阅历丰富，通晓国家政事；吴王刘濞（刘邦二哥刘仲的儿子，"七国之乱"的发起人）是我的堂兄，为人乐善好施，以德服人；淮南王刘长是我的弟弟，深明大义，秉持德才辅佐我，难道不能把帝位传给这些人吗？在王侯功臣中不乏德才兼备之人，若是推举这些人完成我不能完成的事业，这是祖宗的遗愿，天下的福气。如今不能推举这些品德高尚、才略过人的有识之士为天子，反而专意于自己的儿子，别人会说我不顾念江山社稷，只想传位于自己的儿子，这不是以天下为公的人应该做的，我不赞同这种早立太子的做法。"官员们一再请求："自古以来，凡是国运长久的国家都是因为采用了早立太子的方法，确立的继任者一定是自己的儿子，这种做法由来已久，并不是我们突发奇想、率性而为。高皇帝率领豪杰之士平定天下，分封诸侯，成为汉朝后世皇帝的太祖，而被分封的诸侯王及列侯也同样是各自国家和封地的始祖，然后子继父业，生生不息，这是天下大义。高皇帝设立这种制度来确保天下安定。如今放弃应该册立的继承人，改从诸侯及宗族中选取他人，这与高皇帝的意愿背道而驰。改立他人的想法是不适宜的。此外，若是不能尽早确立太子，引起心怀不轨之人的非分之想，恐怕会动摇国家之根本，这就与陛下的良好愿望背道而驰。陛下的某位儿子年龄最长，为人淳厚慈仁，请求陛下早日确立他为太子。"文帝这才答允下来。他不愿独享其福，因此恩赐天下民众中应当子承父业的人一级爵位。

第四章　皇后运一波三折　吕后事心有余悸

在解决了太子问题以后，主管部门又开始琢磨皇后的问题。文帝母亲薄太后认为，还是册立太子的生母为皇后比较适宜。太子叫刘启，就是后来的汉景帝，他的母亲是窦氏，所以窦氏被封为皇后。说起这窦氏与文帝能喜结连理，还真是误打误撞、因祸得福呢。那么二人是怎么走到一起的呢？

原来这窦氏是赵地人，她因出身清白而被选为吕后的宫女。后来吕后要遣出宫女赏赐给各诸侯王，每个诸侯王得赏五人，窦氏也在出宫的行列中。按照推理，这应该是吕后的一种拉拢手段。窦氏的家在赵地，所以她想去赵国，这样离家近点，生活习惯比较适应。她向主管遣送的宦官请求："一定要把我的名册放在去赵国的行列中，我必有重谢。"这个宦官当时满口答应，谁知事后一忙，就把这事忘了，把她的名册稀里糊涂地放在了去代国的名单中。

那时文帝刘恒还是代王，关于代地的管辖范围，一直是不断变动的。在汉高祖十一年（公元前 196 年），以定襄、雁门、代、太原四郡为代国统治区域，政治中心也从代县，即今河北蔚（yù）县，迁至晋阳（今山西太原东），另一说迁至中都（今山西平遥西南），辖区在今河北、山西、内蒙古的交汇处，也包括河北，即赵地一部分，但那里肯定不是窦氏想去的地方。这个宦官把名册上奏，吕后下诏批准，到了启程时，窦氏才知道搞错了，就痛哭流涕不想走。然而一切已成事实，无可更改，她被强行带走。她也只有听天由命了。谁知到了代国之后，刘恒对她相当宠幸，先是生了一个女儿叫"嫖"（那个时候"嫖"不是现在这个意思，否则家长不会给孩子起这么个名字），接着又生了两个儿子：长子刘启，即后来的汉景帝；次子刘武，即后来的梁孝王，"梁园虽好，终非久恋之家"这一典故中建造"梁园"的那个人。但当时的窦氏还没有太多的奢望，因为刘恒有正妻，而且生了四个儿子，按照"立嫡不立庶"的传统，窦氏的儿子不可能成为太子。然而，天有不测风云，人有旦夕祸福，这个正妻在刘恒称帝前就去世了。刘恒登基后，正妻生的四个儿子相继病死，这样，命运就把窦氏推到了历史的舞台上，因为这时她的儿子刘启最大。

文帝继位几个月以后，公卿大臣请求册立太子，刘启被立为储君，而母以子贵，窦氏被封为皇后，自己的女儿、刘启的大姐刘嫖被封为长（zhǎng）公主，二儿子刘武先是被封为代王，顶了他父亲文帝以前的缺，后来又被改封为梁孝王。汉景帝后来在立嗣的问题上与自己的亲弟弟有一段剪不断理还乱的纠葛，这是后话，《史记·梁孝王世家》中有记载。

所以说，世事难料，得之不必得意忘形、沾沾自喜，失之也不必愁眉不展、唉声叹气，福祸成败是要接受时间的检阅和实践的检验的，

◎汉初几代皇帝的核心人际关系

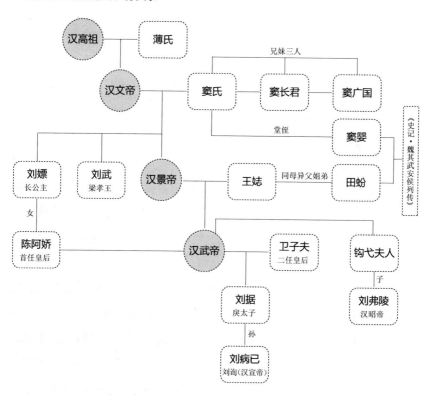

不能在孵蛋期间断言小鸡的个数。窦氏本来因为被乱点鸳鸯谱而悲不自抑，谁知却阴差阳错，竟成了皇后。她和她的婆婆薄太后一样，都是失小保大，登上了当初连想都不敢想的尊位。如果窦氏当了赵王妃，她的结局真不容乐观。前面说过，吕后一连杀死了三个赵王，那时，被封为赵王就等于被宣判了死刑。赵王刘如意是因为母亲的缘故而被杀，而赵王刘恢与赵王刘友都因为王后是吕氏女而感情不和，或被枉杀，或自杀。生活在那种高压下窦氏生死难卜，还谈什么荣华富贵呢？而且覆巢之下安有完卵？一旦赵王被杀，其他随从人员还有什么好出路呢？所以窦皇后遇到文帝刘恒是一种幸运。

窦皇后的大哥叫窦长君，弟弟叫窦广国，字少君。窦广国四五岁的时候被人掠（lüè）走卖掉，一直杳（yǎo）无音信。他被人贩子转手了十余次，备尝人世艰辛。后来在宜阳，他为主人进山烧炭，晚上百余人在山崖下打地铺，准备休息一晚上第二天再接着干。谁知山崖坍塌，把睡在崖下的人除窦少君之外全部压死，只有他得以逃脱。俗话说"大难不死，必有后福"，他感觉自己此刻如有神助，就占卜了一卦。卦象显示，数日之内他能被封侯。这真是一个大胆的设想。后来他随主人家辗转到了长安，听说当朝的皇后姓窦，而且出生在自己的家乡。他被掠卖时年纪虽小，但还记得县名和自己的姓氏，所以他认定这位皇后是自己的姐姐，而且他和大姐一起采桑叶时曾经从树上掉了下来，自己的身上有记号，于是他上书陈述自己的身世。窦皇后还真的收到了这封信，她和文帝说了这事，于是窦少君被传见。窦皇后询问了他一些事，他详细地说明了自己的情况，果然属实。窦皇后又问他还记不记得其他事情，他回答："姐姐离开家里去官中时，和我在驿站的客舍里告别，姐姐曾给我洗头，而且要来米饭给我吃，然后才离开。"这一幕情景若非亲历，怎么也编造不出，窦皇后终于确信。她拉住弟弟泣不成声，涕泪交流，左右侍从也伏地哭泣。于是文帝赏赐了大量的田宅和财物，又分封窦皇后同族兄弟，让他们定居在长安。

绛侯周勃、将军灌婴等人说："我们这些人的命运就悬在窦长君、窦少君二人的手里了。他们俩出身低微，从未享受什么荣华富贵。一个苦久了的人要是没有极强的控制力，一旦得志，往往会为所欲为、不知收敛。我们必须为他们挑选好的师傅和随从人员，让他们得到良好的熏陶，否则他们会效法吕氏闹出事端来。"吕氏专权搞得各位大臣如惊弓之鸟，他们的担心也不是没有道理。一个经过艰苦奋斗取得荣华富贵的人会加倍珍惜自己的劳动成果，因为当他回想起往事时，总会心有余悸（jì），他一般不想重归于零，所以他能有很强的克制力。但是，对于一个"一人得道，鸡犬升天"的受益者来说，他或者被从天而降的富贵冲昏了头脑，或者把一切视为当然，这就很容易导致骄横跋扈。此外，由于没有经历过奋斗的艰辛，根本不能体味成功的甜果吃多了也会损伤牙齿的道理，更不要提什么长远思维、战略眼光了。于是，大臣们挑选年龄偏大、品行端庄的读书人和窦氏兄弟俩在一起，窦氏兄弟耳濡目染，成长为温良恭俭让的君子，不敢以富贵骄人，这就解决了周勃与灌婴的一块心病。

文帝册封了皇后，赏赐天下鳏（guān，老年丧妻的人）寡孤独以及年纪八十开外的老者一定数额的布帛米肉。文帝继位以来，革新了政治风尚，以怀柔政策安抚天下，普施恩德，使各方诸侯及各少数民族与中央保持和谐欢洽的关系，这也是难能可贵的。他是传统帝王中少有的仁德之主。

第五章　调政策轻徭薄赋　开言路一代明主

俗话说"一朝天子一朝臣"，谁也免不了成立自己的政治班底。文帝也封赏跟随他从代国前来的功臣，他说："当初大臣们诛灭吕氏来迎请我时，我十分狐疑，别人都劝我不要来，只有中尉宋昌是巨眼英豪，劝我前来，使我得以继承皇位。我已经提升宋昌为卫将军，应当再封他为壮武侯。其他跟我来的六人都升至九卿。"其他功臣也都另有封赏。

文帝说："我听闻古时候的诸侯国有一千多个，他们各安其位，驻守封地，只是按时纳贡罢了，民不劳苦，上下欢欣。如今列侯多在长安，离封地遥远，他们封地的吏卒为了运送给养，不但浪费差旅费，而且鞍马劳顿，沿途百姓也苦不堪言，而列侯们因为山遥路远，也没有机会去教导和管理民众，这就与分封的主旨南辕北辙了。应命令列侯各就各位，回到自己的封地。若在中央任职或受恩宠、有公事要驻留长安的，也应该让他们的太子回去代行职权。"先不说文帝这么做是不是源于战略考量，单论他爱惜民力、以民为本的思路，这也是应该肯定的。

　　后来接连发生了两次再正常不过的日食现象（月亮运转到太阳与地球之间），这些自命为天子的人物总要唏嘘感叹一番，把太阳系行星运动的现象归到自己头上，认为这是上天给予的警告。文帝说："我听闻，天生万民，然后又为此设置君主来养育和管理他们。君主如果缺乏仁德，施行政令不公平，上天就会用灾异来警示，告诉君主没有治理好国家。如今接连发生两次日食，上天对我的谴责可真是太大了。我以这微小的身躯依托于万民之上，国家的安危系于一身，我只有这少数几个辅政大臣作为我的手足，实在是孤陋寡闻，所以我要广开言路。在诏令到达后，你们全都要好好思索一下我犯下的过失，以及我所见所闻、所思所想的不及之处。请你们不要隐瞒，直言相告，这是在提升我的德行。同时，你们要举荐贤良方正又能直言劝谏的人来匡正我的失当行为。各级官吏也要调整自己的施政理念及方式，千万记住，要轻徭薄赋以便利民众。"接着文帝又采取了一系列的行动，比如撤销一部分近卫军，把自己马厩（jiù）里闲置的马匹下放给驿站使用，等等。

　　文帝又说道："古人治理天下，为了使下情上达，想出了种种办法。比如，在朝廷内设有旌旗，想要进献善言的就站在旗帜下，坦言相告。还有就是朝廷内设有能让人写批评意见的诽谤木，这样君主就能听到正反两方面的意见，扩展了君主的思维，有利于君主作出正确的决策。任何一项决策都要回答这么几个问题：为什么？这是说目的是什么。凭什么？这是说实现目标的现实性在哪里。怎么办？这是说要用何种方式和方法来实现。注意什么？这是说在设定目标、分析自身实力、寻找方法的过程中，要用正反两种思维方式来比较，才能找到正确的方法。可如今法律中却有诽谤和妖言获罪的条款，这就使众臣不能尽情直言，君主也就无法听到过失。按照这种方法，哪能招来真正的贤良？应该废除这项法律条文，因为这只会掩盖我们自己的过错，长此以往，国家就危险了。百姓中有人相互勾结，诅咒君主，而后又反目成仇，以致互相攻击告发。官吏们认为这是大逆不道的行为。百姓稍有其他怨言，也被认为是诽谤朝廷，于是遭到严刑拷打。这种因言获罪的不可胜数，弄得人人自危，民风败坏。其实这只是小民们愚昧无知所致，并非真的妖言惑众，图谋不轨。因此而将百姓定为死罪，我认为很不可取。从今以后，若有人触犯这条法令，请不要治罪。"

大家看看，这个汉文帝确实是一个值得学习的人物。如果每一个管理者都能时常拷问一下自己的灵魂，那么人的进步指日可待了。圣人说："君子博学而日参省乎己，则知明而行无过矣。"一个人有主动寻求进步的意愿，然后每天想三次自己的过失，就会有智慧、有思路，也会少犯错误了。一天想三次可能是圣人的标准，一般人达不到，三个月想一次总应该可以做到吧。人若不及时总结和改正自己的错误，一辈子都不会有什么大的出息。

一般来说，人们总是"宽于律己，严于律人"，而且自我评价都相当不错。其实，人若想最快速、最准确地知道自己真实的样子，最好的办法就是或有心或无意地从别人那里收集关于自己真实面目的信息，因为历来都是"当局者迷，旁观者清"。但是，通常我们听到和自己相左的意见时的第一反应往往是：他找我碴儿，挑我的毛病；第二反应是：他和我关系不好，不是哥们儿；第三反应是：他身上也有某某毛病，有什么资格说我；第四反应是：仔细想一下，他的意见不对，自己还是一个"英明"的、"永不犯错"的、"前无古人后无来者"的厉害人物，然后运用阿Q的"精神胜利法"自我安慰一番，寻求心理上的平衡。

其实大可不必如此。除了死人与婴儿，人都会犯错误，汉文帝的做法是一个英明而有效的方法，改正了错误，最大的受益人是自己。而要想改正自己的缺点，避免永无翻盘机会的重大失误，那么，自己或者请求别人帮忙从正反两方面思考，可以说是唯一一个符合辩证法的方法。特别是国家大事，决策的失误往往带来连锁反应，并且要经过很长的潜伏期才能看到结果。它就像疾病一样，潜伏期内一切如常，一旦发作，绝对致命。汉文帝这种广开言路、善于纳谏的做法就是高压政治下的一丝民主因素，而且他废除诽谤罪的做法意味着集权体制下的一点言论自由，尽管微乎其微，但让人看到了一丝曙光、一线希望。"防民之口，甚于防川"，靠堵截的办法是行不通的，因为那是使矛盾被动地完成"量的积累"，一旦形成"质的飞跃"，就了不得了。汉文帝是一个伟大的君主。

第六章　求无为政宽民富　废肉刑文帝悲悯

文帝时，先是周勃为右丞相，陈平为左丞相，然后周勃辞职，陈平为丞相；陈平死后，周勃复为丞相。之前，文帝让被分封的人都回各自的领地，但很多人表示要留在中央，以辅佐皇帝。文帝认为他们不好意思先走，就让丞相周勃起个带头作用，先回封地去，这样别人才好走。于是周勃被免除丞相职位，太尉灌婴升为丞相，太尉的职权并给丞相。灌婴死后，由张苍为丞相，有《史记·张丞相列传》。

那时，分封的各诸侯王早已有尾大不掉、威胁中央的态势，但文帝一味玩柔道，把这个问题留给自己的儿子去解决，这在本系列丛书之《西汉名臣》中有详细说明，这也就是汉景帝时期最大的政治危机"七王之乱"。叛乱的缘起是晁错的削藩措施过于激烈，让以刘濞为首的诸侯王找到借口，他们提出"诛晁错，清君侧"的口号，差点危及刘氏江山。其实在晁错之前，有一个叫贾谊的就已警告过文帝，无原则地宽容恩赏诸侯王，无异于姑息养奸，早晚必生乱。可能是性格使然，或时机未到，文帝明知道自己的做法未必合适，可还是未采取有效措施。贾谊就是《过秦论》这一传世文章的作者。那个时候文帝想寻仙悟道，乞求长生之术，他被一个叫新垣（yuán）平的骗子搞得团团转，后来这个人的骗局败露，这个人被诛灭三族。文帝曾经和贾谊讨论鬼神问题，两人谈了大半夜。唐代大诗人李商隐作过一首诗，名叫《贾生》："宣室求贤访逐臣，贾生才调更无伦。可怜夜半虚前席，不问苍生问鬼神。"这首诗讽刺汉文帝等帝王只知求仙问卜而不能真正识贤用贤。这也难怪，汉文帝一直就自觉不胜任天子之位，并且信奉老子的学说，以天下无事为福，有时刻意避开或掩藏矛盾，他认为这样是适宜的。

北方的匈奴在汉高祖刘邦时代就屡次骚扰边境，派骑兵掠夺汉族百姓的财物，刘邦曾经攻打他们，可是由于轻敌冒进，被围困在白登山七天七夜，后来用了不十分光彩的手段，才得以脱逃。在文帝时期，匈奴变本加厉，文帝也派兵自卫反击。对于匈奴，汉文帝基本上还是注重外交和亲手段，以军事打击为辅，儿子景帝基本上遵循他的思路。直到他的孙子汉武帝登基，才展开对匈奴的大规模作战，实行的策略就是西汉末年名将陈汤的那句响彻天地的话"明犯强汉者，虽远必诛"。这时涌现出大批杰出的优秀将领，我们将在本篇及本系列丛书之《西汉名臣》中对此作详细的叙述。

当时汉文帝也遵循古例把自己的儿子都分封为王。在文帝称帝前替他清理皇宫的刘兴居被封为济北王后，心怀不满，起兵反叛。原来，刘邦在汉高祖六年（公元前 201 年）时，把除关中外最好的一块地分封给了自己的庶长子刘肥。齐地七十余城，至少有六郡，或者七郡，或者更多，可以确认的是胶东郡、胶西郡、临淄郡、济北郡、博阳郡、城阳郡，可能还有琅邪郡。后来，郡的设置应该还有调整。吕后当政时，通过一系列复杂的运作，从齐国割走了城阳郡、琅邪郡等。在汉文帝前元元年（公元前 179 年），这些郡复归于齐国。但是，在汉文帝前元二年（公元前 178 年），汉文帝割齐国城阳郡封朱虚侯刘章为城阳王，割齐国济北郡封东牟侯刘兴居为济北王，实际上是左兜倒右兜，羊毛出在羊身上。这自然引起齐国刘氏兄弟的不满。于是，在汉文帝前元三年（公元前 177 年），趁着汉文帝北上出击匈奴之机，刘兴居反叛，不过，叛乱没有成功，被汉将柴武（一作"陈武"）击破，刘兴居自杀。这时在世的刘邦的儿子只有文帝和淮南王刘长了，主管部门检举刘长不遵守礼法，不奉天子诏命，居住地不符合法度，出入仿效天子的仪仗，擅自设立法令，又和匈奴等外族联合预图谋反。群臣认为刘长应当被斩首，可文帝不忍心用刑法惩办他，只是废除其王号，将其流放蜀地，最后刘长病死在路上。文帝可怜他，就封他的三个儿子为王。文帝在方便的时候也回到过他以前的封地代国，召见以前的部属和故人，论功行赏，并赐给百姓牛酒。他在太原盘桓了十多天，感慨不已。

在他当政期间，发生了一件事，促使他废止了肉刑。那时常见的肉刑有三种：刖（yuè）、黥、劓（yì），其中"刖"是断足，"黥"是在脸上刺文字或图案再涂抹成黑色，"劓"是割掉鼻子。刘邦时期那个英布之所以被称作"黥布"，就是因为他受过黥刑。当时，太仓县县令犯了罪，要被逮捕并押送到长安。这个县令没有儿子，只有五个女儿，他被逮捕时，说道："生子若不生男儿真是悲哀，在危急时刻光有女儿毫无用处。"他最小的女儿缇（tí）萦因为自己不是男儿而暗自伤心，可她最后还是鼓起勇气随父到了长安。她上书道："我父亲作为官吏在齐国颇有口碑，百姓都说他廉洁奉公，处事公允，可如今只因一时失足就要遭受刑罚。可怜人死不得复生，受刑断足不能再生，即使他们想改过自新，也已经上天无路，入地无门了。我情愿被取消名籍，甘为官奴婢来抵赎父亲的罪过，让他有自新的机会。"

文帝看后感叹不已，就下令取消肉刑。他说："古时候人犯了法，只要在其衣帽上画上特殊的花纹来显示耻辱，就能惩恶扬善，这是为什么？是因为有和谐的政治环境。可如今刑罚如此严酷却仍然不能制止奸邪，这是为什么？难道不是因为我德行浅薄和教化不明吗？若是教育方法不正确，就会使百姓愚昧，从而不知不觉地陷入犯罪的深渊。《诗经》上说'恺悌君子，民之父母'，平易近人的君子才是生民的父母，可如今人犯了过错，还没有批评教育，就施加刑罚，人想要改行善道也无路可走了，只好破罐子破摔，更加恣意妄为，从而导致新的罪恶。我非常怜悯他们。刑罚竟至断肢残体，使人终身不得复原，这是多么残忍、多么令人痛楚的做法，这样做怎能符合道义呢？快快废除肉刑。"这就是与"花木兰代父从军"齐名的历史典故"缇萦救父"。废除肉刑这一政策的出发点极好，自不用说，但也留有后遗症，请参看本系列丛书之《秦史之谜》。

这时的汉文帝意识到了"社会教育"的重要性。只知罚款，只知判刑，没有生动而深刻的教育，是不能解决社会犯罪问题的。要想制止犯罪，需要政府、家庭、社会、学校共同配合，执法部门肯定不能只以罚款和刑责来处理。这很容易让人想起市场上的价格规律：抓不住我白得五千，抓住了罚掉两千，还有三千的利润。尽管天网恢恢，疏而不漏，但有的机制是鼓励人铤而走险的。

第七章　性节俭广施仁政　留遗嘱耐人寻味

汉文帝在位二十三年，他力行俭朴，宫室、苑囿、衣饰、车驾等物无所增加。若法令有不合情理的地方，他就下令废止以利民生。他认为农业是天下的根本，因此鼓励农耕，通过免除租税、出台新政策来促进农业的发展。自上台以来，他就十分关注农业问题。他曾经要建筑露台，找来工匠做工程预算，所需费用大约一百斤金。他说："百斤金相当于十户'中产阶级'的家产，我继承先帝留下的宫室尚且羞愧不安，为什么还要另筑露台呢？"他时常穿粗厚布料的衣服，自己宠幸的慎夫人穿的裙子后摆也不可以拖地，帷帐也不用绣金纹饰，借以显示敦厚朴素，做天下人的楷模。

汉文帝在修建自己的坟墓——霸陵时，陪葬品都用瓦器（这是当时的普通老百姓也用得起的），金银铜锡制品一概不用，不修高大的墓冢（zhǒng）。他这么做就是为了省钱，为了节省民力。这都是值得提倡和学习的，勤俭节约是中华民族的优良品德。南越王尉佗（也作尉他、赵佗）

自立为武帝，与汉朝分庭抗礼（其实汉朝是南越的宗主国）。这种自立为帝的行动应该招致汉军的攻击，可文帝没有发兵，而是仍然赐给尉佗的兄弟高官厚禄，以德报怨，感动得尉佗赶忙去除帝号保持臣礼。那时汉朝对匈奴采取"和亲政策"，匈奴百约百叛，反复无常，说翻脸就翻脸，可文帝只命加强边境守卫，不发兵深入，就是怕兴兵之后苦了百姓。当然，许多事靠单方面的委曲求全也不是可取的，但文帝爱惜百姓生命是对的，人民是天下最宝贵的资源。他的那个堂兄弟吴王刘濞假装有病，不按时入朝拜见天子，乱了朝廷的礼法，他也没有追究，反而准许他不用来朝觐，又赐给刘濞扶几和手杖，以示尊老。当然，这个兄弟的势力也是这么培养起来的，但文帝不求全责备、不在枝节问题上死缠烂打是对的，谁能不犯错？群臣中袁盎（àng）说话比较尖锐直性，不留情面，但汉文帝常常听从袁盎的意见。当然，袁盎的这种直来直去的说话方式还需要再推敲一番，可文帝知道"信言不美，美言不信"的道理，并且能身体力行，这是不容易的。在他称帝之前和他一起从代国来的张武收取贿赂，事情败露后，文帝把自己的钱拿出来赏给张武，让他知道羞耻，而不是把他投入监狱。他致力于用恩德感化民众，所以海内殷富，礼义盛行，长期动乱给百姓造成的心理创伤得到了修复。

　　汉文帝的遗嘱颇耐人寻味，在那个时代体现了前所未有的超脱，而且还包含了朴素唯物主义的元素。他在遗诏中说："我听说，天下万物只要萌生，就注定要死亡。有生就有死，有得就有失，新陈代谢是天地间的规律、物质的必然属性，那么我的离世又有什么值得悲哀的呢？当今之时，世人都喜生恶死，这属于人之常情，但规律的运行是不以人的意志为转移的。先人死去后怎样处理？有的人家迫于舆论压力厚葬死者，以至于生者家业败亡，这种因为丧事而破坏生计的办法我不赞同。

我也没为老百姓做什么实事，如今因为我的逝世要牺牲老百姓的正常生活，来为我服丧，这只会让我更加惭愧，也没法向天下人交代。我称帝有二十余年的时间，托赖神灵护佑，祖先恩德，天下刀兵不起，百姓安居乐业，这已是我的非分之福。我无德无能，最怕自己有过失而使先帝蒙羞，不能善始善终，如今能寿终正寝，并且又能被供奉在高庙中，以我的才智能得到这么圆满的结果，又有什么可以悲哀的呢？请为我发布命令，只用三天为我服丧就可以了，免除其余的服孝规定。不要禁止民间娶妻嫁女或者举行其他的祭祀活动和饮酒吃肉；凡是参加丧礼的人不要光脚，孝带宽度不要超过三寸，送葬时不要陈列车驾和兵器，不要动员百姓到宫殿里哭丧；霸陵一带的山水要保持原貌，不要不经审批违法修建筑物；把宫中自夫人以下的美人、良人、八子、七子、长使、少使等人都遣送回家。一定要布告天下，使天下人都明晓我的心愿。"这就是汉文帝作为一代人主的大仁大义。

第八章　继祖业文景之治　后宫里暗斗明争

汉文帝去世后，太子刘启继位，史称"汉景帝"。司马迁生活在汉武帝年代，而汉景帝是武帝的父亲，所以有一些事他根本没法写，包括《孝武本纪》(《史记》共 130 篇，有人考证说遗失了 10 篇，包括《孝武本纪》等，也有人说这几篇大概是被汉武帝烧掉的，现在通行本中的《孝武本纪》等是后人补的。我们且不论，相关论证请查阅相关学术论文)。他不能写当朝天子的功罪得失，所以写景帝、武帝传他采用的是流水账式的记事方法，写汉武帝只写了一点寻仙访道和主持宗庙礼仪等方面的事。当时的传统是"为尊者讳"，就是说要千方百计地隐瞒君主或长辈的错误，但是司马迁还是通过对其他人物的描写表达了自己的爱憎。关于这一点以后会另行说明，这里我们只探讨景帝、武帝时代的人际关系。

刘邦与薄太后生下文帝刘恒，刘恒与窦皇后生下景帝刘启，景帝有一个亲姐姐长公主刘嫖，一个亲弟弟梁孝王刘武。景帝为太子时，他的奶奶薄太后把自己娘家的一个姑娘嫁给景帝为太子妃，他登基以后，立其为薄皇后，但因为她没有儿子，也不受宠幸，所以当薄太后去世后，他就废掉了薄皇后。

　　景帝的长子叫刘荣，刘荣的母亲是栗姬，刘荣被立为太子，但栗姬并没有被册立为皇后。景帝的姐姐长公主有个女儿，她想嫁给刘荣做太子妃，这就是要在"姑舅亲"上再加亲，给自己的荣华富贵上双保险，可栗姬没有答应。她为什么没有答应呢？原来她妒忌。她妒忌谁呢？妒忌那些通过长公主而得景帝宠幸并且远远超过自己的美人。她对长公主也恨入骨髓，所以就没有答应这门亲事。这是栗姬最大的失误。得罪谁也不能得罪皇帝的亲姐姐长公主呀，这无疑是在太岁头上动土，栗姬的噩梦开始了。

　　那时还有一个王夫人比较受景帝的宠爱。这个王夫人生有三女一男，据说她怀这个男孩时，梦见太阳落入她的怀里，景帝说这是大贵的征兆，这个男孩就是后来的汉武帝刘彻。长公主在栗姬那里碰了一鼻子灰，心里十分窝火，当她向王夫人提亲时，王夫人爽快地答应了。长公主就常常在景帝面前谗害栗姬说："栗姬和那些得到陛下宠幸的贵夫人相遇时，总是让侍从在她们背后诅咒唾骂，而且喜欢搞一些见不得人的邪门歪道。"景帝因此怨恨栗姬，认为她过于尖酸刻薄，不能容人。

　　有一次景帝身体不好，心情很糟，他担心自己一病不起，就把皇子都托付给栗姬，说："我死以后你要好好照顾他们。"栗姬还在为那些女人抢了自己的风头而生气呢，就不肯答应，而且出言不逊，这就让景帝更加不爽。他心想，现在我还活着你就对他们这样，若我死了还能有这些儿子好果子吃吗？他快气炸了肺，只是勉强忍住没有发作罢了。从这件事就能看出栗姬确实当不起皇后的尊位，景帝托孤其实是在向她发出一个强烈的信号，这应该是她要被立为皇后的征兆，可她真没眼光，而且心胸狭窄，小肚鸡肠，只知争风吃醋，这样的人怎么能当皇后呢？这是她第二次犯致命性错误，可怜的太子刘荣当不上皇帝，只能怨自己有一个没见识的妈。

长公主刘嫖经常在景帝面前夸奖王夫人的儿子刘彻贤能，景帝也有同感，再加上王夫人怀孕时梦日入怀的征兆，他就有了更易太子的想法，但是决心还没有下。王夫人可不像栗姬那么浅薄无识，她有心计，知道景帝此时还在恨栗姬不识时务、心眼太小，而且还怒气未消，她就准备火上浇油，鼓动大臣奏请立栗姬为皇后。大家可千万别以为她这是好心，实际上这是包藏祸心的举动。有一次礼官（叫大行）奏完事后，说："母以子贵，子以母贵。如今太子刘荣的母亲栗姬无封号，应该立其为皇后。"这个不知死活的礼官真是往枪口上撞，景帝还以为这是栗姬授意的，大怒道："这是你应该说的话吗？"于是他杀掉了礼官，把太子刘荣废为临江王。栗姬终日以泪洗面，怨恨不已，她见不到景帝，自然也没有机会当面申诉，不久就含恨而死。这样，王夫人被册立为皇后，而皇子刘彻则被封为太子。

然而，刘彻的继位也遇到了一点波折，威胁来自他的亲叔叔梁孝王刘武。

我们知道，汉朝是强调以孝道治天下的，所以汉朝的皇帝庙号前都加一个"孝"字，如孝惠帝刘盈、孝文帝刘恒、孝景帝刘启、孝武帝刘彻等。那时皇太后说的话很有影响力。汉文帝去世后，他的太太窦皇后成了窦太后。她是汉初杰出的女政治家，在汉文帝时当了二十三年的皇后，在汉景帝时当了十六年的皇太后，在汉武帝时当了六年的太皇太后，这四十五年间她都在直接或间接地影响着汉朝的政治走向。窦太后喜好黄、老的道家学说，皇帝、太子及窦氏家族的人也都不得不读黄帝、老子的经典著作，尊奉老子的学说，由此可见窦太后的威力。

景帝有一次和弟弟刘武喝酒，一时得意忘形，说"千秋万岁后传于王"，即他死后要把帝位传给梁孝王刘武。窦太后偏爱这个小儿子，她与刘武虽然知道这未必是景帝的真心话，但仍然窃窃自喜。所以说，人要慎言，道理就在这里。很多时候说者无心，听者有意，无意中的一句话会让对方产生非分之想，而且给对方留下话柄。窦太后与刘武后来果然做了种种努力，可惜大臣们坚决反对，其中措辞最激烈、态度最坚决的就是袁盎。梁孝王怀恨在心，派刺客杀掉了袁盎，可现场留下的蛛丝马迹让人顺藤摸瓜，找到了梁孝王这一源头。后来，景帝为了照顾母亲窦太后的感受，就杀了两个替死鬼，而梁孝王的皇帝梦也彻底粉碎了。景帝当时说的那句话应该是酒后醉话，然而权力让梁孝王迷失了自我，他根本不计后果。

这个王皇后能和景帝结合也相当不易，可以说是相当曲折。王皇后的母亲叫臧儿，是项羽分封诸侯时燕王臧荼的孙女。臧儿先是与王仲结婚，生了一个儿子叫王信，还有两个女儿，一个是王皇后王娡，另一个后来也成了景帝的妃子，二女共侍一夫。王仲死得早，臧儿改嫁给田氏，在田家生了儿子田蚡（fén）、田胜。这样，以臧儿为中心，共有同母异父五个子女。

王娡长大成人以后嫁给了一个叫金王孙的人，生了一个女儿，也就是说，她在嫁给景帝之前已身为人妻。臧儿在给子女占卜时，算命先生说她的两个女儿都应该是贵人，她一听这话不禁眉开眼笑。为了通过这两个女儿取得荣华富贵，她要把嫁出去的王娡强行夺回来，女婿金王孙大怒，不肯和妻子分离。可臧儿自有手段，成功地把两个女儿送到了刘启的宫中。当时还是太子的景帝刘启十分宠爱王娡，王娡生了三女一男，王娡的妹妹也不甘示弱，生了四个男孩。

◎以臧儿、王娡、王儿姁为核心的人际关系

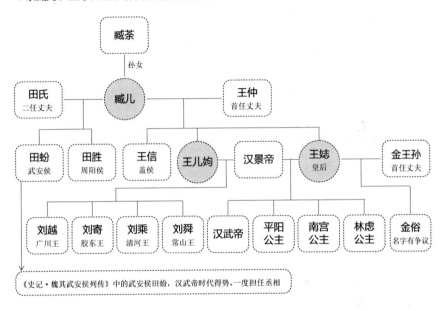

《史记·魏其武安侯列传》中的武安侯田蚡，汉武帝时代得势，一度担任丞相

第九章　陈阿娇金屋凄冷　卫子夫人生逆袭

景帝死后，刘彻继位，史称"汉武帝"。这时他的母亲也成了王太后，于是武帝封自己的姥姥臧儿为平原君，这个封号和"战国四君子"中的平原君赵胜相同，可是两人有着天壤之别。他又分别封自己的舅舅、王太后的两个同母异父兄弟田蚡和田胜为武安侯和周阳侯，封王太后的亲弟弟王信为盖侯。王信好杯中物，整天喝得迷迷糊糊的，田蚡与田胜则贪婪无比，这支外戚队伍的素质不高。景帝的母舅窦长君与窦少君被培养成了谦谦君子。窦太后还有一个堂侄叫窦婴，他被封为魏其侯，所以《史记》中有一篇文章叫《魏其武安侯列传》，文字优美。魏其侯窦婴是景帝的姑舅兄弟，武安侯田蚡是景帝的小舅子，这两个人都属外戚，而窦婴与田蚡也有错综复杂的权力之争，所以二者合传，有专门篇章。

景帝共有十四个儿子，其中刘彻成为武帝，其他儿子都被封为王，包括王太后妹妹的四个儿子。王太后的三个女儿、武帝的三个姐妹中，

◎汉景帝十四子和十三王的名单

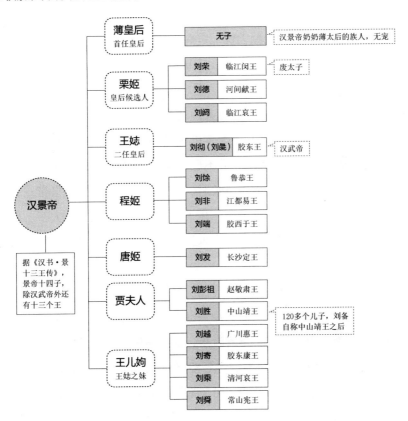

长女为平阳公主，次女为南宫公主，三女为林虑公主。平阳公主是武帝的大姐，说起武帝的第二任皇后卫皇后的册立，还是大姐平阳公主的功劳。卫皇后本名叫卫子夫，出身低微，是平阳公主的歌女。武帝已结婚几年了，可就是没有儿子，他的大姐平阳公主就留心了，选了十多个良家妇女，把她们打扮得粉雕玉琢似的养在家里。有一次武帝到郊外祭祀回来，就到姐姐的府里做客，平阳公主就让这十多个女子亮相，可武帝都不喜欢。后来大家开始喝酒，歌女们在堂下表演歌舞助兴，机缘巧合，他一眼就看中了卫子夫。这天，二人在更衣室中成就了好事。武帝重回座位，神清气爽，龙颜大悦，赏赐平阳公主千斤黄金，公主趁机奏请把卫子夫送入宫中。在卫子夫上车时，她抚摸着卫子夫的背说："走吧，好好努力，若是有一天富贵了别忘了我。"可卫子夫在入宫之后一年多的时间里，竟然再没有机会亲近武帝。后来武帝挑选不中用的宫女，要把她们打发回家，卫子夫趁机见到了武帝，哀求把她也遣送出宫。武帝想起当初的恩爱，怜惜不已，又开始宠幸她，而她也及时怀孕，尊宠日甚一日。她的哥哥卫长君、弟弟卫青也成为侍从皇帝左右的"侍中"。卫子夫生了三女一男，儿子叫刘据，一度被封为太子。后来武帝越老越心疑，权力欲望也越来越强，太子因牵扯"巫蛊案"被逼谋反，兵败自杀。

在卫子夫之前，汉武帝还有一位陈皇后。这位陈皇后是谁呢？是他的姑姑、景帝的姐姐长公主的女儿，也就是"金屋藏娇"这个成语中的阿娇。据说汉武帝还是胶东王的时候，他的姑姑长公主刘嫖抱他在膝上玩耍，问他："我的儿，想不想讨老婆呀？"刘彻道："想极了。"长公主让他在左右百余侍女中挑选，可他都说不要，最后长公主指着自己的女儿陈阿娇问道："那你看阿娇怎么样？"刘彻大喜道："好！若婆阿娇为妻，我会打造金屋给她住。"这两个人的关系就像贾宝玉与林黛玉的关系，是姑舅亲。后来长公主想与栗姬的儿子、太子刘荣攀亲遭拒，就转向了王夫人的儿子刘彻，并帮助刘彻确立了太子位。刘彻成为汉武帝以后，陈阿娇也被封为皇后。

陈皇后依仗母亲是刘彻的姑姑与恩人，骄横高傲，目空一切，这让刘彻非常反感。看来一个人若不是自己有能力，没有什么可高傲的，仗势欺人只会把自己引上绝路。由于她一直无子，所以武帝的姐姐平阳公主替他挑选一些女子，为他生儿子，这样武帝就在姐姐家里遇到了卫子夫。陈皇后知道卫氏得到宠幸，非常忌妒，施展了女人最无赖的武器"一哭二闹三上吊"，有几次差点儿死了。但凡事都要有个限度，可能事情闹大了，整个后宫鸡飞狗跳，几次下来反而让武帝更加讨厌她。我想这应该是她不太善用女人的武器、得理不饶人和态度过于蛮横造成的。后来她又用巫婆的邪术诅咒，可能是在草人上写上对方的生辰八字用针扎之类的手段，搞得沸沸扬扬，最后刘彻大怒，准备彻查此事，抓到了那个为皇后实施诅咒法术、跳大神的叫楚服的女人，据说被株连的有三百多人，陈阿娇也被废掉，而卫子夫被立为皇后。

后来陈阿娇在冷宫中用黄金百斤请汉代大文豪司马相如给自己作情歌辞赋，希望武帝能够听到，唤起他对青梅竹马、两小无猜时的美妙遐想，让自己重新得到宠幸。据说这篇辞赋还是起到了一定的作用，两人有过和好，可惜事情一旦造成严重的后果，就很难恢复原貌了，特别是感情。辛弃疾的《摸鱼儿》中有"长门事，准拟佳期又误。蛾眉曾有人妒。千金纵买相如赋，脉脉此情谁诉"几句，就是化用了陈阿娇被贬在长门宫的典故，不过辛弃疾在这里把她塑造成受害者，比喻自己遭受排挤，壮志难酬。

当初，陈阿娇的母亲长公主数次责问自己的侄女、武帝的姐姐平阳公主："若没有我，陛下也不能继位，可他登基不久就抛弃了我的女儿，为何如此不知自爱，非要卸磨杀驴、过河拆桥呢？"平阳公主说："不是忘本，是因为皇后无子才废掉的。"陈皇后求子心切，为了治疗不孕症，花钱九千万，可还是无子。那个时候女人要想巩固自己的地位，基本上只有生儿子这一条路可走，这也应该是重男轻女的一个根源。

第十章　大将军乘势崛起　好内宠武帝薄情

　　卫子夫当上皇后以后，她的哥哥卫长君死去，她的弟弟卫青被封为将军，击匈奴有功，被封为长平侯。卫青有四个儿子，其中在襁褓之中的三个儿子也都被封为列侯。卫家的富贵震动天下，天下流行的歌谣唱道："生男勿喜，生女勿怒，独不见卫子夫霸天下。"由此可见当时卫家的权势。卫皇后还有一个姐姐卫少儿，卫少儿有个儿子叫霍去病，以军功封为冠军侯，号骠骑（piào qí，旧读 piào jì。或称票骑，为骁勇善战之意。汉武帝始置。秩禄等同于大将军，以霍去病任之。东汉时沿用设置，仅次于大将军）将军，卫青号称大将军。卫氏的支属以军功起家，被封为侯的有五人。从表面关系来看，卫青是霍去病的亲舅舅，二人都是通过卫子夫起家的，加上本身有一定水平，所以被封为侯还说得过去，比武帝的娘舅王信、田蚡那一支要好得多。司马迁在《史记》中把二人合在一起作《卫将军骠骑列传》，"骠骑"指霍去病，二人也都是抗击匈奴的功臣，放在一起也挺合适的。

那时武帝大姐平阳公主寡居，能和她匹配的只有列侯。她和左右谈论长安城中哪些侯爷有资格做她的丈夫，大家都说大将军卫青合适，公主笑道："卫青是从我家出去的，我经常让他随我出入，怎能把那时的跟班当作丈夫呢？"侍者说："如今大将军的姐姐是皇后，他的三个儿子都被封侯，富贵震动天下，已非昔日可比了。英雄不怕出身低，您怎么能轻视他呢？用老眼光看人是不对的。"真是"英雄莫问出处，登枝便为凤凰"，平阳公主这才同意与卫青成亲。她先和卫皇后说了，然后告诉汉武帝，武帝于是下诏让大将军卫青做了平阳公主的丈夫，这是把他的姐姐与他的小舅子撮合到一起了。在本系列丛书之《西汉名臣》中将要说到，陈平的孙子陈何因为抢夺人妻被处决，侯爵封号也被取消，他的曾孙陈掌使出浑身解数想继承陈平的封邑，可惜没有成功。陈掌后来娶了卫青与卫子夫之姐卫少儿，因此甚得汉武帝宠幸，权势显赫，然而终不得续封侯。

后来有一个褚先生评价卫青道：丈夫龙变。他的意思是说，大丈夫要像龙一样变化。对于这种比喻，《三国演义》的"青梅煮酒论英雄"里，罗贯中借曹操之口讲得最好：龙能大能小，能升能隐；大则兴云吐雾，小则隐介藏形；升则飞腾于宇宙之间，隐则潜伏于波涛之内。方今春深，龙乘时变化，犹人得志而纵横四海。龙之为物，可比世之英雄。中华民族是龙的传人，而龙是英雄的象征，莫辜负这龙的称号。褚先生说：蛇化为龙，不变其文（花纹）；家化为国，不变其姓。那个时候主张"家天下"，"国"与"家"是不分家的，刘邦取得天下，天下就姓刘。他说这话的意思是，人不管发展到什么程度，都会有过去的印记。同时，出身不代表现在的成就，要看他现在的地位，不要斤斤计较过去。他的观点是：丈夫在富贵的时候，一俊遮百丑，过去的所有污点都被富贵的光环笼罩住了，贫贱时的屈辱、无奈怎么会影响现在的地位和名声呢？他的话有点偏颇，过分夸大了富贵的作用，但在笑贫不笑娼的社会里，这是实话。

卫皇后也有年老色衰爱弛的时候，有一个王夫人得到宠爱，生的儿子被封为齐王，可惜她死得早。这时李夫人又开始接棒，生的儿子刘髆（bó）被封为昌邑王。李夫人也是红颜薄命，早早香消玉殒（yǔn）了。她有个哥哥叫李延年，他精通音律，得到武帝的赏识，但因为淫乱宫廷，被夷灭三族。当时李夫人的大哥贰师将军李广利因为统兵在外，躲过一劫，等他回长安时，汉武帝想起与李夫人的恩爱，并且看到李家基本上被杀光了，就怜悯起李广利来，封他为"海西侯"。李广利与司马迁的命运有密切联系。和李广利一同出征的李陵投降了匈奴，司马迁为李陵说了几句公道话，武帝认为这是讽刺李广利用兵不行、自己用人不当，就把司马迁判为死罪。司马迁想完成《史记》，这才隐忍苟活。

第十一章　怕重演吕后故事　打哑谜刘彻托孤

李夫人死后，尹夫人与邢夫人得宠。但是，因为她们都是歌舞艺人，不是公侯的女儿，所以并不能真正得到汉武帝的尊重，只是靠着年轻美貌吃青春饭罢了。据说武帝怕她们俩相见后非得品评出个高低，从而嫉妒生恨，就下诏禁止她们见面，可尹夫人请求武帝，非要与邢夫人见一面，武帝答应了。武帝让别的美人冒名顶替邢夫人，打扮得花枝招展的去见尹夫人。尹夫人抬眼一瞧就说这个不是真正的邢夫人，武帝问："你凭什么这样说呢？"尹夫人说："看她的身材、容貌和体态，就知道她不足以得到陛下的宠爱。"于是汉武帝让邢夫人穿上旧衣服只身前来，尹夫人看到后说这才是真正的邢夫人，接着她却伏地痛哭起来。原来她就像《邹忌讽齐王纳谏》中的邹忌一样有自知之明，知道自己和邢夫人相比还是差了一截，因此自愧不如而自怨自伤起来。看来只有同一层次的人才能够互相赏识。

俗话说"三分长相，七分打扮"，从骨子里透出的那种气质与韵味不是靠施朱傅粉和前呼后拥就能代替的，是国色天香还是庸脂俗粉，逃不过真人的眼睛。

在汉武帝生命的最后几年中，他宠爱钩弋（yì）夫人。据说武帝路过河间时，有能望"气"的阴阳先生说此地有个奇女子，武帝就命使者去打探，果然打听到有一个赵姓女子，其右手六年之间总是呈握拳状。武帝把她召来，亲自抚摸摆弄，赵氏的手指突然伸展开，收缩自如，掌心有一玉钩。于是武帝把她带回长安，对他十分恩宠。她居住在钩弋宫，号称"钩弋夫人"，别号是"拳夫人"。她生有一男孩，这就是后来的汉昭帝，不过那已是《汉书》和《资治通鉴》的写作范围了，本文不做探讨。

卫皇后的儿子、太子刘据被废掉以后，太子之位就一直空闲着。武帝的一个儿子燕王刘旦提出申请，想要回长安进宫担任保卫工作，这是秃子头上的虱子——明摆着的，他觊觎（jì yú）太子之位。武帝越年老越心疑，并且越暴躁，他看到刘旦的申请后，二话没说就把信使杀了。毫无疑问，刘旦的太子梦定是南柯一梦了。

武帝也在考虑他的继承人的问题，这历来是帝王的心病。他和群臣打了一个哑谜，让画师画了一幅"周公负成王"的国画。西周开国之君周武王死时，儿子成王尚小，就由弟弟周公旦做辅政大臣，即由叔父辅佐侄儿治理国家。于是左右及群臣都知道武帝这是在托孤，他要把帝位传给钩弋夫人生的小儿子。

过了一段时间，武帝没事找事谴责钩弋夫人，钩弋夫人摘掉发簪和耳环叩头求饶，可是武帝冷若冰霜。他说："拉出去，送进监狱。"钩弋夫人一步一回头，希望用脉脉含情的眼神温暖他的铁石心肠，收回成命，可武帝还是不为所动，说："快走，你不能活。"后来钩弋夫人死在了云泉宫，死时突起暴风，尘土飞扬。百姓知道她无罪被诛，深深为她哀伤。这真是汉代版的"窦娥冤"哪！

　　据说钩弋夫人被埋葬以后，香闻十里，武帝命人开棺检视，发现已无肉身，只剩下衣服和鞋子还在，也许她也是离恨天之上、灌愁海中、放春山遣香洞"太虚幻境"中下凡的仙女，了结一段前世的情缘，又去做那自在的神仙去了。这可真是"厚地高天，堪叹古今情不尽；痴男怨女，可怜风月债难偿"啊！

　　事后，武帝闲暇时问左右的侍臣："别人都说什么了？"左右回答："人们都感觉奇怪，要立儿子为太子，为什么非得除去他的母亲呢？"武帝说："正要这样。这不是小孩和愚人能够理解的。自古以来，之所

◎汉武帝六个儿子的简况

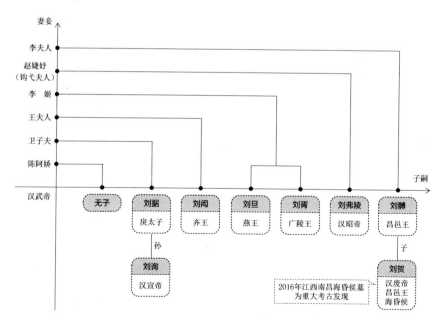

237

以社会动荡，朝廷不安，就是因为皇帝幼小、母亲年壮，女主独居，骄横淫乱，无人能阻止，也无人敢阻止，所以为所欲为、毫无顾忌。你们听说过吕太后的故事吗？"由此可见，吕氏专权对汉代的影响有多大。为了巩固自己的政权，骨肉之间都要刀兵相见，你死我活，何况几个后宫女人？春恨秋悲皆自惹，花容月貌为谁妍？

第十二章　朝堂须眉为天下　后宫脂粉暗争锋

自从有了人类，剪不断理还乱的感情问题，就让人一则以喜一则以忧，或柔情蜜意或多愁多病，或相思入骨或咬碎钢牙，"爱恨交织"是最贴切、最生动的形容词，而对三角或四角关系中的女人们，形容她们之间的关系是"你死我活"可能更合适。女人对很多事情都能睁一只眼闭一只眼，只有在感情上，眼里容不得一粒沙子，决不许有人虎口夺食，只有"后宫佳丽三千人，三千宠爱在一身"才是最好的。那看不见摸不着且最爱伪装、最为善变的感情问题，真能如人所愿吗？要想达到这个理想境界，恐怕要费一番工夫，要找一条好路。这一点对男女都一样。不能只看外表，只看眼前，恐怕综合素质的提高是唯一的途径。

对女人来说，容貌无疑是很重要的，但她总有人老珠黄的那一天吧？事业的成功是男人最好的装饰品，但若事业中途夭折了怎么办？所以很多事单看外表、单看目前肯定不行。

一般来说，人若有丰厚的底蕴就可以弥补外表的不足，或让俊美的外貌释放永恒的光彩，这样才能时刻保持新鲜感。有一句歌词叫"读你千遍也不厌倦"，要想做到这一点，就不能做漫画书、畅销书，而要成为《红楼梦》，成为《史记》，把自己打造成一部经典，这应该是永葆青春的秘诀。

俗话说得好："美女入室，恶女之仇。"美女进入家室，就来了一个仇敌。我们看汉初这几代人的恩怨情仇，确实感同身受。刘邦时代，吕后最大的情敌是戚夫人，她差点败下阵来，多亏她工于心计和长期的苦心经营，才化险为夷，最后戚夫人被残害成"人彘"。其实这种"感情大战"并非单纯的世俗男女之情矛盾大升级，其中掺杂了利害关系，掺杂了太多的家族和个人的利益。当然，最为惨烈的是"储君"位置的争夺，并非纯粹的感情问题。

我说过，其实以刘邦之聪明，应该不会不了解吕后的为人，也应该想到戚夫人和赵王刘如意的结局会很悲惨。他若纯粹是从感情出发，完全可以"贵易交，富易妻"，当时最安全的办法是杀掉吕后。按照我的推理，刘邦毕竟是刘邦，他更应该看到他死之后的政治危机，他认为吕后能够把握航向，若换成刘如意和戚夫人，刘如意只是一个乳臭未干的娃娃，而戚夫人唱歌跳舞是一流的，搞政治肯定不行，为了后世江山，他只能忍痛割爱了。《史记》中说刘邦好酒色，其实在这件事上，他已是"英雄险过美人关"了。人生在世，都有太多的无奈。

刘邦的儿子汉惠帝的皇后是吕后的亲外孙女儿，现在看来，这是大逆不道，但在当时习以为常。吕后为了巩固吕家人的权力，只能用这种"自以为得计"的下下策。这位张皇后无子，就把别的美人生的儿子认在自己的名下，立为太子，杀了太子的生母。然而，纸里毕竟包不住火，这个太子继位后口无遮拦，被吕后杀了。这是亲奶奶杀自己的亲孙子。在那个时代，为了巩固统治地位，当权者无所不用其极。吕后的那些后辈女儿非刘氏不嫁，为此接连害死了两个赵王，但收效并不大。由此可见，想以感情作为笼络手段，其力量还是显得薄弱了一些，因为感情一旦用于利益交换，会变得更快。

文帝时，原来的皇后和皇后生的儿子死得早，所以窦氏的册立属于"和平过渡"，没有太多阻碍，这是最为平和的一段后宫生活。到了景帝时就比较乱，他先是立栗姬的儿子为太子，后又废掉了薄皇后。然而，由于栗姬心眼实在太小，鼠目寸光，结果败给了王夫人和长公主结成的联盟，最后太子被废，王夫人的儿子刘彻得到册立。若是栗姬答应了大姑姐长公主的儿女婚事，自己再会说点话，心胸博大一些，事情就可能是另外一副样子了。

武帝登基后，陈皇后（武帝姑姑长公主的女儿）没有儿子，加上她自恃母亲为武帝的登基出过力，骄纵放任，武帝就立了卫子夫为皇后。后来卫皇后也失宠，太子刘据也被废掉。武帝决定立刘弗陵为太子，又处死其生母钩弋夫人，以避免重蹈吕氏专权的覆辙。褚先生大加赞扬，说武帝有远见卓识，能够深谋远虑，他的做法不是识见浅薄的腐儒所能够理解的，他的谥号是"武皇帝"，名副其实。

褚先生说："洗澡不必非得到大江大海去，只要能去除污垢就好；骑马不必非得骑宝马良驹，只要它善于奔跑就行；士人不必非得出自名门，只要他善识大体就成；女人也不必非得是贵族之后，只要贞洁娴雅就可以。"他的意思是不必求全责备，不必只图虚名，而要返璞（pú）归真，注重实际。

第十三章　遇英主匈奴跋扈　为休养汉帝忍屈

　　谈汉武帝，就不能不谈他对匈奴的反击，这也比较能体现强人的做事特点。

　　汉武帝之前的几位汉朝决策者，因为各种原因，对匈奴都以安抚、和亲为主，而匈奴对汉朝则保持主动出击的状态。

　　汉高祖七年（公元前 200 年），汉高祖刘邦率领大军三十二万北上，被冒顿（Mò dú）单于以三十万精锐围困于平城（今山西大同东北）白登山，七天之后才得以逃脱。次年，刘邦接受刘敬的建议，以宗室女为公主，嫁给单于，奉行和亲政策。

　　汉惠帝三年（公元前 192 年），冒顿单于给吕太后写了一封信："孤偾（fèn）之君，生于沮泽之中，长于平野牛马之域，数至边境，愿游中国。陛下独立，孤偾独居。两主不乐，无以自虞，愿以所有，易其所无。"大致意思是说："我是孤独无依的君主，生在潮湿的沼泽地，长在放牛放马的平旷之地，我多次到边境上，希望能到中原游玩一番。陛下您独立为君，也是孤独无依，单独居住。我们两位做君主的都不快乐，没有什么可娱乐的。希望我们两个能以各自所有的，交换彼此所没有的。"最后这句"愿以所有，易其所无"，绝对不是字面的意思，而是充满了挑逗、侮辱，言外之意应该是，你我孤男寡女，都很孤单，能不能坐下来谈谈？这可是无礼至极。吕太后当时就怒了，找来陈平、樊哙、季布，商量要斩杀匈奴使者，攻打匈奴。樊哙说："臣愿得十万众，横行匈奴中。"但是季布当场提出了反驳，主要有以下三点。一是白登之围时，汉高祖亲自带兵三十二万，樊哙当时也是上将军，却无法突破包围，他现在凭什么说用十万大军就能横行匈奴？二是中原百废待兴，不宜轻易动刀兵，摇动天下。三是匈奴乃蛮夷之人，他们说了善言不必喜，说了恶言不必怒。此时的吕太后显示了女政治家的理性，她冷静下来后也知道不该打、不能打，打不起、打不赢，于是，派张泽为使者，给冒顿单于送去一封信，信中说自己"年老气衰，发齿堕落，行步失度"，意思是她年老气衰，头发、牙齿脱落，走路也不稳当，实在没有"再嫁"的资本和考虑了，恐怕是单于获得了错误的信息云云，并送两辆御车，马二驷，即配备驾车的马八匹，供单于平时驾驶。接着冒顿单于也给了一个稍微客气的回复，此事才算告一段落。高后时代，汉朝对匈奴依然是以和亲为主。此事见《汉书·匈奴传》。

汉文帝前元十四年（公元前 166 年），匈奴老上单于率领十四万骑兵，从萧关（位于今宁夏固原东南）攻入，抵达雍（今陕西宝鸡凤翔）和甘泉山（位于今陕西淳化西北），距离长安只有二百余里。汉文帝赶忙命中尉周舍为卫将军、郎中令张武为车骑将军，调集战车千乘、骑兵十万驻扎在长安附近，又在陇西郡、北地郡、上郡加强防守。"匈奴日已骄，岁入边，杀略人民畜产甚多，云中、辽东最甚，至代郡万余人。"云中

郡和辽东郡中被杀和被掠的人口各万余人。汉文帝后元二年（公元前 162
年）六月，汉与匈奴和亲。汉文帝是非常想表达诚意的，他给御史下诏
令说："匈奴大单于遗朕书，言和亲已定，亡人不足以益众广地，匈奴
无入塞，汉无出塞，犯今约者杀之，可以久亲，后无咎，俱便。朕已许
之。其布告天下，使明知之。"大意是说："匈奴大单于送给我书信，汉
匈和亲局面已定，收留逃亡的人不足以增加人口，扩充土地。匈奴不准
入塞，汉朝人不准出塞，违犯现今条约者杀头。这样可以长期保持和平
相亲，以后也没有灾祸，双方都便利。我已答应了匈奴，现在布告天
下，让天下吏民明确知道此事。"但事实证明，这只是汉文帝的一厢情
愿。四年之后，老上单于去世，儿子军臣单于登位。这里需要谈到一个
人叫中行说（háng yuè），他是汉文帝时的宦官，燕人。汉文帝前元六年
（公元前 174 年），汉以宗室女嫁给匈奴老上单于，让他作为陪嫁跟随，他
百般不愿，可是上级强令他随行，因此他怨恨汉朝，投降了匈奴。要命
的是，他知道汉朝内部情况，所出的主意往往切中要害，深受老上单于
的信任。军臣单于继位后，中行说又侍奉军臣单于，获得军臣单于宠
幸。接下来匈奴侵扰汉朝边境，应该是中行说出谋划策的，最起码，他
起了非常大的破坏作用。上文说，汉文帝后元二年，汉文帝为了体现诚
意，特意下诏书，告诫官吏百姓约束自己的行为，不要越界，然而，就
在军臣单于上台以后，也就是汉文帝后元六年（公元前 158 年）前后，匈
奴兵分两路，三万骑兵入上郡，三万骑兵入云中郡，杀掠甚众，烽火连
天，通到长安。汉文帝赶忙命令张武、苏意、令免、徐厉、刘礼、周亚
夫带兵驻扎在各地，防备匈奴。著名典故"周亚夫军细柳"就发生在这
个时候。此事见《汉书·文帝纪》。

汉景帝的时代主题是解决诸侯王尾大不掉的内政问题，平定"七国

之乱"，消除后遗症，因此，统治者需要很大精力来做战略布局和政策调整。对匈奴，依然是和亲为主。在汉景帝前元元年（公元前156年）和前元五年（公元前152年），汉朝都与匈奴和亲，"遣公主嫁匈奴单于"，并赠送财物。可是在汉景帝中元六年（公元前144年）六月，"匈奴入雁门，至武泉（故治在今内蒙古呼和浩特东北，汉朝设置，因境内有武泉水而命名），入上郡（魏文侯设置，秦时的治所即政治中心在陕西榆林东南，汉时区域有所变化，大致在今陕西和内蒙古一线），取苑马（汉代始置牧场，专用以牧马，谓之苑马。苑，畜养禽兽的园林）。吏卒战死者二千人"。汉景帝后元二年（公元前142年），"匈奴入雁门，太守冯敬与战，死"。

由此可见，在西汉前期，因为国力等方面的限制，西汉统治者变身为一团棉花，你来重拳我就承受，你不打我，我就给你送女人。西汉统治者想用"柔道"来解决匈奴的攻击，但这只能起到一定的作用，并不能从根本上解除匈奴的威胁。更重要的是，和匈奴打仗，不能只用步兵，还要用骑兵，而当时没有马。《史记·平准书》上记载，刘邦在刚刚建立汉朝时，"自天子不能具钧驷，而将相或乘牛车，齐民无藏盖"，天子想要找四匹同样毛色的马都找不到，很多将相只能乘坐牛车，老百姓毫无积蓄。同时，物资奇缺，"米至石万钱，马一匹则百金"，一石米涨到了一万钱，而《睡虎地秦墓竹简》上记载，一石米三十钱。马匹奇贵，一匹马涨到了一百金。

到了汉武帝时，休养生息了接近七十年，有人、有钱、有马、有后勤、有训练、有战争动员能力，是对匈奴进行自卫反击的时候了。

第十四章　定战略汉武纵横　伐匈奴铁血建功

在汉武帝时代，没有卫星定位和高清拍摄，汉武帝手里也没有一版非常清晰的中国地图和世界地图，广大的未知领域，就像战争类游戏中被黑影遮挡的部分，只能一点点地去探索。

因此，汉武帝的一些创造很伟大，有些探索性的错误可以理解，就像我们在走向未来的过程中，也会因为不知道、没注意、缺经验而难免犯下一些错误一样，这一点需要理解，而对于明知故犯的部分，该批判就得批判了。

汉武帝是一个具有非凡的战略创造力的人，他在不断的探索、思考和实践中，对于反击匈奴，形成了先"直击匈奴前胸（我的语言）"，然后"断匈奴右臂（张骞的构想）"和"断匈奴左臂"的战略方针。

简单理解，平定朝鲜，可以称为"断匈奴左臂"，但是关于这个问题，学术界有一定的争议。《汉书·韦贤传》中记载，太仆王舜、中垒校尉刘歆为汉武帝辩护，他们认为："孝武皇帝愍（mǐn，同"悯"）中国罢劳无安宁之时，乃遣大将军（指卫青）、骠骑、伏波（将军之号，汉武帝时路博德曾任此职，出征南越）、楼船（楼船本为秦汉时甲板上起有楼阁的战船，也用以指代水军，此处用作将军之号，汉武帝时杨仆担任此职）之属，南灭百粤，起七郡；北攘匈奴，降昆邪（也称浑邪王、混邪王，原为匈奴诸王，在祁连山及河西走廊一带活动。元狩二年，即公元前 121 年，骠骑将军霍去病带兵数万，屡挫其军。伊稚斜单于怨其作战不力，欲加问罪，于是他带兵四万余降汉，号称十万）十万之众，置五属国（属国，西汉特区。昆邪王降汉，设置五属国安置他们，后来沿用，成为一种特殊的制度，以属国专门安置降附或内属的少数民族，对维护边疆地区的安全起到一定的积极作用，而且属国兵战斗力很强），起朔方（朔方郡，汉武帝元朔二年，即公元前 127 年设置，辖境相当于今内蒙古河套西北部及后套地区），以夺其肥饶之地；东伐朝鲜，起玄菟（tú，辖境相当于今朝鲜咸镜南道、西江道及我国辽宁、吉林东部）、乐浪，以断匈奴之左臂；西伐大宛（yuān，领地相当于今中亚费尔干纳盆地，有葡萄、苜蓿，以产汗血马而知名），并三十六国，结乌孙（初在祁连、敦煌间，汉文帝后元三年，即公元前 161 年左右，西迁到今伊犁河和吉尔吉斯斯坦境内伊塞克湖一带），起敦煌、酒泉、张掖，以鬲婼羌（ruò qiāng，今作若羌，在新疆），裂匈奴之右肩。单于孤特，远遁于幕北（即漠北，指蒙古高原大沙漠以北地区）。"

在这里，王舜、刘歆认为，汉武帝南灭百粤、北攘匈奴、东伐朝鲜、西征大宛，是相当正确的行为，具有"中兴之功"，"孝武皇帝功至著也，为武世宗"，功劳很大。高皇帝"建大业"，是太祖，文皇帝"德至厚"，为文太宗，而汉武帝"功至著"，称得起武世宗。

关于"断匈奴左臂"和"断匈奴右臂"的问题，我们就只谈到这里，因为这个问题太复杂了，适合历史发烧友去研究。需要说明的是，张骞的"凿空之旅"和霍去病的军事胜利，是"断匈奴右臂"这一战术的实施，影响深远。如果读者感兴趣，可以看《论匈奴"左臂"与相关问题——燕秦汉时期东北亚走廊系列研究之二》（王海、刘俊著）、《张骞与西汉中期的"断匈奴右臂"战略》（刘光华著）、《汉代张掖属国新考》（高荣著）等论文，会看到更多专业性的分析。

我们主要谈一下汉武帝"直击匈奴前胸"的战略和战术方面的行

◎汉武帝对匈奴的攻击战略及重要时间节点

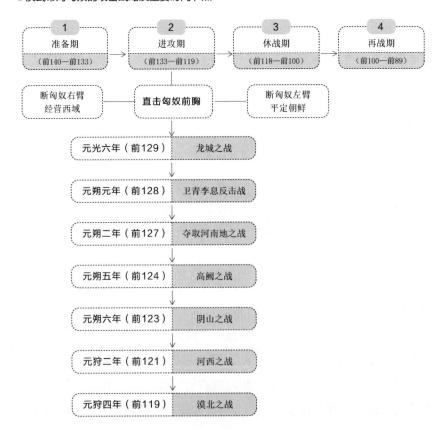

动，来看汉武帝的行事风格。

按照《汉武帝传》（杨生民著）的划分，汉武帝对匈战役有四个阶段，笔者对此还是非常认同。

第一阶段——准备期：汉武帝建元元年（公元前140年）至元光二年（公元前133年）六月马邑之谋。

第二阶段——进攻期：元光二年六月马邑之谋至元狩四年（公元前119年）漠北之战。

第三阶段——休战期：元狩五年（公元前118年）至天汉元年（公元前100年）。

第四阶段——再战期：天汉元年至征和四年（公元前89年）。

以我个人的眼光，第一阶段、第二阶段、第三阶段，都没有特别大的问题，如果不进行反击，匈奴会更加得寸进尺，因此必须以武力的手段对付匈奴。为了反击匈奴，需要充分的准备。在进攻期，集中优势兵力对匈奴进行致命打击，这没有问题。经过战争，匈奴的主力被摧毁了，汉朝国力也空虚了，此时进入休战期，不仅明智，也是必然。争议最大的，就是第四阶段，汉武帝再次出动大军，以让匈奴臣服为目标，究竟对不对？而且李广利才能有限，根本无法复制卫青、霍去病的成功，最后是劳民伤财。

在进攻期，主要发生了这些大战。

（1）元光六年（公元前129年），卫青袭破龙城之战。龙城在今内蒙古锡林郭勒境内。卫青直捣龙城，获首虏七百级，但是，公孙贺部无功而返，公孙敖部损失骑兵七千，李广部遭遇匈奴主力，全军覆没。从战术上看，这一战是失败了，然而，龙城是匈奴的政治与文化中心，而且这一战"打破了匈奴不可战胜的神话"，因此从战略上看，这一战是成功了。

（2）元朔元年（公元前 128 年），卫青、李息的反击战。此次是匈奴首先挑起战端，侵扰辽西郡（治所在今辽宁义县西）、渔阳郡、雁门郡，损失比较惨重的是守备渔阳的韩安国部，一千余骑兵几乎全军覆没。因此，汉朝派兵反击，得首虏数千，完成了歼灭敌人有生力量的目标，算是全胜。

（3）元朔二年（公元前 127 年），夺取河南地之战。河南地指内蒙古河套地区，秦始皇时"使蒙恬将数十万之众北击胡，悉收河南地"，后来中原发生陈胜吴广起义和楚汉战争等大事件，匈奴的势力就控制了河南地。此时河南地回到汉朝之手，战略意义非常重大。这是一片肥美富饶的土地，既可以巩固长安北部边防，也可以成为北击匈奴的根据地。

（4）元朔五年（公元前 124 年），高阙之战。此时是军臣单于的弟弟伊稚斜单于在位，他是一位很有野心的君主，加大了对汉的进攻力度。匈奴右贤王也怨恨汉朝夺取河南地，加紧了侵扰的步伐。为了巩固河南地，反击匈奴，元朔五年，汉武帝命令卫青带领苏建（苏武之父）、李沮、公孙贺、李蔡、李息、张次公等六位将军出击。此次卫青表现优秀，用兵如神，以少量兵力牵制左部，集中兵力奔袭右贤王主力，右贤王裨（pí，辅助的，副的）王十余人、"众男女万五千人"、牲畜数十百万，都被卫青军团俘获，右贤王只带了几百骑兵逃走。汉武帝大喜，派使者至塞（长城），在军中拜卫青为大将军，其他众人各自获得封赏。

（5）元朔六年（公元前 123 年），两次出定襄越阴山之战。卫青带公孙敖、公孙贺、苏建、赵信、李广、李沮等六位将军，春天、秋天两次出击。据《汉书·武帝纪》，共得"首虏万九千级"，但是汉军也有损失，尤其苏建部损失惨重。赵信本是匈奴小王，后降汉，此次与苏建共同率军三千，遇到单于主力数万，战败，单于诱降，赵信带领所剩八百骑投降了匈奴，于是苏建成了孤家寡人，脱身投归大将军。按照军法，弃军当斩，汉武帝未杀，让他花钱赎为庶人。

在这一年的战争中，张骞担任向导，因为他熟悉匈奴境内的水草之地，又有出使西域的功劳，所以被封为博望侯。另外，一颗闪亮的将星在此年出现，十八岁的霍去病以票姚校尉的身份，带领轻勇骑八百人，深入敌后，斩首虏两千余级，斩匈奴单于大父（祖父、外祖父辈）若侯产，生捕季父（最小的叔叔）罗姑比，被汉武帝封为冠军侯，食邑一千六百户。

（6）元狩二年（公元前 121 年），河西之战。此时汉匈之间已经杀红了眼睛，匈奴为报复汉朝发动的定襄之战，在元狩元年（公元前 122 年）出动万骑攻入上谷郡，杀数百人，于是有了这次河西之战。

河西，春秋、战国时，以今山西、陕西之间黄河南段以西地区为河西之地，汉朝以今甘肃、青海两省黄河以西，即今河西走廊与湟水流域为河西之地，因在黄河以西而得名。攻占这个区域，是"断匈奴右臂"的重要战略行动。此次战役成了霍去病的个人表演赛。

次年春天，霍去病带领万骑出陇西过焉支山（也称胭脂山或燕支山，在今甘肃山丹东南）千余里，深入匈奴休屠王领地，得首虏八千九百余级。这年夏天，霍去病、公孙敖再次出兵，深入两千余里，再次获得重大的胜利。

与此同时，李广部和张骞部组成东路军，攻击匈奴右贤王，李广的四千骑遇到了匈奴的主力四万骑，一场血战，以一敌十。在李广力战的情况下，自损数与杀敌数基本持平，后张骞部赶到，匈奴退走。李广功过相当，张骞、公孙敖因为没有及时赶到指定作战区域，依法当斩，赎为庶人。

这年秋天，昆邪王遭到单于的怨恨，单于想要杀了他，于是昆邪王、休屠王谋划降汉，休屠王中途反悔，被昆邪王杀死。霍去病部去迎接降兵，昆邪王裨将临阵又不准备投降，霍去病急驰入见昆邪王，斩杀想要逃亡者八千人，把昆邪王剩下的队伍带到长安，有四万余人，号称十万人。

这一战斩杀四万六千余人，招降四万余人，匈奴在河西走廊的右部势力被完全摧毁，汉朝打开了经营西域的通路。这一战对匈奴的打击是比较致命的，一向骄横跋扈的匈奴，这次真感觉疼了。

（7）元狩四年（公元前119年），漠北之战。这是一次战略性决战。上文提到的赵信给单于出主意，把总部迁到大漠以北，他认为汉军没有这样长途奔袭的能力，而匈奴也开始学乖了，尽量不和汉军主力死磕，而是采取"打得赢就打，打不赢就跑"的游击战术。于是汉武帝和臣下商议，准备利用匈奴的这种侥幸心理，集结大军直捣其老巢。此次出征，卫青、霍去病各带五万骑兵，加上私募的马匹四万余匹，共计十四万匹马，步兵和转运军饷者数十万人，大将军卫青军团出定襄郡，骠骑将军霍去病军团出代郡，约好共击匈奴。

根据《汉书辞典》的考证，定襄郡，汉初分秦时云中郡一部分而设置，治所在成乐，即今内蒙古和林格尔西北土城子。代郡，战国赵武灵王设置，秦朝因之，汉又因之，治所在代县，今河北蔚县东北，辖境相当于今河北怀安、蔚县以西和山西浑源、阳高以东的内、外长城之间的地区及内蒙古兴和一带。当卫青与单于对阵的时候，以武刚车环营，这一战术发挥了重要的作用。武刚车是"有巾有盖"的战车，一般担任前驱，能够顶住敌人骑兵的冲击，建立一个战术上的根据地，然后大将军又以五千骑兵攻击匈奴一万骑兵。日暮之时，刮起沙尘暴，卫青启用预备队，单于看汉军多、兵马强，感觉无法获胜，于是带领几百精壮骑兵突围，从西北逃遁。汉军一夜追出二百余里，未获单于，获首虏一万九千余级。而霍去病兵团也大获全胜，俘获匈奴高级武官八十三人，得首虏七万余级，封狼居胥。

这一战中，汉朝也付出了极大代价，出塞十四万匹马，入塞时不满三万匹，损失十一万匹，士卒死伤数万，李广自杀。但此后匈奴远遁，漠南无王庭。

第十五章　巡朔方高光时刻　无止境战火连绵

从元光六年（公元前 129 年）到元狩四年漠北之战这大约十一年中，汉武帝依托强大的战争动员能力，指挥将士发动了大规模的反击战，给匈奴以惨重的打击，夺取河南地、河西地，控制漠南地区，累计斩杀、俘虏匈奴军约十八万余人，招降昆邪王部四万余人，共计约二十二万余人，并导致匈奴损失二三百万头牲畜，这对匈奴的打击是致命的。但是，汉朝也承受了巨大的损失，十几万将士和二三十万匹战马埋骨于大漠深处。《汉武帝传》记载，动员的兵力累计上百万次，用于转输的民工达二三百万人次。打仗就是打钱，"文景之治"期间积累的财富基本消耗殆尽，因此，在战争持续期间和此后，汉武帝考虑的问题主要就是——弄钱。他进行了一系列的经济改革，包括盐铁专营政策，扩大汉朝国有经济的垄断能力，目的就是从诸侯、贵族、商人、百姓身上榨取钱财，主要用来支撑庞大的军费开支。

漠北之战后，匈奴大伤元气，没有能力和汉朝抗衡，而汉朝也需要解决严重的财政危机，并消化胜利成果，因此，汉匈双方进入了第三阶段——休战期，即从元狩五年到天汉元年。

匈奴本来应该成为汉朝的老朋友，可是他们没有合同意识，刚刚和亲，马上又翻脸，不断地攻打汉朝，终于把汉朝这头雄狮激怒了，在汉武帝的带领下，汉朝成了匈奴的梦魇。也正是因为汉朝的文治武功，"汉"成了我们这个民族的称呼。

其实，打到这个程度，已经可以了，恰到好处，但是汉武帝不满意，他要彻底解决这个问题，就像秦始皇一样，希望自己做出的制度创新，可以延续千代万代，不需要再麻烦后代。汉武帝感觉军事威胁还在，而且匈奴没有真正臣服。

元封元年（公元前 110 年），也就是漠北之战后约十年，汉武帝巡边至朔方郡（治所在朔方县，今内蒙古杭锦旗西北黄河南岸），勒兵十八万骑，以示武备，并派出使者郭吉告诉匈奴单于（此时应为伊稚斜单于之子乌维单于当政）："南越王头已悬于汉北阙。今单于即能前与汉战，天子自将兵待边；单于即不能，即南面而臣于汉。何徒远走，亡匿于幕北寒苦无水草之地，毋为也。"结果单于听后大怒，扣留了郭吉，并把主张接见郭吉的人杀了。

郭吉作为汉武帝的代表，说这段话的大致意思是："南越王的头颅已经挂在汉朝皇宫的北门下了，假如现在单于您能够前去与汉兵交战，那么汉朝天子正率领部队在边境等候；假如您不能前去交战，就应该面向南方向汉朝称臣。您何必只是一味地往北逃跑，躲藏在大漠北边寒冷凄苦、没有水草的地方呢？"

非常有意思的是，这些话没有写到纸上，也没有提前透露，而是在面见单于时当面说出来的，结果伤了匈奴单于的自尊心。此时，虽然匈奴无力再战，但他们毕竟曾经拥有几十万精锐骑兵，横扫大漠南北，因此，让他们南面称臣，确实超出了他们的底线。然而单于也知道自己打不过汉武帝，因此，他不敢出兵袭扰汉朝，只是休养生息，并且说些甜言蜜语，与汉朝保持和亲关系。

这是汉武帝的高光时刻，此时的他年富力强，踌躇满志，体力和意志都达到了巅峰状态，只要他一声令下，整个官僚体系如同身之使臂，马上高速运转，提供源源不断的后勤保障。汉武帝挥舞战刀的方向，就是将士们奋勇争杀的方向，几十万雄狮将赴汤蹈火，在所不辞。此时的汉武帝，是大汉王朝政治领袖和军事领袖两种角色的融合体，把中国历史的发展推到了一个高峰。

在汉武帝"勒兵朔方"之前，赶上霍去病去世、攻打两越、收服西南夷等事，加上没钱没马，需要进行各种修整，因此，汉匈之间没有大规模战争。

元鼎六年（公元前 111 年），也就是汉武帝"勒兵朔方"前一年，他派公孙贺带兵一万五千骑出九原（故治在今内蒙古包头西北。秦置，为九原郡郡治所在。秦末，地入匈奴境。汉武帝元朔初年，复置），深入两千余里；派赵破奴带兵一万骑出令居（故治在今甘肃永登西，汉武帝时于此筑塞，汉昭帝时于此设置令居县）数千里，寻找匈奴主力，但都没有见到匈奴。

于是，双方基本上以派遣使者和谈为主。

其实，到此为止，汉武帝的时代使命已经完成了。此时，汉朝的国力已经到了极限。但是，汉武帝这类人永远不会遵守中庸之道，只要匈奴不称臣，就要打。连年征战，导致国库空虚。汉武帝不得不大幅度地征税，从而导致人民负担加重。

第十六章　刮地皮饮鸩止渴　保后勤拼命筹钱

我们以十年的刻度为准，从财务角度来看看汉武帝的政策给当时的国家财政和平民百姓带来了多大的压力。

我们得不到汉武帝时期的财政收支记录，但是《汉书·王嘉传》中的一条记录可以做参考："孝元皇帝奉承大业，温恭少欲，都内钱四十万万，水衡钱二十五万万，少府钱十八万万。"

都内钱，指都城内府所藏钱。都内，也称大内，汉代京城内的府藏。这部分钱应属于国家财政。

《汉书·宣帝纪》中应劭注解："水衡与少府皆天子私藏也。"也就是说，水衡钱和少府钱属于皇帝私人账户的存款。少府比较知名，大多数人都知道，秦开始设置，掌管山海地泽之税，以供宫廷之用，是皇帝的私府长官，兼管皇帝衣食、器用、医药、娱乐、丧葬等事宜，汉朝沿置。少府位列九卿，银印青绶，秩中二千石。

水衡钱，也是皇室储藏的钱，由水衡之官所掌管，因此有此称呼。

汉武帝元鼎二年（公元前 115 年），开始设置一官职，叫水衡都尉，掌管皇家上林苑兼保管皇室财物及铸钱，银印青绶，秩二千石。

汉武帝之后是汉昭帝（公元前 86—公元前 74 年）、汉宣帝（公元前 73—公元前 49 年），然后才是汉元帝（公元前 48—公元前 33 年），也就是说，在汉元帝时，经过汉昭帝、汉宣帝两代的积累，国家财政有四十万万，水衡钱有二十五万万，少府钱有十八万万，总计八十三万万。由此反推，汉武帝当政初期，国家的财政收入不一定能超过这个储蓄量。

但是，看一下汉武帝的花费，只选择《史记·平准书》和《汉书·食货志》中的几个明确记载，就能知道当时的国家财政压力有多大。汉武帝只考虑做事，没有多少金钱观念，为了达到目标，不惜代价，当然，他自己的生活质量是很少受到影响的。

（1）解决两越问题、通西南夷、筑朔方城、巩固边防、经营西域、兴修水利、救助灾民、大兴土木、求仙访道、封禅泰山、个人享受等，每一项开支都十分浩大。

（2）最大的开支还是军费和犒赏将士与招降纳叛的费用。元朔六年（公元前 123 年），卫青率六将军大败匈奴，获首虏一万九千级，汉武帝赏赐将士"黄金二十余万斤"。黄金一斤值万钱，那么这一次赏赐折合铜钱二十余万万。元狩二年（公元前 121 年），花费"凡百余巨万（一百多万万）"。元狩四年（公元前 119 年），漠北大战之后，"赏赐五十万金"，折合五十万万钱。以上还不算损失的战马、消耗的后勤和抚恤阵亡将士等费用。

（3）《汉武帝传》中做了一个统计，到元狩四年，只统计几笔大的花费，总计支出至少二百七十万万。

因此，汉朝"财政部部长"（大司农）多次说："藏钱经耗，赋税既竭，犹不足以奉战士。"当汉武帝的"财政部部长"，可不是一件轻松的差事。

为了解决财政问题，汉武帝开始进行各种经济改革，千方百计地增加财政收入。

◎汉武帝的财务收支方向

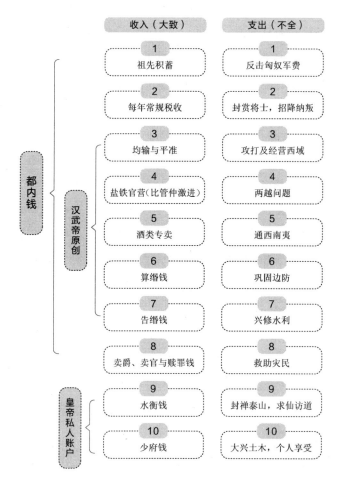

收入（大致）	支出（不全）
1 祖先积蓄	1 反击匈奴军费
2 每年常规税收	2 封赏将士，招降纳叛
3 均输与平准	3 攻打及经营西域
4 盐铁官营（比管仲激进）	4 两越问题
5 酒类专卖	5 通西南夷
6 算缗钱	6 巩固边防
7 告缗钱	7 兴修水利
8 卖爵、卖官与赎罪钱	8 救助灾民
9 水衡钱	9 封禅泰山，求仙访道
10 少府钱	10 大兴土木，个人享受

都内钱

汉武帝原创

皇帝私人账户

（1）盐铁官营。盐是高利润产业，铁是当时的高新技术产业。

（2）均输与平准。国家垄断商品的运输、买卖、价格等。

（3）酒类专卖。酒类由官商垄断经营。

（4）算缗（mín）与告缗。缗，穿钱用的丝绳。缗钱，用缗贯穿的钱，即贯钱。算缗，指国家征收的财产税，是对商人、手工业者、高利贷、车船所有者征收的工商税或营业税，除车船外，以缗为征收单位，一贯千钱为一缗，因此称为算缗钱。告缗，简单说是没收偷税漏税者的财产。元狩四年，即漠北大战那年，实行算缗钱政策，规定各工商业者将资产折算成缗钱数向官府呈报。也就是说，先自行申报财产，然后官府根据申报的缗钱数，按照一定的税率征收税款。商人和高利贷者每二缗（2000 钱）征收一算，一算 120 钱，征收比例为 6%；手工业者每四缗（4000 钱）征收一算，征收比例为 3%。如果隐匿不报，或者申报不实，一经查出，罚成边一岁，并没收其缗钱。缗钱指总资产，包括奴婢、土地、财物。有能检举告发者，以没收缗钱的一半作为告发者的奖赏，谓之"告缗"或"告缗钱"。算缗、告缗之法公布后，遭到多人非议，富商大贾更以隐匿财产、不予申报进行抵制。于是汉武帝在元狩六年（公元前 117 年）命令杨可专门掌管"告缗"之事，鼓励百姓告发，全国大兴告发之风。至元鼎二年（公元前 115 年），已经是"杨可告缗遍天下"。商贾中，中产阶级以上，大多数都遭遇告发，并因而破产，而西汉政府"得民财物以亿计，奴婢以千万数，田大县数百顷，小县百余顷，宅亦如之"。通过这种办法，西汉政府对天下商人进行了一次大洗劫，钱财、奴婢、田地、宅院，都落到了西汉政府的手里，以便弥补财政亏空。这种政策的影响面非常广泛，扰民至深。

（5）卖爵、卖官与赎罪。这虽然能解决一时之需，但是无异于饮鸩止渴，对社会的伤害是无法估量的。此项政策导致爵位贬值，吏治腐败，社会风气败坏，秦国商鞅变法时坚决执行的军功授爵制度，到这时已经名存实亡了。汉武帝搞的武功爵，只是一种敛财的手段，只要有钱，就可以买官、免死，使得社会一切向钱看，这是非常可怕的。

漠北大战之后，对于是战是和，西汉朝廷是有争论的。

《资治通鉴·汉纪十一》记载，匈奴单于采纳赵信的建议，派使者到汉朝，请求和亲，两国睦邻友好。汉武帝交给群臣议论此事。有的说应该和亲，有的说要趁机使匈奴臣服。丞相长史（丞相的属官长史，是丞相的重要助手）任敞认为，匈奴经历漠北大战之败，处于困境之中，应该趁机使之臣服。于是汉武帝派任敞出使匈奴，转达这个意思。单于大怒，扣留了任敞。

博士狄山是和亲派的代表。汉武帝问张汤，对狄山的意见怎么看？张汤说，狄山是愚蠢的儒生，不知天下大势。狄山反击道："臣固愚，愚忠；若御史大夫汤乃诈忠。"大致是说：我确实愚蠢，但我对君主的忠诚是真实的，不像御史大夫张汤，他的所谓忠诚，是依靠诈术伪装出来的。此时，张汤是汉武帝身边的红人，而且坚决支持汉武帝的一切决策，不论对错好坏。因此，狄山这句话让汉武帝很生气，感觉这是在讽刺张汤，也就是讽刺自己用人不明。这就像司马迁为李陵说了几句公道话，汉武帝认为这是在讽刺贰师将军李广利不会用兵，进而讽刺自己照顾外戚一样。

汉武帝就问："我让你掌管一个郡，你能阻止匈奴的入侵吗？"狄山说："不能。""掌管一个县呢？""不能。""掌管一障（要塞）呢？"狄山一想，如果再说不行，自己肯定就要被交给司法官吏处置了。他只能硬着头皮说："能。"

于是，汉武帝让狄山去守一个要塞，过了一个多月，匈奴把狄山的脑袋砍了下来。从此以后，群臣恐惧，无人敢违抗张汤的意见，而张汤的意见基本上就是汉武帝的意见。这一次的敲山震虎，让和亲派彻底闭了嘴，有机会还是打吧。

博士，不是学位，是官名，通经学，掌议论，秦朝设置，汉沿置，隶属九卿之一奉常（太常）。如果国家有疑问，博士参与政策讨论，掌承问对。汉武帝罢黜百家之前，博士治各家之学，此后只设儒学一家。

狄博士的遭遇，让我想起秦始皇时代的博士淳于越，当时，也是开政策辩论会，主要是讨论郡县制和分封制的利弊得失，淳于越为了秦始皇好，强调了分封制的优点和郡县制的缺点，结果触怒了郡县制的坚定支持者李斯，最后辩论会慢慢走到了"焚书坑儒"的邪路上。其实，完全可以把这个问题限定在政策辩论和学术讨论的范畴。凡事都是各有利弊的，没有必要把反对意见一棒子打死。吸纳反对意见，往往可以使自己的决策更科学、更有艺术。

博士狄山和博士淳于越、张汤和李斯、汉武帝和秦始皇，这几对人物正好可以一一对应。

汉武帝和秦始皇分别以自己的方式来处置反对者，汉武帝的方式有一种恶搞的成分，他赶鸭子上架，让手无缚鸡之力的书生拿刀去前线，从而让狄山意见的支持者闭嘴。

这也导致政策转变的时机再次消逝。

第十七章　汉匈间硝烟再起　李广利丧师降敌

从汉武帝天汉元年（公元前 100 年）到征和四年（公元前 89 年），进入第四阶段，就是汉匈"再战期"。不过这一次可没有那么如意，汉武帝想在贰师将军李广利身上复制卫青、霍去病的成功模式，然而，希望彻底落空了，国家进而被拖入泥潭中。

在这一阶段中，汉朝明显占据了战略上的优势，形成"汉强匈弱"的局面。然而，这并不代表匈奴没有战斗力。整体的强势不能代替局部的强势，战略的强势不能代替战术的强势。匈奴经过这些年的休养生息，实力也在恢复，只是无法恢复到冒顿、军臣、伊稚斜等单于当政时的高峰状态了。

天汉元年，匈奴扣留了苏武。天汉二年（公元前 99 年）五月，汉武帝派贰师将军李广利带三万骑出酒泉，在天山攻击匈奴右贤王。一开始汉军获得首虏一万余级，然而在回师路上，汉军遭遇匈奴大军的围困，汉军乏食，多亏赵充国带领百余壮士突围陷阵，李广利残部才得以撤出。但是这一战汉军损失十之六七，损失的兵力在两万骑左右，属于先胜后败，赵充国负伤二十多处。汉武帝听说后，亲自接见赵充国，并检视其伤口，感叹不已，拜赵充国为中郎。李广利兵败，未受惩处。

此后，汉武帝又派公孙敖和路博德出兵，两路无功而返。

两次出兵之后，汉武帝又派李陵带领步兵深入匈奴境内，结果李陵投降匈奴，引发了历史上著名的公案。李陵是李广的孙子，有李广之风，善于带兵，谦恭下士，能够得到士兵的死力。在李广利带领三万骑兵攻击匈奴右贤王部时，汉武帝准备让李陵给李广利军团运送辎重，但李陵不想搞后勤，准备到前线冲锋陷阵。汉武帝说，这次出兵比较多，可没有骑兵派给你。李陵说，愿意率领步兵五千至单于王庭。汉武帝甚为嘉许，就同意了，并派路博德领兵半道接应李陵部。然而，路博德是资深的将领，耻为年轻将领李陵的后援，于是上书说，秋天出兵，匈奴正是兵强马壮之时，不如等来年春天再出兵云云。汉武帝一看就怒了，他还以为是李陵反悔了，找路博德当枪使，实际上是路博德有不可明言之处，但他说来年春天出兵更佳，也并不全错，这件事可以从多角度来看。但是，汉武帝强令李陵于当年九月出兵。

李陵奉命北行三十余日，深入匈奴境内一千余里，遇到匈奴三万骑兵集团的包围，李陵以五千步兵来对阵，在兵力对比悬殊的情况下，李陵靠着武器先进、指挥得法和将士用命，竟然给匈奴以重创，击杀数千人。于是，单于派左、右贤王八万余骑进攻。李陵不得已，且战且退，虽然损失惨重，但是李陵军战斗力依然很强。他发布命令，三次受伤者坐车，两次受伤者赶车，一次受伤者要坚持战斗。最后五十万箭矢使尽了，就用车辐、短刀与敌人战斗，再次斩首三千余级。单于一看久攻不下，李陵部且战且走，怕有埋伏，就想退兵，可下属说，如果单于亲自统领几万骑兵却消灭不了几千步兵，就会让汉朝更加轻视匈奴。于是，匈奴继续进攻。李陵部依然顽抗，杀伤匈奴二千余人。就在单于再次准备撤退时，李陵军队中有一个叫管敢的军官因为受到校尉的侮辱，投降了匈奴，并把底细告诉了单于。单于大喜，又开始围困李陵军。不得已，李陵命令部下分散突围，最后突围成功的有四百多人，而李陵投降了匈奴。据专家考证，李陵投降之地离遮虏障只有一百八十余里。后来，李陵的投降对不对、可不可以理解，一直成为争论不休的问题。

李陵投降匈奴之后一年多，公孙敖出兵无功而返，但他说，他之所以没有收获，是因为他抓的俘虏告知，是李陵教单于如何防备汉军云云。汉武帝一怒之下，命人杀了李陵家族，从而彻底断了李陵归汉的路。后来弄清楚了，此人不是李陵，而是一个叫李绪的人。汉武帝后来也反思李陵事件，想到了路博德等人的心思。《汉书·李陵传》中记载，汉武帝说"老将生奸诈"，就应该指此。可是，一切都晚了，李陵事件注定成为一个争论不休的历史公案，只看从什么角度来评析，所得到的结论自然不同。

天汉四年（公元前97年），汉武帝再次组织大规模的军事行动。李广利带六万骑兵、七万步兵出朔方，路博德带一万余人与李广利汇合，韩说（在名字中，"说"一般读为"yuè"）领步兵三万人出五原，公孙敖带一万骑兵、三万步兵出朔方，骑兵、步兵总计约二十一万，想要与匈奴决战。匈奴单于提前得到信息，把累重（资产、妻子）迁移到余吾水（今蒙古土拉河）北，然后领兵十万余人与李广利兵团接战，双方大战十余日。公孙敖部战不利，韩说部无所得，李广利部的战果未知，恐怕未必如意。这次出兵，总体就是虎头蛇尾，再也没有卫青、霍去病带兵时的战果了。

文武之道

　　征和三年（公元前 90 年），汉武帝最后一次大规模用兵。李广利带领七万人出五原，商丘成领二万人出西河，马通领四万骑兵出酒泉千余里。商丘成部的战斗力比较强，与匈奴战九日，杀伤匈奴兵甚众。匈奴畏惧马通部强大，未敢接战，自行退走，因此马通部无所失也无所得。出问题最大的就是李广利部。一开始，李广利获得小胜，追至范夫人城（古城名，在今蒙古达兰托达加德城东北），匈奴不敢拒敌。然而此时出了一个大问题。长安城内，"巫蛊（gǔ）之祸"牵扯面越来越大，李广利与丞相刘屈氂（máo）互相勾结，阴谋拥立李广利之妹李夫人生的昌邑王刘髆为太子的事情被发觉，刘屈氂被处死，李广利妻子入狱。这个消息传到了前线，李广利忧惧不已，他"由是狐疑，欲深入要（邀）功"。于是，他派两万骑兵渡过郅居水（古水名，今蒙古、俄罗斯境内色楞格河，源出蒙古杭爱山脉北坡，注入俄罗斯贝加尔湖），与匈奴左贤王下属左大将的两万骑兵战斗一日，汉军杀左大将，匈奴死伤甚众。

　　就在此时，汉军内部出现了问题。李广利的两个下属认为："李将军怀有二心，他为了个人邀功，让大家处于危险之中，恐怕会失败。"他们想要抓住李广利，结果首谋的长史被李广利杀了。李广利引兵还至燕然山，单于知道汉军已经很疲劳了，于是又派出五万大军掩杀而至，双方死伤都非常惨重，最后汉军大败，李广利部七万人全军覆没，李广利也投降了匈奴。单于知道他是汉朝的大将贵臣，就把女儿嫁给了他，对他的尊崇在卫律之上，这就引起了卫律的嫉妒。一年多以后，单于的母亲病了，卫律命令巫者说已故单于发怒了，说："我们过去祭祀的时候，经常说抓住贰师将军李广利之后，要把他杀了祭祀宗庙，现在抓住了，为什么不用他祭祀宗庙？"巫者的话在匈奴拥有极大的权威，于是，单于抓捕了李广利。李广利骂道："我死必灭匈奴。"事有凑巧，他死之后，匈奴境内接连下了几个月大雪，牲畜冻死，人得瘟疫，庄稼不收。单于怕了，便为贰师将军李广利建立了祭祀的庙祠。

李广利投降匈奴之后，单于气焰嚣张，第二年致书汉朝，称"南有大汉，北有强胡"，胡人也是天之骄子。他说，如果汉朝开关市通商，每年送给匈奴一万石酒、五千斛（hú）粮食、各种布绢一万匹，其他方面像以前约定的那样，匈奴就不骚扰汉朝边境。最终汉武帝没有答应这一要求。其实，匈奴也是虚声恫吓（dòng hè）。在汉朝的持续打击之下，怀孕的妇女因为奔波而流产，家庭破败，匈奴从单于往下，都希望和亲，别打了。汉朝因为"巫蛊之祸"、农民起义、持续用兵等原因，国家也濒临崩溃的边缘。后来汉武帝发布《轮台诏》，主流观点认为这是"轮台罪己诏"，也有人说班固、司马光夸大其词，目的是塑造一个悔过的汉武帝。从诏令的内容来看，晚年的汉武帝内心确实无限凄凉，他应该做出了种种反思，只是出于一个皇帝的尊严，他的悔过是非常有节制的。关于这个问题，我们不做过多的讨论，详情请看《汉书·西域传》。

以上基本就是汉匈之战的主体内容，是最能体现汉朝"武功"的部分，而汉武帝作为主要的策划者、组织者、实施者，体现了无与伦比的战略规划能力，也有让历史深感遗憾的败笔。

第十八章　大将军本为骑奴　盖世功卫霍襄助

由于司马迁既是理性的历史学家，又是感性的文学家，因此，虽然他没有用感性替代理性，但在创作《史记》时，带有一定的感情色彩。比如在写李广、卫青、霍去病时，给人的感觉是李广形象高大，卫、霍表现平平，有"卫霍不败由天幸，李广无功缘数奇"的意味。其实，司马迁没有掩盖卫、霍之功，没有掩饰李广之过，司马迁和后代文人讴歌、同情李广，只是因为卫、霍之胜太过侥幸。这个侥幸，不是说两个人在战场上胜得侥幸，而是说多种机缘相叠加，才能出现卫青、霍去病——外戚身份、武帝的信任与支持、天生能打、临场发挥稳定等，而"李广难封"，则是绝大多数人的常态。

我稍微辨析一下这个问题。

假如我们把一个人在一个项目中的作用分成这样几种。

（1）起决定性作用。

离开这个人，这个项目就彻底失败。

（2）起极其重要的作用。

离开这个人，项目执行极其困难或者会大打折扣，对全局有影响。

（3）起非常重要的作用。

离开这个人，项目执行相对困难，对执行效果的影响有限，对全局有一定的影响。

（4）起重要的作用。

离开这个人，项目执行会有困难，对局部产生一定的影响。

（5）起一般性的作用。

离开这个人，项目也会照常运转，但对微观环境产生一定的影响。

这样说，不是忽视谁的作用，只是强调，每一个人在一个项目中的影响不一样。

其实，一个项目获得成功，每一个人都非常重要，在战略上、战术上、全局上、局部上、微观上起到了相应的作用。

如果在战略上、全局上做不好，那么，虽然可以通过在战术上、局部上、微观上的努力取得局部和微观上的胜利，但是扭转不了大局。

如果在战略上、全局上做得好，在战术上、局部上、微观上有小失误，那么，小失误基本不会影响大局，但会影响到最终的执行效果。

如果把上述分析运用到军事上，大致可以分出这样几个层级：

（1）政治领袖。

（2）军事统帅。

（3）重要将领。

（4）校尉主官。

（5）普通士兵。

套用汉武帝时的情况，大致可以得到下列比对：

（1）政治领袖：汉武帝（及其背后强大的官僚系统、财务体系和后勤管理体系）。

（2）军事统帅：卫青、霍去病、李广利（不合格的统帅）。

（3）重要将领：公孙敖、公孙贺、李广、李蔡、李陵、李沮、路博德、韩安国、苏建、赵信、商丘成、马通等。

（4）校尉主官：李朔、赵不虞、公孙戎奴等。

（5）普通士兵。

需要说明的是，军官的爵位、职务会有变化。一场战争下来，如果失败，上一次获得的爵位、赏赐或者职务就可能都失去了，甚至有可能被判处死刑。

当时的品级和现代的品级有很大的不同，并没有现代如此细化和严格的军衔体系。为了方便大家理解，姑且采取简化的理解方式。

（1）政治领袖。会同军事统帅、官僚体系、后勤体系相关负责人，制定整体战略目标，并给出战术性的目标。

（2）军事统帅。包括大将、主将，姑且称其为三军统帅、总司令、军团首脑。深入理解政治领袖的整体战略目标，并制定相应的军事战略目标和战术目标。

（3）重要将领。包括裨将，姑且称其为方面军司令、师旅级将官。深入理解政治领袖和军事统帅的战略目标，并制定方面军的战略目标，完成方面军的战术任务。

（4）校尉主官。包括校尉，姑且称其为团营级校官。深入理解政治领袖、军事统帅、方面军将领的战略目标，并完成自己的战术任务。

（5）普通士兵。深入理解校尉级主官的战略战术思想，并完成微观环境下的战术任务。

如果没有汉武帝，也就不可能有卫青、霍去病。

卫青、霍去病是天才的统帅，他们在战场上的战略能力、规划能力、指挥能力、判断能力和创造能力，是他们自己的，可除此之外，应该都属于汉武帝。

战略、后勤、用人和领袖意志，更是决定了战争的胜败。

可以这样说，卫青、霍去病只要打好仗就行了，剩下的工作基本上都由汉武帝来主持。如果汉武帝能上战场，恐怕他就亲自上阵了。

都说外行讲战术，内行讲后勤，那么就谈一下对匈作战时的后勤。

◎关于马镫的一点小探讨

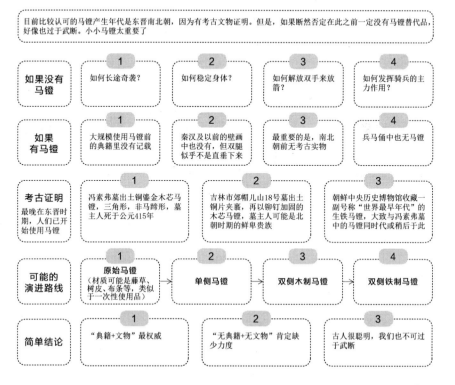

目前比较认可的马镫产生年代是东晋南北朝，因为有考古文物证明。但是，如果断然否定在此之前一定没有马镫替代品，好像也过于武断。小小马镫太重要了

如果没有马镫	1. 如何长途奇袭？	2. 如何稳定身体？	3. 如何解放双手来放箭？	4. 如何发挥骑兵的主力作用？
如果有马镫	1. 大规模使用马镫前的典籍里没有记载	2. 秦汉及以前的壁画中也没有，但双腿似乎不是直垂下来	3. 最重要的是，南北朝前无考古实物	4. 兵马俑中也无马镫
考古证明 最晚在东晋时期，人们已开始使用马镫	1. 冯素弗墓出土铜鎏金木芯马镫，三角形，非马蹄形，墓主人死于公元415年	2. 吉林市郊帽儿山18号墓出土铜片夹裹，再以铆钉加固的木芯马镫，墓主人可能是北朝时期的鲜卑贵族	3. 朝鲜中央历史博物馆收藏一副号称"世界最早年代"的生铁马镫，大致与冯素弗墓中的马镫同时代或稍后于此
可能的演进路线	1. 原始马镫（材质可能是藤草、树皮、布条等，类似于一次性使用品）	2. 单侧马镫	3. 双侧木制马镫	4. 双侧铁制马镫
简单结论	1. "典籍+文物"最权威	2. "无典籍+无文物"肯定缺少力度	3. 古人很聪明，我们也不可过于武断

文武之道

刘邦刚建立汉朝时，想找四匹颜色相同的马都找不到。然而，从元光六年（公元前129年）到元狩四年（公元前119年）的漠北大决战，汉朝损失的战马就达到二三十万匹。

匈奴是天生的战士、猎人和骑兵，汉民族却是天生的农民。要把农民训练成战士，把步兵训练成骑兵，这种难度可想而知。

在这十一年中，汉武帝动员了上百万人次的兵力，用于保障后勤和转输任务的民工达到二三百万人次。

◎汉朝重号将军的简况

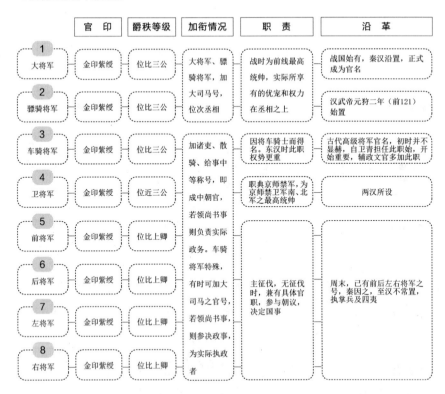

	官　印	爵秩等级	加衔情况	职　责	沿　革
1 大将军	金印紫绶	位比三公	大将军、骠骑将军，加大司马号，位次丞相	战时为前线最高统帅，实际所享有的优宠和权力在丞相之上	战国始有，秦汉沿置，正式成为官名
2 骠骑将军	金印紫绶	位比三公			汉武帝元狩二年（前121）始置
3 车骑将军	金印紫绶	位比三公	加诸吏、散骑、给事中等称号，即成中朝官，若领尚书事则负责实际政务。车骑将军特殊，有时可加大司马之官号，若领尚书事，则参决政事，为实际执政者	因将车骑士而得名。东汉时此职权势更重	古代高级将军官号，初时并不显赫，自卫青担任此职始，开始重要，辅政文官多加此职
4 卫将军	金印紫绶	位近三公		职典京师禁军，为京师禁卫军南、北军之最高统帅	两汉所设
5 前将军	金印紫绶	位比上卿		主征伐，无征伐时，兼有具体官职，参与朝议，决定国事	周末，已有前后左右将军之号，秦因之，至汉不常置，执掌兵及四夷
6 后将军	金印紫绶	位比上卿			
7 左将军	金印紫绶	位比上卿			
8 右将军	金印紫绶	位比上卿			

当国家财政入不敷出时，汉武帝不断进行各种政治改革、经济改革和货币改革，并且通过盐铁官营、均输与平准、酒类专卖、算缗与告缗、卖爵、卖官、赎罪等手段，从诸侯、贵族、大户、商人和普通农民身上最大限度地搜刮钱财，所得到的钱财，除了解决一些基本问题之外，大多数都投入到军事中，目的就是让前方能打富裕仗。

卫、霍之功不应该算到汉武帝身上，他们有他们的贡献，但是，我个人认为，卫、霍之功中，汉武帝应该占了 50% 以上。

后来汉武帝想要用卫、霍的模子塑造李广利，却不能如愿。所以，卫、霍很重要。

这就好比，汉武帝打造了一把没有开刃的绝世名剑，遇到卫青、霍去病，剑开刃了，所向无敌；如果遇到李广利，哪怕是一把名剑，也变成了钝刀子。

第十九章　看数据军功授爵　忽隐功李广难封

评析完汉武帝与卫青、霍去病的关系，再来看汉武帝与李广、李陵关系的一个侧面。

其实，汉武帝对李广、李陵都不错，不能说汉武帝有意打击这爷孙俩。最后演变成那个样子，都是很多偶然因素的错上加错。

"李广难封"，李广没有实现封侯的心愿，既有他自己的原因，也有当时奖惩制度的缺陷，不能说汉武帝不重用李广。

当时汉朝将领的升迁、贬黜、封侯、奖赏与否，基本上沿用秦朝留下的军功授爵制度。汉朝可能又做了很多的调整，但由于缺乏史料，我们无法复原全貌。

秦国从商鞅变法开始执行的军功授爵制度，有一套非常严格的标准化体系。

比如，对于军功的认定，一般通过劳、论、赐三道程序：

（1）劳。这是赐爵的主要依据，指军功与劳绩。

（2）论。这是对上报的军功和劳绩进行评议与认定，其中包括公示环节。

（3）赐。这是赐爵，也包括随着赐爵而来的其他赏赐。

对标准化情有独钟的秦国人，在各个方面都进行了标准化的探索，而按照军功大小来授爵，把社会升迁路径和功绩可视化、数据化，将考核标准公开、公示，做到透明、统一，最大限度地避免了暗箱操作和君主赏赐的随意。

单从管理标准化的角度来看，这是非常了不起的。现代化的管理方式基本上都在追求管理上的公开、公示、透明、统一，都是为了避免裙带关系、随意赏罚、暗箱操作等。

而秦国评判军功的标准只有一个，即首级的数量，普通士兵和军官的标准又不同。士兵斩杀一个首级可以获得一级爵位，军官就需要综合评价了，拿的是"项目提成"。

这个军功授爵制度相当复杂，关于这方面有很多史料，但还有一些核心点没有足够的史料支撑。此中详情，可以参看本系列丛书之《秦史之谜》。

评价军官的战功时，一定有斩首数量与损失率的换算。

斩首一千，损失两千；斩首一千，损失二百；斩首一千，损失……肯定有不同的计算公式。

汉时采用的是"首虏率"。虏，一种注为俘虏，一种注为斩首和俘虏，一种注为斩首，笔者认同第二种说法。有时有"斩首虏""捕首虏"等不同叫法。

管理实现标准化，这一点肯定没有问题，人们对此基本上是服气的。然而，就是在这种公平的体制下，有人受到了不公平的对待。

这就是李广。

李广的生活轨迹横跨汉朝三代皇帝。

汉文帝时，由于他奉行柔性管理、和平外交的政策，对内对外以稳定为大局，因此李广没有用武之地。汉文帝说，如果李广生活在汉高祖刘邦时代，可以轻易得到万户侯的爵位。然而在他的时代，李广基本上没有多少战功可立。

汉景帝时，李广最接近封侯，因为当时发生了"七王之乱"。当时梁孝王刘武，是汉景帝的同胞兄弟，都是窦太后的儿子，因为参与皇帝大位之争，兄弟俩面和心不和。而李广在支援梁孝王时，接受了梁孝王赐予的将军印。中央之将接受诸侯之封，李广确实缺乏敏感度。这引起了汉景帝的嫉恨，最可能被封爵的机会，李广又无缘了。

汉武帝时，他多次发动对匈之战，任何一个将军都可能建立军功，获得封侯的机会。然而，由于李广艺高胆大，过于自负，损失较大，因此肯定不符合军功爵的赐爵标准，也就是"首虏率"不达标。有一次，他还被俘虏了，半道逃了回来。

他打仗太自负，太随意，与他同时代的程不识，打仗非常严谨，一切都按标准化、程序化运作，虽然士兵很辛苦，但是也没有大的闪失。从管理标准化的角度看，只能提倡"程不识带兵法"，而"李广带兵法"无法推广，后者有太多的不确定性。具有创造性，是李广能够青史留名的原因之一，也是他生时不幸的一个重要原因。

因为他名气太大，匈奴称其为"飞将军"。能够获得敌人敬畏的，一定是真正的将军，可是这也给他带来了负面效应。比如，兵分三路出击，李广本来是偏师，却吸引了匈奴的主力，因此，李广没有建立军功，其他两路却因为没有遇到强敌而获得了战功。

《史记·李将军列传》记载，元狩二年，即公元前 121 年，李广带领四千人从右北平出发，"通西域"的张骞带领一万人与李广配合行动，走另外一条路。匈奴右贤王听说李广来了，"盛情接待"，带领四万精锐骑兵包围李广，双方的军力之比是 1:10。在如此劣势之下，李广与右贤王的军队展开了殊死搏斗，李广身先士卒，面无惧色，汉军服其勇，士气大振。张骞军团没有在指定的时间到达，让军力处于劣势的李广军团苦不堪言。等到张骞军团来了之后，右贤王军团只好撤退。

这一次，按照汉朝的军法，张骞未能按时到达指定位置，论罪当死，张骞出钱赎罪，被革职为民。李广的军功和失败的罪责相等，虽然没有被处罚，可也没有得到任何赏赐，功过相抵了。其实，李广在以四千人抵挡四万人的情况下，还能给匈奴至少等量的杀伤，难度是超高的，但是，绝大多数的管理机制都以数据和结果为导向，不考虑更多的因素。

在李广最后一次参与"漠北之战"时，也遭遇了张骞的困境，迷路了，没有按期到达指定位置。大将军卫青要向汉武帝发战报，就让李广去说明情况。李广实在不堪其辱，选择了自杀。他一生参加过七十多次恶战，戎马生涯有四十多年，最后是这样一个结局，终究没有获得封侯的奖赏。这是战果最辉煌的一次战役，凡是参战者几乎都有封赏，而李广却是这样的结果。当时，"广军士大夫一军皆哭。百姓闻之，知与不知，无老壮皆为垂涕"。这就是李广巨大的人格魅力。

电视剧《汉武大帝》把李广处理成战死，是为了艺术效果，但与史实相悖。

这就是可以称为"李广现象"的管理案例。

当时，李广手下不少军官，甚至士兵都被封了侯，然而李广总出问题。李广的堂弟李蔡，才能中等偏下，一度做到了丞相。

既然大家完全按照军功授爵制度来赏罚，那么李广也必须服从这一制度，这也不能说完全错。

对于李广，一定要认识李广的"战略性价值"，而不是只看其"战术性价值"；一定要认识李广的"隐性功劳"，而不是只看其"显性功劳"。

李广这样的情况，其实是广泛存在的，因此才会引起人们的共鸣。

确定一个标准，没有错。但是，对于天才或特殊案例，应该不拘一格。没有人会因为提拔特殊人才而质疑制度的权威性。

当然，我们也不能因此而苛责汉武帝，或站在汉武帝的立场上苛责其他人。汉武帝这样的人在任何一个时代都是极少数的，卫青、霍去病这样幸运的人，也是极少数的，李广、李陵、司马迁这样的悲剧性人物才是绝大多数。我们不可能成为汉武帝、卫青、霍去病这些"成功者"，但极有可能成为李广、李陵、司马迁这样的受害者，极有可能成为埋没在大漠深处的枯骨。

第廿章　弹琵琶昭君出塞　逢盛汉鸣镝无声

我个人认为，第一阶段的反击，直到漠北之战，是非常有必要的。最有争议的是第二次反击，最终以李广利全军覆没而告终，这不是简单地以成败论英雄。

下面简单分析一下这个问题。

在《盐铁论·本议第一》中，有两段话非常经典。

文学曰："孔子曰：'有国有家者，不患贫而患不均，不患寡而患不安。'故天子不言多少，诸侯不言利害，大夫不言得丧。畜仁义以风之，广德行以怀之。是以近者亲附而远者悦服。故善克者不战，善战者不师，善师者不阵。修之于庙堂，而折冲还师。王者行仁政，无敌于天下，恶用费哉？"

大夫曰："匈奴桀黠（xiá），擅恣入塞，犯厉中国，杀伐郡、县、朔方都尉，甚悖逆不轨，宜诛讨之日久矣。陛下垂大惠，哀元元之未赡，不忍暴士大夫于原野；纵难被坚执锐，有北面复匈奴之志，又欲罢盐、铁、均输，扰边用，损武略，无忧边之心，于其义未便也。"

我大致翻译一下：

文学说："孔子有言：'诸侯和大夫，不必担心贫穷，而应该担心分配不平均；不必担心人民数量少，而应该担心境内不安定。'所以，天子不谈论财富的多和少，诸侯不谈论利和害，大夫不谈论得和失。他们以仁义去教化民众，推广仁德去安抚百姓。因此，近处的人都亲近归附他们，远处的人也对他们心悦诚服。所以，善于克敌制胜的人，不必打仗；善于打仗的人，不必出动军队；善于统帅军队的人，不必排列阵势。只要在朝廷上修明政治，就可以使敌人不战而退。圣明的君主施行了仁政，就可以无敌于天下，何必要什么费用呢？"

大夫说："匈奴凶悍、狡猾、骄横、放肆，他们攻入长城，侵犯中原，杀害朔方等郡县的官吏，狂悖（bèi）无礼，犯上作乱，图谋不轨，早就应该出兵讨伐了。陛下（此处指汉昭帝刘弗陵）大施恩惠，既怜惜百姓的生活不富足，又不忍心让将士们暴尸荒野。你们没有身披铠甲、手执武器到北边抗击匈奴的勇气和志气，却又想废除盐铁官营政策和均输法，破坏边防军费的供应计划，损害国防战略方针，一点不忧心边境的安危，这在道理上是很不妥当的。"

后来文学又提到孔子说的"远人不服，则修文德以来之"，如今"废道德而任兵革"，屯田驻军，长期陈兵于外，无休止地转运粮草，使得将士在外挨饿受冻，百姓在国内劳动备战。实行盐铁官营，设置掌管财利的官吏来筹集军费，这绝不是长久之计，应该废除这些举措。

纯儒生看到的这些问题，确实是存在的，他们为了百姓的利益而呼喊、倡议是对的，但是这并不意味着要把他们的理念和倡议完全贯彻到实践中。

很多纯儒生"平时袖手谈心性，临危一死报君王"。如果真敢死，还是一个大丈夫；如果到了危急时刻，既不敢死，又没有解决问题的办法，只是一味地抱着教条不放，最后的结果可能反而是坑人坑己、害国害民，这样的例子还是不少的。

仁者无敌，从战略上讲，这么说没有问题，但是在战术上，只靠仁义、文德、道德是不能打败敌人的。

不战而屈人之兵的前提，一定是能"战而屈人之兵"。你具有"战而屈人之兵"的实力，但是出于仁义，尽量选择"不战而屈人之兵"的方法和战术，这才是正确的。如果孙武只强调"不战而屈人之兵"，那么，他写的那么多"战而屈人之兵"的谋略，有什么用呢？

许多纯儒生想不透这些，认为仁义是万用灵丹，百试不爽，只要仁义一施，就万事大吉了。这种思维延续了两千多年，危害尤甚。

当时匈奴确实把汉朝羞辱得太严重了，把它羞辱到极致，就是给自己的未来培养一个最危险的敌人。当出现汉武帝这样的人的时候，他能凝聚起整个国家的力量，并把自己的意志注入每一个人的心中。当皇帝站起来的时候，当皇帝敢于举起军刀的时候，那么大臣、将领、士兵、百姓都会变成钢筋铁骨的好汉。

第一阶段打得好，除了后勤保障好，指挥艺术好，士气旺盛也应该是重要的原因。这口气憋得太久了。

但是汉武帝第二次伐匈奴并非明智之举，战争给当时的社会和百姓带来沉重的压力。

汉武帝的功业必定建立在祖父辈通过苦心经营而积累的财富之上，必定建立在与他同时代百姓的苦痛之上，必定建立在对未来社会潜力透支的基础之上。

我此前说过，秦始皇把未来十代君王的力量都用在了他这一代。汉武帝其实也差不多，但汉武帝"有亡秦之失，而无亡秦之祸"。汉朝没有马上灭亡，我想就是要归结于文化的力量。儒家文化、道家文化让汉朝社会保持了必要的社会弹性与韧性，汉朝儒、道、法并行的策略，霸道之外的王道哲学，法家之外的仁政思想，救了这个社会，也在一定程度上挽救了汉武帝的名声。

汉武帝生前就想让匈奴臣服，彻底解决匈奴问题，可是他一直没有实现自己的愿望。汉匈真正实现相对和平，有三个标志性事件，即呼韩邪单于称臣、郅支单于被杀、王昭君远嫁。

简单说一说这个问题。

郅支单于，名叫屠吾斯，是虚闾权渠单于之子，呼韩邪单于之兄，刚开始担任左贤王。虚闾权渠单于死后，匈奴内乱，贵族纷纷自立。汉宣帝五凤二年（公元前56年），屠吾斯自立为郅支骨都侯单于，击败呼韩邪单于，呼韩邪部南迁近塞，遣子朝汉，郅支单于也遣子入侍。在匈奴内乱时，一共有五位单于，呼韩邪单于击败了其他几位，但是被自己的兄长郅支单于打败。于是，他在汉宣帝甘露二年（公元前52年），归附汉朝，甘露三年（公元前51年）朝汉，并率部南迁，到达汉光禄塞下（今内蒙古固阳西南），而郅支单于率部西迁。匈奴分裂为二。

在汉朝朝廷的支持下，呼韩邪单于逐步安定南匈奴，彼此修好。汉元帝竟宁元年（公元前33年），呼韩邪单于再次朝汉，并说愿意当汉朝女婿，汉元帝将后宫王嫱（字昭君）嫁给他，号宁胡阏氏（yān zhī）。此后，汉匈保持友好关系达到六十余年。

　　王昭君作出了巨大的牺牲，是历史上有勇有智的奇女子。她是汉元帝时宫女，南郡秭归（今湖北秭归）人，进宫之后，一直未被皇帝召见。入匈奴后，生一男名为伊屠智牙师，后为匈奴右日逐王。建始二年（公元前 31 年），呼韩邪单于去世，儿子复株累若鞮单于立。按照匈奴的规矩，只要不是亲母，儿子可以接收父亲的妻妾，于是，王昭君又嫁给了新单于，生二女，长女叫须卜居次，次女叫当于居次。在汉平帝时，须卜居次入侍汉元帝皇后王政君，王政君赏赐甚厚。

　　至此，汉匈这场世纪大战，才算告一段落。

　　看几个关键的时间节点：

　　（1）汉武帝建元元年（公元前 140 年），汉武帝登基之后改元的第一年。

　　（2）汉武帝元光二年（公元前 133 年），实施马邑之谋，揭开抗匈战争的帷幕。

　　（3）汉武帝元狩四年（公元前 119 年），漠北决战，给匈奴以重创。

　　（4）汉武帝天汉二年（公元前 99 年），战端又开，李广利战败，李陵战败投降匈奴。

　　（5）汉武帝征和三年（公元前 90 年），李广利带领的七万士兵全军覆没，李广利投降匈奴。

　　（6）汉武帝后元二年（公元前 87）年，汉武帝逝世。

　　（7）汉宣帝本始三年（公元前 71 年），汉五将军共统十六万大军，与乌孙组成联军共击匈奴，给匈奴以重创。

　　（8）汉宣帝甘露三年（公元前 51 年），呼韩邪单于臣服于汉。

　　（9）汉元帝建昭三年（公元前 36 年），西域都护甘延寿、副校尉陈汤率领西域诸国兵斩郅支单于于康居国（辖境约在当今哈萨克南部及锡尔河中上游，包括乌兹别克东部地）。就在这一战之后，甘、陈上书时说了那句名言"明犯强汉者，虽远必诛"。斩杀郅支单于，对呼韩邪单于更是一种威慑。

（10）汉元帝竟宁元年（公元前33年），王昭君嫁给呼韩邪单于。

如果将各个时间点进行比较，尤其从公元前133年实施马邑之谋算起，那么到公元前33年王昭君出塞，正好一百年。称这场大战为世纪大战，应该是名副其实的。

第廿一章　集众才汉武雄图　任酷吏太子为难

　　秦皇汉武拥有过人的胆识，善于制定战略，精通政治权术，崇信法家霸道，拥有旺盛的精力和无穷的创造力。他们不屑于走前人走过的路，一定要另辟蹊径，而在他们之后，也鲜有人能做出类似功业。经过后人的不断拓展，他们开辟的小路成为通衢（qú，四通八达）大道。

　　我们简单分析汉武帝的用人策略和晚年的错误。

　　从大局来看，汉武帝在用人方面还是相当有魄力的。不拘一格用人才，他当得起。虽然他当政时开始实行"罢黜百家，独尊儒术"的政策，但实际上，在他的政府中，既有儒家（公孙弘为代表）、道家（汲黯为代表），也有法家（张汤、桑弘羊为代表），他提供了一个让人才展示才干的平台。

　　在《汉书·公孙弘卜式兒（Ní）宽传》中，作者对汉武帝的用人之道作了一番梳理，提到的人物包括公孙弘、董仲舒、兒宽、石建、石庆、汲黯、卜式、韩安国、郑当时、赵禹、张汤、司马迁、司马相如、东方朔、枚皋、严助、朱买臣、唐都、洛下闳（hóng）、李延年、桑弘羊、张骞、苏武、卫青、霍去病、霍光、金日磾（mì dī）等。但是，汉武帝在军事将领的任用上，既有优点，也有很大的失误。掌兵大将应该是信得过的人，因为他们关系到帝位的安全。汉武帝比较喜欢用外戚，因为用外戚比用刘姓宗室或者外人安全。他最信任的其实是四个人，包括卫青（卫子夫之弟）、霍去病（卫子夫姐姐卫少儿之子）、李广利（李夫人之兄）、公孙贺（卫子夫的姐夫），而卫青信任公孙敖（卫青的救命恩人）。

尤其前三人，汉武帝不遗余力地支持，一有军功就封侯，而且封赏得特别大方，其他人可就没有这样的特别恩典了。卫青、霍去病还好，

◎汉武帝集团中的知名人才分类

给他撑起了门面，世人无话可说，但是，他扶持李广利，就一次次被打脸。他对李广利是全力支持，可李广利扶不起来，在攻击大宛和匈奴的战斗中，战绩平平，在当时就引起了很大的争议。有人说李广利是草包将军，这话有一定道理，但他也不是一无是处，按照其水平，他只能担任一个普通的将领，没有当军事统帅的资本和能力。汉武帝不信邪，想复制卫青、霍去病的成功，非要支持他当统帅，最后损兵折将。

汉武帝重用外戚，也算正常，关键是他任用酷吏，弄得人人自危，首开腹诽之罪。汉律本没有腹诽之法，汉武帝时开始制定此刑律。为了维护皇权，打击认定的异己势力，虽然没有违法犯罪的实际证据，却可以用腹诽罪随意置人于死地，这是汉律中非常荒唐的罪名。

相比于严苛的刑律，"巫蛊之祸"更是酿成了人伦惨剧和社会悲剧。巫蛊，古时的一种迷信，以为可以用邪术嫁祸于人。选择用巫蛊之罪名来坑害政治对手，就是最典型的"欲加之罪何患无辞"。

《资治通鉴》中的一段记载耐人寻味。

初，上年二十九乃生戾太子，甚爱之。及长，性仁恕温谨，上嫌其材能少，不类己；而所幸王夫人生子闳，李姬生子旦、胥，李夫人生髆，皇后、太子宠浸衰，常有不自安之意。上觉之，谓大将军青曰："汉家庶事草创，加四夷侵陵中国，朕不变更制度，后世无法；不出师征伐，天下不安；为此者不得不劳民。若后世又如朕所为，是袭亡秦之迹也。太子敦重好静，必能安天下，不使朕忧。欲求守文之主，安有贤于太子者乎！闻皇后与太子有不安之意，岂有之邪？可以意晓之。"大将军顿首谢。皇后闻之，脱簪请罪。太子每谏征伐四夷，上笑曰："吾当其劳，以逸遗（wèi，留下）

汝，不亦可乎！"

上每行幸，常以后事付太子，宫内付皇后。有所平决，还，白其最，上亦无异，有时不省也。上用法严，多任深刻吏。太子宽厚，多所平反，虽得百姓心，而用法大臣皆不悦。皇后恐久获罪，每戒太子，宜留取上意，不应擅有所纵舍。上闻之，是太子而非皇后。群臣宽厚长者皆附太子，而深酷用法者皆毁之。邪臣多党与，故太子誉少而毁多。卫青薨（hōng）后，臣下无复外家为据，竞欲构太子。

大意如下：

当初，汉武帝二十九岁时，戾太子刘据才出生，汉武帝非常喜爱他。太子长大后，性格仁慈宽厚、温文尔雅、恭敬谨慎，这就不像汉武帝那样敢于突破常规、自由奔放、创意大胆。另外，汉武帝博览群书，文武全才，他嫌太子没有什么才干，不像自己。汉武帝一共有六子，汉武帝所宠爱的王夫人生了一个儿子叫刘闳，李姬生了两个儿子叫刘旦、刘胥，李夫人生的一个儿子叫刘髆，后钩弋夫人又生下汉昭帝刘弗陵。皇后卫子夫和太子因皇上的宠爱渐渐衰退而常有不安的感觉，武帝察觉后，对大将军卫青说："汉朝很多事都还在草创时期，加上四夷对我国侵扰不断，我如果不变更制度，后代子孙就无以效法，不派兵征讨四夷，天下就不得安宁。为了做这些事，便不得不使百姓受些劳苦。但如果继任者也像我这样兴师动众，就会走上秦朝灭亡的老路。太子敦厚稳重，一定能安定天下，不会让我太过忧虑。如果想要找一个遵守文治成法的君主，还有谁比太子更适合呢？我听说皇后和太子有不安的感觉，他们怎么会有这种想法呢？你可以把我的意思转告给他们。"卫青叩头感谢。皇后听说后，便取下簪子向汉武帝请罪。太子每次劝阻征伐四夷时，武帝就笑着说："我来承担这些劳苦，而把安逸留给你，不是很好吗？"

汉武帝出外巡视时，常把身后之事托付给太子，宫中事务托付给皇后。遇到事情，等武帝回朝之后，他们便将其中重要的汇报给他，他也没有异议，有时甚至连看都不看。汉武帝立法、执法严厉，多任用酷吏，而太子宽厚，常常予以平反，这样虽然能获得百姓的拥护，但执法的大臣们都不高兴。皇后担心这种局面持续下去会获罪，经常告诫太子，应该按照皇上的意思进行裁决，不要擅自决定，有所纵容宽赦。汉武帝听说后，认为太子对，而皇后不对。群臣中的宽厚长者都依附太子，而执法严酷的大臣都诋毁他，因为奸邪的大臣势力大、党羽多，所以赞誉太子的人少而诽谤他的人多。卫青去世后，奸臣们认为太子缺少了外戚势力的支持，于是开始竞相构陷太子。

那时的汉武帝也知道"若后世又如朕所为，是袭亡秦之迹也"，可是他这样的人，一定会把极左或者极右思想推向极致，自己不会做出调整，只有继任者才能做出转轨。

第廿二章　正反看忽神忽鬼　两点论难贬难褒

晚年的汉武帝多病，疑神疑鬼，生理和心理同时进入病态，而太子刘据性格儒雅，在执政理念上与汉武帝多有差异。"群臣宽厚长者皆附太子，而深酷用法者皆毁之""太子宽厚，多所平反，虽得百姓心，而用法大臣皆不悦"，这些"深酷用法者""用法大臣"就是酷吏集团。太子在汉武帝生时就平反一些冤假错案，如果太子登基了，还有他们好果子吃？

此外，一旦深究这些案子，酷吏们的违法行为将无处遁逃。这些人怎么不会对太子下手？江充是酷吏中的一个代表。征和二年（公元前91年），江充诬告太子有用巫术诅咒汉武帝的嫌疑，并在宫中埋有木人。太子恐惧，诛杀江充，并起兵反抗，结果父子刀剑相加，太子军和丞相军"合战五日，死者数万人，血流入沟中"，长安成了人间地狱。因为巫蛊案的无限牵连，汉武帝逼死皇后卫子夫，逼死太子刘据，逼死女儿（《资治通鉴》上记载为诸邑公主、阳石公主，《汉书辞典》也认为二公主牵连其中被杀），逼死连襟公孙贺，逼死皇孙（即太子刘据的两个儿子），逼死卫青之子卫伉（kàng），"卫氏悉灭"。

第一阶段，"民转相诬以巫蛊……坐而死者前后数万人"，第二阶段，太子反抗，双方大战，死者数万人。没过多久，平叛有功的人，又被清洗掉了，也就是进入第三阶段，丞相刘屈氂、大鸿胪（后升任御史大夫）商丘成、贰师将军李广利、汉武帝宠妃李夫人家族又成了铲除的目标，"反叛"的太子一方得死，"平叛"有功的一方也得死，这看起来不可思议，却是现实中发生的真实事件。

此时李广利正在前线，《汉书》上说，他是为了邀功，想用前线的胜利来挽救自己，结果汉军全军覆没，李广利投降匈奴。

有时读史至此，颇多感慨。上层的争斗，必然把长安的百姓和前线的将士带着一起去殉葬，多输局面下，没有赢家。历史就是如此惨烈，让人不禁仰天长叹！

如果看不到汉武帝的这一面，就很容易对他产生盲目崇拜。所有具有鲜明个性的领袖人物，都具有超凡的人格魅力。面对他们，很容易失去自我判断力。

他们拥有无限的权力之后，也会被权力所腐蚀，被权力所羁绊，被权力所纵容，最后也会被权力送入万丈深渊。权力，是他们的命；权力，也成为他们的毒药。世界上的事情总是如此矛盾和辩证，因为他们拥有不受监督的无上权力，所以，当他们英明的时候，权力可以提升做事效率；当他们犯下战略错误的时候，权力就会使错误无限放大，而且会带着整个国家一起滑向深渊。被捆绑在一起的，不仅包括百姓、官僚集团，甚至也包括秦皇汉武本身，没有人能逃脱这个灾难。

这必然要损害他们前期的功业，损伤其在历史上的威名，把这个国家带到水深火热的境地，给自己留下无尽的遗憾。

当他们拥有绝对的权力之后，就会变得越来越骄横，做事必然过度。中庸之道是和这类人绝缘的，他们要么极左，要么极右，绝对不会走中间道路。

从国家大战略的角度来看，他们拥有无可比拟的战略想象力和战略原创能力；从中央集权和加强对社会的管控角度来看，他们把国家主义发展到了极致，天下所有的人、财、物都要服从于、服务于他们的国家战略和国家主义。

从儒家的民本主义和道家的无为哲学来看，他们又是那么过分、过度、不知满足、不知适可而止，他们显得那么冷酷、无情、残忍，谁敢阻挡他们实现自己的战略，谁就会成为他们铲除的目标，不论亲疏远近。有时百姓在他们眼里不是有血有肉的人，而是一些精准的数字，是他们这些战车上的螺丝钉。如果读者能够详细读一读《盐铁论》，就会对我说的这个观点有深刻的认同，该书把纯儒与杂儒、儒家与法家在价值观、着眼点上的不同，披露得淋漓尽致。

所以，要用不同的时间刻度来评价秦皇汉武这样的人物。

翦伯赞先生有一首诗，相当妙：

汉武雄图载史篇，长城万里遍烽烟。
何如一曲琵琶好，鸣镝无声五十年。

在汉武帝之前，历代君主迫不得已，只能采取"和亲模式"。到了汉武帝时代，他实行了"拳头模式"。事实证明，要想获得长治久安，只能实行"双轨模式"，就是说"想要打，我赢你""想要和，我欢迎"。如果已经被人打得满头是血，跪地求饶，却自认为代表正义，抱着仁义道德的大旗，坚信文化消融对方，这不就是精神胜利法吗？

评价一个人是不是真牛，就看他能不能做原创，在政治、经济、军事、科技、文化等领域，能做原创或者再创造的，才是具有开创之功的牛人。周公、孔子、老子、孙子、商鞅、秦始皇、汉武帝等都是能在各自领域做出原创的人，只是他们的历史价值和文化价值各不相同，在不同学派、不同领域、不同视角、不同时代之下，评价起来也大相径庭。

评价汉武帝不是一件容易的事情，别说用一篇文章，哪怕用几十万字写一部专著，都很难说得清楚。秦皇汉武是那种猜不透、读不懂、说不完、写不尽的少数人物。

如果对汉武帝总体评价过低，确实是不公平之事，但如果对他的缺点和他的政策中的社会毒素部分视而不见，又是一种非常不负责任的历史研究态度。

批判其德，不掩其功。

反思其短，不灭其长。

在历史和人性双重复杂的状态下，评价汉武帝，何其难也！